Beck'sche Reihe
BsR 1000

Ein Jahrhundert wird besichtigt. Ein Jahrhundert, das sich obsessiv der Bewegung hingab. Nicht nur im Siegeszug von Auto, Concorde und Schnellbahnschiene; die politischen Bewegungen, die Reformbewegung, die Ökobewegung hinterließen ihre Spuren. Aber auch nie zuvor gekannte Bevölkerungsbewegungen fanden statt; selbst die Ikone, die Bilder, lernten laufen. Ein Jahrhundert, das unaufhaltsam die wissenschaftliche Entdeckung zur Katastrophe münzte. Wäre der Gifteinsatz im 1. Weltkrieg denkbar gewesen ohne die Riesenfortschritte in Chemie und Physik? Selbst die harmlose Entdeckung der DNS-Doppel-Helix bringt uns heute in den Genuß naturidentischen Erdbeergeschmacks. – Ein Lesebuch, das den vielfältigen Impulsen dieses Jahrhunderts nachspürt.

Katharina Kaever, geb. 1949, studierte Literaturwissenschaft und Philosophie und lebt heute in München; sie schrieb als freie Journalistin u. a. für TransAtlantik, taz, FAZ und Stern; Buch- und Rundfunkveröffentlichungen.

Abschied vom 20. Jahrhundert

Ein Lesebuch

Herausgegeben von
Katharina Kaever

VERLAG C.H.BECK MÜNCHEN

Mit 4 Abbildungen
(*Seite 81:* © Hermann Waldenburg, *Seite 167:* © Quint Buchholz)

Die Deutsche Bibliothek – CIP-Einheitsaufnahme

Abschied vom 20. Jahrhundert : ein Lesebuch / hrsg. von Katharina Kaever. – Orig.-Ausg. – München : Beck, 1993
(Beck'sche Reihe ; 1000)
ISBN 3 406 37390 9
NE: Kaever, Katharina [Hrsg.]; GT

Originalausgabe
ISBN 3 406 37390 9

Umschlagentwurf von Uwe Göbel, München
Umschlagabbildung: Hugo Simberg, Der verwundete Engel (1903), Ateneum, Helsinki

Gesamtherstellung: Presse-Druck- und Verlags-GmbH, Augsburg
Gedruckt auf säurefreiem, aus chlorfrei gebleichtem Zellstoff hergestelltem Papier
Printed in Germany

Inhalt

II. Das Jahrhundert der sozialen Experimente

1. Der Einzelne und seine Gruppe

2. Zwischen Alternative und Emanzipation

3. Frauenkämpfe

4. Der Nachwuchs

5. Beziehungsweisen

III. Das Jahrhundert der Bilder

1. Von der Imagination zum Medium

2. Fromme Projektionen

3. Vom Bild zur Technik

IV. Das Jahrhundert des Elementaren

1. Von der Zertrümmerung des Atoms und anderem

2. Mikrokosmos – Makrokosmos oder das Verschwinden des Menschen

Vorwort

Eine Retrospektive des 20. Jahrhunderts auf ein paar hundert Seiten, das klingt nicht sehr seriös. Bei einem Abschied jedoch dürfen persönliche Motive eine Rolle spielen, die darin liegen, sich am Markanten zu orientieren. Denn einem Zeitgenossen, der sich nicht zu den Spezialisten zählt, stellt sich dieses Jahrhundert innerlich als Teil der eigenen Biographie dar, äußerlich als Bilderfolge von Aufbrüchen und Katastrophen, technischen Leistungen und Leinwandmythen, Entdeckungen und Verbrechen.

Das Resultat ist und bleibt daher subjektiv, nicht nur in dem Sinn, wie das für jede Anthologie gilt. Kontur erhält eine Textsammlung durch das Wenige, das aufgenommen wird, wobei neben dem Allzuvielen auch Wichtiges ignoriert und übergangen wurde.

Um Ordnung in das Chaos der Erscheinungen zu bringen, boten sich die Kategorien an, die jede beliebige Tages- oder Wochenzeitung aufbietet: Politik, Wirtschaft, Sport, Technik, Kultur und Wissenschaft. Aber bald wurde mir klar, daß diese Sparten das, worauf es mir ankam, eher verborgen als aufgedeckt hätten. Die Kriege, die das Jahrhundert geprägt haben, lassen sich nicht einfach unter die Rubrik Politik subsumieren; die Weltanschauungen und geistigen Impulse, die es vorantrieben, zeichnen sich in allen Lebenssphären ab. Die vier Kapitel dieses Buches sind deshalb so konzipiert, daß sie untereinander Querverbindungen, Durchblicke und Grenzüberschreitungen zulassen. Ihre Struktur ist grobmaschig.

Das erste Kapitel *Das Jahrhundert der Bewegung* zeigt eine Epoche der totalen Mobilmachung. Schon vor dem ersten Weltkrieg entspricht die imperialistische Politik der technischen Entwicklung. Der in den gehobenen Schichten aufblühende Tourismus mündet in die riesigen Truppenbewegungen, die ihm folgen. Die globale Bewegung setzt sich in den Köpfen der Menschen fort, in den vielfältigen Ideologien, in den Land- und Jugendbewegungen. Der zweite Weltkrieg brachte einen weiteren Schub mit sich. Die Bewegungen der Massenheere wurden noch übertroffen durch die beispiellosen Vertreibungen der dreißiger und vierziger Jahre, die sich fortsetzten in massenhaften Flucht- und Wanderungsbewegungen und heute den ganzen Globus erfaßt haben.

Angesichts der daraus folgenden Entwurzelung werden Begriffe wie Heimat oder Bodenständigkeit obsolet. Am Ende des Jahrhunderts wird die Erde bewohnt von Weltbürgern, freilich in einem Sinn, der alles Ehrwürdige oder Utopische eingebüßt hat.

Der durchschlagende Erfolg des Tourismus, dessen Branche sich selbst als größter Arbeitgeber, nicht Europas, sondern der ganzen Welt, bezeichnet, zeigt, daß es auch gelungen ist, Fluchtbewegungen für erstrebenswert zu halten.

Im zweiten Kapitel *Das Jahrhundert der sozialen Experimente* geht es um Familienstrukturen und um das Geschlechterverhältnis. Es zeigt sich, daß hier weniger utopische Hoffnungen als vielmehr Anpassungszwänge am Werk waren. Das wirft auf die vielfältigen Emanzipationsbewegungen ein merkwürdiges Licht. Die Erfolge der Frauenbewegung zum Beispiel wären ohne die Erfahrungen der großen Kriege nicht denkbar. Die Abwesenheit der Männer und Söhne, der damit verbundene Autoritätsverlust, ließ den Frauen oft gar keine Wahl. Vielleicht trägt jede Befreiungsbewegung einen solch zwanghaften Keim in sich, auch wenn sie damit nicht vollständig beschrieben werden kann.

Zwischen den Kriegen wurde noch versucht, diesen Autoritätsverlust mit Projektionen auszugleichen. Stalin wurde Väterchen genannt, in Deutschland gebaren die Frauen „ihrem" Führer die Kinder, und in ganz Europa entstanden autoritäre Regierungen. Erst der Zusammenbruch der totalitären Herrschaft räumte damit auf. Mit dem sozialen Experiment der Wohngemeinschaft rannte die antiautoritäre Bewegung der sechziger Jahre zumindest in Deutschland halboffene Türen ein. Dieses Modell hatten viele Eltern schon als Zwangs- und Notgemeinschaften erfahren. Die erotischen und familiären Beziehungen sind von der allgemeinen Mobilisierung nicht verschont geblieben, und noch ist nicht abzusehen, welche Folgen das haben wird.

Das Jahrhundert der Bilder heißt das dritte Kapitel der Anthologie. Vielleicht hatte Freud nicht ahnen können, was er mit seiner Traumdeutung alles an den Tag gebracht hat; jedenfalls gehen die Implikationen weit über die Psychologie hinaus. Das Kino hat den Traum für sich beschlagnahmt und produktiv gemacht. Georg Lukàcs (nicht zu verwechseln mit George Lukas), ein früher Bewunderer des Kinos, hat den Film mit dem Traum verglichen. Seitdem ist uns allerdings die Welt mit ihren Bildern in einer Weise auf den Leib gerückt, die weniger harmlos scheint, nämlich als Simulacrum, als „Welt der lebenden Toten". Der durch das neue physikalische Weltbild leergefegte Himmel wird dagegen aus der Requisite Hollywoods mit ETs und unbekannten Flugobjekten bevölkert. Auch die Städte sind zu Projektionsflächen einer entfesselten Imagination geworden, die nicht frei von totalitären Zügen ist. Die Architektur des zwanzigsten Jahrhunderts schwankt in ihren Träumen zwischen Terror und Verführung.

Das vierte und letzte Kapitel *Das Jahrhundert des Elementaren* handelt von den überwältigenden Fähigkeiten, die uns seit 1900 zugewachsen sind. Wissenschaft und Technik haben Elementarkräfte freigesetzt, von denen sich der antike Mythos nichts träumen ließ. Elementar sind die Kräfte, die unsere Wissenschaft entfesselt hat, zunächst in dem Sinne, daß wir offenbar nicht in der Lage sind, sie zu beherrschen. Objektiv zeigt sich das daran, daß wir dabei sind, den Planeten jedenfalls für unsere Spezies unbewohnbar zu machen. Aber auch im subjektiven Sinn sind wir unseren Möglichkeiten nicht mehr gewachsen. Das zeigt sich in dem rätselhaften Zwang, daß unsere Zivilisation offenbar alles, was machbar ist, auch tatsächlich machen muß. Welche Folgen das haben kann, hat Hannah Arendt in ihrer Analyse der Konzentrationslager gezeigt. Eine derartige Haltung, in der sich moral insanity mit Allmachtsphantasien mischt, ist vielen Wissenschaftlern und Technikern zur zweiten Natur geworden. Deshalb stehen hier Texte über die totalitäre Herrschaft neben Berichten über die Fortschritte in der Biologie, einer Wissenschaft, die das menschliche Leben als Sequenz von Genabschnitten und Hirnströmen begreift. Das Verschwinden des Menschen im Mikrokosmos entspricht dem Verschwinden des Menschen im Makrokosmos. Wo mit unvorstellbaren Größen jongliert wird, bemüht man phantastische kosmische Entwürfe, um einen Rest von Anschauung lebendig zu halten. Vielleicht ist das ein Zeichen dafür, daß die Wissenschaft vom Anfang und Ende der Welt an ihre Grenzen stößt.

Hannah Arendt spricht von dem Licht der Katastrophe, das der erste Weltkrieg auf dieses Jahrhundert geworfen hat. Sie meint: „Vielleicht würde es um dieses Ereignis weniger dramatisch bestellt sein, wenn es mit dieser einen Katastrophe sein Bewenden gehabt hätte. Aber die Ruhe der Trauer, die nach großen Katastrophen sich über eine Unglücksstätte senkt, ist bis heute ausgeblieben." Heute, das war für Hannah Arendt 1951. Heute, 1993, scheint mir dieser Satz immer noch richtig zu sein.

Ostern 1993 Katharina Kaever

Editorischer Hinweis: Anmerkungen und Quellenhinweise der Originaltexte wurden für diesen Band gestrichen; Textkürzungen und Erklärungen der Herausgeberin sind durch eckige Klammern kenntlich gemacht. Die Überschriften der Textauszüge stammen von der Herausgeberin.

I. Das Jahrhundert der Bewegung

1. Turbulenzen in Zeit und Raum

Geoffrey Barraclough

Der Untergang des Abendlandes

Als sich gegen Ende des neunzehnten Jahrhunderts der neue Industrialismus von Europa über den ganzen Erdball ausbreitete, begann mit ihm ein Zeitalter der Umwälzungen, deren Folgen wenige Zeitgenossen auch nur dunkel vorausahnen konnten. Für die meisten Europäer waren die Überlegenheit ihres Werts und der unwiderstehliche Fortschritt ihrer Zivilisation auf Kosten der stagnierenden Zivilisationen des Ostens Glaubensartikel; sie zweifelten nicht daran, daß die Ausdehnung ihrer Kolonialreiche bald eine Ausbreitung der europäischen Zivilisation in der ganzen übrigen Welt zur Folge haben würde [...]. Für manche Menschen mag der Imperialismus nach roher und schamloser Ausbeutung ausgesehen haben; aber die Führer der imperialistischen Bewegung sahen ihn anders. „Im Empire“, schrieb Curzon, „haben wir nicht nur den Schlüssel zu Ruhm und Reichtum gefunden, sondern auch den Ruf zur Pflicht und die Mittel, der ganzen Menschheit zu dienen.“ [...] Was man voraussah, war eine Ära, in der die europäischen Völker sich weit ausbreiten würden, indem sie die neuen kolonialen Territorien besiedelten, um in einigen den Kern der Bevölkerung zu bilden und in anderen mindestens starke Verwaltungskader zu stellen, auf jeden Fall aber ein unlösliches Band mit dem Empire-Verband aufrechtzuerhalten. Diese Doktrin wurde im Jahre 1917 ausdrücklich von einem Regierungsausschuß formuliert: „Wer England verläßt“, so erklärte das Komitee, „ist für das Empire nicht verloren, sondern hat die Aufgabe, in anderen britischen Territorien in Übersee das Rückgrat zu bilden.“

Es trifft zu, daß im Jahre 1900 die weiße Bevölkerung des Britischen Empire – etwa 52 Millionen an der Zahl – erheblich kleiner war als die des Deutschen Reiches, und davon lebte kaum ein Viertel in den überseeischen Besitzungen. Aber das Vertrauen darauf, daß der ständige Strom von Auswanderern genügen werde, das imperialistische Skelett mit Fleisch und Blut zu umgeben, war unerschütterlich. Wenn England im neunzehnten Jahrhundert einige 18 Millionen Einwanderer für die Länder der neuen Welt zur Verfügung gestellt hatte, warum sollte es nicht weiterhin einen Strom von Siedlern in sein eigenes Kolonialreich fließen lassen? Noch nach dem Ersten Weltkrieg haben australische Führer wie Bruce und Dooley mit einem Australien gerechnet, das eine weiße Bevölkerung von hundert Millionen haben würde, und in England sah Leopold Amery, ein Mitglied von Lord Milners imperialistischem „Kindergarten", keinen Grund, warum die Briten im kommenden Jahrhundert in ihrem Empire nicht über dreihundert Millionen weißer Einwohner verfügen sollten, wo doch in den Vereinigten Staaten die Bevölkerungszahl im vergangenen Jahrhundert von fünf Millionen auf hundert Millionen gestiegen war.

Der Optimismus, der durch die leichten Erfolge des neuen Imperialismus gegen Ende des neunzehnten Jahrhunderts genährt wurde, ist heute kaum vorstellbar. Das Vertrauen der europäischen Mächte in ihre Fähigkeit, die Stellung in der Welt zu halten, die sie sich erobert hatten, ihre Selbstsicherheit und das Gefühl der europäischen Überlegenheit scheinen heute nur noch Illusionen. Gewiß fiel es den Europäern mit ihrer technischen Überlegenheit nicht schwer, den anderen ihren Willen mit Gewalt aufzuzwingen. Dies wurde mit der größten Deutlichkeit demonstriert, als sie vereint im Jahre 1900 den Boxeraufstand unterdrückten. Die zehn Jahre zwischen der Niederschlagung der Boxer und dem Zusammenbruch der Mandschu-Dynastie waren „der Höhepunkt der westlichen Autorität in China". Aber die Aufrechterhaltung der europäischen Überlegenheit durch Gewalt hing von einer mindestens relativen Einigkeit der europäischen Mächte ab; eine solche war mit ihrer gegenseitigen Rivalität jedoch auf die Dauer unvereinbar. So konnte es passieren, daß eine europäische Macht vorsätzlich die nationalistischen Kräfte ausbeutete und in Asien und Afrika Aufruhr stiftete, um ihre Feinde zu schwächen, wie es Deutschland im Ersten Weltkrieg und Rußland nach der Revolution von 1917 taten.

Während der zwei oder drei Jahrzehnte nach dem Jahre 1880 zweifelte praktisch niemand daran, daß das europäische System und die Kontrolle der europäischen Mächte sich in immer weiteren Kreisen über die gesamte Erdoberfläche ausbreiten würden. In Wirklichkeit war die Situation erheblich komplizierter. Erstens hatten die europäischen Mächte, als sie gierig nach Besitzungen und Ländern in Afrika, Asien und der Südsee griffen, sich übernommen und verausgabt; sie hatten mehr geschluckt, als sie verdauen konnten. Zweitens gingen die Interessen des Mutterlandes und die der Kolonialbevölkerung nur selten parallel, und das Bestreben der „weißen" Kolonisten, über ihre eigenen Angelegenheiten selbst zu bestimmen, stellte einen Präzedenzfall und ein Beispiel dar, nach dem die farbigen Kolonialvölker sich ausrichteten, als diese in der Folge ihre Emanzipation zu erlangen suchten. Schließlich hatten die europäischen Mächte in der außereuropäischen Welt Entwicklungen in Gang gesetzt, die sie weder aufhalten noch rückgängig machen noch kontrollieren konnten; und diese Entwicklungen waren auf weite Sicht für eine europäische Vorherrschaft verhängnisvoll.

Aus diesem Grunde bedeuten die Jahre des Imperialismus, die 1882 begannen, den Kulminationspunkt und zugleich das Ende des europäischen Zeitalters. Zwischen der Suezkrise von 1882 und der Suezkrise von 1956 hatte sich das Rad um 180 Grad gedreht, und in dieser Zeitspanne vollzog sich der Übergang zu einer neuen Geschichtsperiode.

Der Imperialismus selbst erwies sich sehr bald als ein widerspenstiges Reitpferd. In England brach die „Dynamik selbstbewußter Ausdehnung" unter den Anforderungen und

Prüfungen des südafrikanischen Krieges fast zusammen. Außerdem erwiesen sich die Errungenschaften des Imperialismus vielfach als enttäuschend und hielten nicht, was man sich von ihnen versprochen hatte, ebenso wie die Profite des Empire oft sauer erworben und schwer zu halten waren. In dieser Hinsicht war besonders das deutsche Kolonialreich eine offenkundige Enttäuschung. Bis zum Jahre 1913 hatte es nur vierundzwanzigtausend deutsche Auswanderer aufgenommen, aber den deutschen Steuerzahler etwa zweihundert Millionen Mark gekostet. Zu dieser Zeit hatte der Kolonialhandel nur einen Anteil von 0,5 Prozent an Deutschlands gesamtem Handel. In Frankreich gab es schon im Jahre 1899 statt der erwarteten Gewinne laute Klagen über die wachsende Konkurrenz der kolonialen Industrie, und es wurden Stimmen laut, die nach Schutzzöllen riefen.

Es war ganz anders gekommen, als es sich die imperialistisch gesonnenen Leute in den Tagen Chamberlains vorgestellt hatten. Während des ersten Viertels des zwanzigsten Jahrhunderts – in einigen Kreisen sogar bis zum Jahre 1939 und darüber hinaus – herrschte allgemein die Überzeugung, daß die „geniale britische Begabung für Kompromisse" einen „Mittelweg" finden würde, der zugleich das Streben der Dominions nach Autonomie und den Wunsch nach Aufrechterhaltung der Einheit des Empire zufriedenstellen würde; etwa dreißig Jahre lang schien es, als ob diese Überzeugung durch den Balfour-Bericht von 1926 und das Westminster-Statut von 1931 eine Rechtfertigung erhalten habe. Heute machen diese beiden Dokumente erheblich weniger Eindruck als vor einem Vierteljahrhundert. Damals waren die Kommentatoren dieser Vorgänge fasziniert von der subtilen Alchemie, die (so glaubten sie) das Britische Empire in den Stand versetzen würde, einen Weg aus den Schwierigkeiten zu finden, denen andere Imperien erlegen waren. Daß alles anders kam, lag daran, daß das zu lösende Problem nicht nur Übungsaufgabe in allgemeiner Staats- und Verfassungslehre war. Es stand nicht nur zur Debatte, eine Verfassungsformel zu finden, die das Wort „Regierung“ durch das Wort „Einfluß“ ersetzte und die beiden Begriffe „Empire“ und „Freiheit“ miteinander versöhnte; es handelte sich vielmehr um das tieferliegende Problem, wie man sich mit den harten Fakten einer Welt auseinandersetzen sollte, die durch die explosive Kraft neuer wissenschaftlicher Erkenntnisse, durch die neue Technologie und den neuen Imperialismus revolutioniert war. [...]

Im Gegensatz zu der sinkenden Tendenz der Bevölkerungsziffer Europas und der weißen überseeischen Territorien gab es auf der anderen Seite eine ebenso dramatische Aufwärtsbewegung bei den Völkern Asiens und Afrikas. Dies war ein unmittelbares „Ergebnis der imperialistischen Politik“, die in den letzten Jahrzehnten des neunzehnten Jahrhunderts praktiziert wurde. Oder konkreter gesagt, es war die Folge der Fortschritte auf den Gebieten der Hygiene und Medizin, die für diese Periode so bezeichnend waren, sowie der Einführung verbesserter landwirtschaftlicher Produktionsmethoden, durch welche die Hungersnöte vermindert wurden, ferner eine Folge der Bewässerung, der Land-Urbarmachung, des Ausbaus des Transportwesens und der Verbesserung der Nahrungsmittellagerung. So wuchs die Bevölkerungszahl Indiens, die bis zum Jahre 1920 großen Schwankungen unterworfen war, nach diesem Zeitpunkt rapide, und ihr Zuwachs in den folgenden zwanzig Jahren (dreiundachtzig Millionen) betrug zwei Drittel der damaligen Gesamtbevölkerung der Vereinigten Staaten. [...]

Im Falle Chinas ebenso wie Afrikas sind alle Schätzungen mangels genauer Unterlagen vage. Gewöhnlich wird angenommen, daß die Bevölkerungszahl sich unverändert „auf oder nahe der Malthusschen Grenze“ hielt oder daß sie in China infolge von Seuchen und Hungersnöten während des neunzehnten Jahrhunderts sogar abnahm. Aber interessanter war die Frage, wie sich die Einführung hygienischer Maßnahmen und anderer moderner Errungenschaften in China nach dem Ende des Bürgerkriegs von 1949 auf die Bevölkerungszahl auswirken würde. Und da ergab die Zählung vom Jahre 1953, daß die Bevölkerung Festland-Chinas 583 Millionen betrug und damit weit über den großzügigsten Schätzungen lag, die bis zu diesem Zeitpunkt angestellt worden waren und in denen eine Zahl von 450 Millionen angenommen wurde. Das bedeutete, daß China einen jährlichen Bevölkerungszuwachs von 2,8 Prozent oder 16 Millionen Köpfen zu verzeichnen hatte; in zehn Jahren war also in China der Bevölkerungszuwachs größer als im Jahre 1953 die Gesamt-Einwohnerzahl der Vereinigten Staaten. [...]

Als man sich um die Jahrhundertwende allgemein über die Bedeutung und die wahrscheinlichen Folgen der sinkenden europäischen Geburtenziffer und der abnehmenden Sterblichkeit in Asien klar wurde, regte sich bei den Europäern und den europäischen Nachkommen in den überseeischen Territorien eine fast neurotische Erkenntnis der Gefährlichkeit ihrer Lage. Wie konnten sie verhindern, daß sie am Ende nur durch das bloße Gewicht der Zahl überrollt wurden? Es war vielleicht das erste Zeichen einer Ahnung, eines instinktiven Bewußtwerdens, daß sie mit ihrer Einmischung in Asien und Afrika – ohne daß sie sich dessen bewußt gewesen waren – unterirdische Strömungen in Gang gesetzt hatten, die nun, an die Oberfläche gekommen, den Strom der Weltgeschichte in ein neues Bett lenken würden.

Oswald Spengler

Sehnsucht nach Afrika

25. 10. 1914
Für mich ist das eine böse Zeit; nicht finanziell, denn daran denke ich jetzt nicht, und auch nicht im Hinblick auf den Krieg. Ich bin da durchaus Optimist. Wir werden siegen, und

zwar so, daß die großen Opfer reichlich wieder gutgemacht werden. Allein der Besitz von Belgien, das sicherlich deutsch bleibt, ist ein ungeheurer Gewinn. 8 Millionen Einwohner, ein Seehafen am Kanal, Riesenindustrie und älteste Kultur. Auch was wir noch brauchen, ein afrikanisches Kolonialreich, werden wir bekommen. Die Landung in England ist technisch möglich und liegt im Plane unsres Generalstabs. Ich nehme an, daß sie Anfang November erfolgt. Daß uns der Sieg schwergemacht wird, ist sozusagen eine ethische Notwendigkeit unsrer historischen Entwicklung.

7. 9. 1915
Die nächsten 30 Jahre gehören ohne Zweifel nicht mehr denen, die im Amte grau geworden sind, sondern jüngeren, welche die großen (auch noch die kommenden) Katastrophen *übersehen* und schöpferische Anlagen besitzen, um das überraschend Neue in Form zu bringen. Sie und mancher andere würde da ein Feld finden können, wie er es nie erwartet hat. Setzen wir den Fall, Sie wollen Offizier *bleiben.* Sie würden nicht in die Gefahr kommen, als Garnisonsoffizier zu verschimmeln. Dies ist nicht der letzte Krieg, den wir erleben werden, und das Heer wird nach diesen Kämpfen neu aufgebaut werden, als ein technisches Instrument (wie unsre Flotte), das zu seiner Bedienung nicht mehr Leute aus einem Stande allein erfordert. Wir werden außer dem Adel noch eine Klasse hochintelligenter bürgerlicher Offiziere, Leute wie unsre Ingenieure und Industriellen, erhalten, unter denen organisatorische und technische Fähigkeit rasches Vorwärtskommen verbürgen. Ich sehe aber auch die Zeit nahen, wo *andere* Stellen von hoher Verantwortlichkeit, Regierung, Organisation von Handel, Industrie, Verkehr, Kolonien, nicht mehr mit Geheimräten, sondern mit self-made-men (Verzeihung!) besetzt werden. Wenn sie Wagemut haben, werden Sie im neuen Deutschland schon einen angemessenen Platz erreichen können, und jetzt erhalten Sie ja Gelegenheit, sich selbst auf Ihre eigentlichen Talente hin zu prüfen.

3. 11. 1915
Ich habe nun die Wochen seitdem ganz als „neuer Mensch" zugebracht, ganz glücklich, die Päckchen wieder aufschnürend, mit einer Menge neuer Ideen; ich habe tatsächlich seit Wochen keine Zeitung in der Hand gehabt und weiß nichts – außer daß Sie vielleicht als preußischer Leutnant die Pyramiden sehen werden (oder habe ich mich verhört?) – von Politik, von Politik will ich auch jetzt nichts wissen.

Rosa Luxemburg

Wechselstrom (1906)

Allein die Bewegung im ganzen geht nicht bloß nach der Richtung vom ökonomischen zum politischen Kampf, sondern auch umgekehrt. Jede von den großen politischen Massenaktionen schlägt, nachdem sie ihren politischen Höhepunkt erreicht hat, in einen ganzen Wust ökonomischer Streiks um. Und dies bezieht sich wieder nicht bloß auf jeden einzelnen von den großen Massenstreiks, sondern auch auf die Revolution im ganzen. Mit der Verbreitung, Klärung und Potenzierung des politischen Kampfes tritt nicht bloß der ökonomische Kampf nicht zurück, sondern er verbreitet sich, organisiert sich und potenziert sich seinerseits in gleichem Schritt. Es besteht zwischen beiden eine völlige Wechselwirkung. [...]

Wir haben oben den inneren Mechanismus der russischen Massenstreiks gesehen, der auf der unaufhörlichen Wechselwirkung des politischen und des ökonomischen Kampfes beruht. Aber gerade diese Wechselwirkung ist bedingt durch die Revolutionsperiode. Nur in der Gewitterluft der revolutionären Periode vermag sich nämlich jeder partielle kleine Konflikt zwischen Arbeit und Kapital zu einer allgemeinen

Explosion auszuwachsen. In Deutschland passieren jährlich und täglich die heftigsten, brutalsten Zusammenstöße zwischen Arbeitern und Unternehmern, ohne daß der Kampf die Schranken der betreffenden einzelnen Branche oder der einzelnen Stadt, ja Fabrik überspringt. Maßregelungen organisierter Arbeiter wie in Petersburg, Arbeitslosigkeit wie in Baku, Lohnkonflikte wie in Odessa, Kämpfe um das Koalitionsrecht wie in Moskau sind in Deutschland auf der Tagesordnung. Kein einziger dieser Fälle schlägt jedoch in eine gemeinsame Klassenaktion um. Und wenn sie sich selbst zu einzelnen Massenstreiks auswachsen, die zweifellos einen politischen Anstrich haben, so entzünden sie auch dann noch kein allgemeines Gewitter. [...]

Und umgekehrt, nur in der Revolutionsperiode, wo die sozialen Fundamente und die Mauern der Klassengesellschaft aufgelockert und in ständiger Verschiebung begriffen sind, vermag jede politische Klassenaktion des Proletariats in wenigen Stunden ganze, bis dahin unberührte Schichten der Arbeiterschaft aus der Unbeweglichkeit zu reißen, was sich sofort naturgemäß in einem stürmischen ökonomischen Kampf äußert. Der plötzlich durch den elektrischen Schlag einer politischen Aktion wachgerüttelte Arbeiter greift im nächsten Augenblick vor allem zu dem Nächstliegenden: zur Abwehr gegen sein ökonomisches Sklavenverhältnis; die stürmische Geste des politischen Kampfes läßt ihn plötzlich mit ungeahnter Intensität die Schwere und den Druck seiner ökonomischen Ketten fühlen. [...]

So schafft also die Revolution erst die sozialen Bedingungen, in denen jenes unmittelbare Umschlagen des ökonomischen Kampfes in politischen und des politischen Kampfes in ökonomischen ermöglicht wird, das im Massenstreik seinen Ausdruck findet. Und wenn das vulgäre Schema den Zusammenhang zwischen Massenstreik und Revolution nur in den blutigen Straßen-Renkontres erblickt, mit denen die Massenstreiks abschließen, so zeigt uns ein etwas tieferer Blick in die russischen Vorgänge einen ganz *umgekehrten* Zusammenhang: in Wirklichkeit produziert nicht der Massenstreik die Revolution, sondern die Revolution produziert den Massenstreik.

Franz Blei

Führer der Massen

Lenin sah und sprach ich in München 1901 öfter. Er ließ da die ‚Iskra' drucken und wohnte in Schwabing. Mit einer mir nicht verständlichen Hartnäckigkeit kam er immer wieder auf eine ‚Reine Theorie der Wirtschaft' zu sprechen, mit deren Ausarbeitung und Veröffentlichung in Avenarius' Zeitschrift und in Conrads Vierteljahrschrift ich meine wirtschaftswissenschaftliche Beschäftigung abgeschlossen hatte. [...] Ich war gern bereit, meine eigene Theorie preiszugeben mit der Bemerkung, daß die Wirtschaft überhaupt keine exakte wissenschaftliche Behandlung zulasse, aber Lenin war gar nicht damit einverstanden, die ihm teure Idolatrie des Wissenschaftlichen aufzugeben. Er war darin nicht anders als alle Sozialdemokraten seiner Zeit, die des etwas naiven Glaubens waren, ihre Politik bedürfte solcher wissenschaftlicher Grundlegung und hinge ohne sie wirkungslos in der Luft des Utopischen. [...]

„Hat man es ihm angesehen?" Dieser Frage begegnet man immer, wenn man sagt, daß man vor ihrer großen Zeit Lenin gekannt habe oder A. Hitler. Nein, nichts hat man ihnen angesehn als die sie in allen Punkten ihres Lebens bestimmende politische Passion. Tausende und Zehntausende besitzen sie. Alle bereiten sich auf den großen Tag der Abrechnung vor. Aber dann steht zufällig einer von ihnen im Schnittpunkt der Geschehnisse, und es kann da nur einer stehen, denn mehr Platz als für einen ist nicht da, und dieser zufällig. Einer findet aus langer Vorbereitung das Wort, auf das ihm die Masse zufällt – er gibt dem unartikulierten Gefühle der Masse das geformte Wort des Bewußtseins.

Nicht nur in jener Münchner Zeit war Lenin ein orthodoxer Marxist, d. h. ein Gläubiger an die proletarische Revolution, die bei einem bestimmten Höchstgrade der privat-kapitalistischen Wirtschaft automatisch sich einstelle. „Bauern zünden höchstens das Schloß ihres Herrn an oder plündern die jüdischen Läden ihrer Gläubiger", sagte er, „sie haben keine ihnen bewußte Idee." Das war natürlich richtig. Grundbesitz, auch wenn noch so klein und mit Steuern und Abgaben belastet, erzeugt ein konservatives Denken, das revolutionäre Methoden nur in der Richtung auf Land-Mehrung anwendet oder im Fall landloser Bauern wie in Spanien auf Land-Gewinn. Orthodoxer Marxist war Lenin noch, als er 1917 nach Rußland kam: Der geringen Entwicklung der Industrie entsprach zahlenmäßig wenn auch revolutionär das Industrieproletariat. Weit überwog die bäuerliche Bevölkerung. Darüber stand nichts im Marx. Die im Dritten Bande des ‚Kapitals' von Engels beigestellte Grundrententheorie ist nur sehr willkürlich der Theorie vom Mehrwert nähergebracht und gibt keinerlei Schlagwort her, das politisch zu gebrauchen. Es bedurfte einiger Zeit, bis Lenin seine marxistischen Vorurteile überwunden hatte, daß auch eine Revolution sozusagen in wissenschaftlichen Bahnen zu wandeln habe, welchen Glaubens die deutschen Sozialdemokraten bis zum Marasmus und ihrer freiwilligen Abdankung waren. Die Lösung aus der Erstarrung gaben die von der Front zurückflutenden Soldaten, die heim auf ihre Felder wollten, das Ende des Krieges wollten. Angesichts der Masse bekam der Massenführer Lenin wieder sich selber. Da war sie ja, die Masse, die er brauchte, und gar nicht nötig mehr, auf die mit dem Industrialismus zunehmende Masse der Fabrikarbeiter zu warten. Diese Masse war gewonnen, indem er ihre Parole wiederholte: Schluß mit dem Krieg. Diese Masse war gewonnen, aber die nächste Sorge war, daß sie beisammenblieb.

Darum kein Wort von den Bauern, die den größten Teil dieser Masse ausmachten. Sondern: Lenin nannte sie Soldaten. Behielt sie unter Gewehr. Keine Rede von Bauern- und Arbeiterräten. Sondern: Soldaten- und Arbeiterräte. Diese Armeen russischer Bauernjungen bekämpften die Contre-Revolution auf allen Fronten bis zum Siege. Nicht der ‚Marxismus' hat gesiegt, sondern der ‚Leninismus'. Damit war die materialistische These, daß die Wirtschaft die Geschichte bilde, daß Politik nichts sonst sei als Wirtschaftspolitik, widerlegt.

Walter Benjamin

Ein unendlich ferner Punkt (1914)

Die Bewegung der erwachenden Jugend weist die Richtung jenes unendlich fernen Punktes, in dem wir Religion wissen. Und Bewegung überhaupt ist uns schon die tiefste Gewähr ihrer rechten Richtung. Die Jugend, die in Deutschland erwacht, steht allen Religionen und Weltanschauungsbünden gleich fern. Sie nimmt auch keine religiöse Stellung ein. Aber für die Religion bedeutet sie etwas, und in ganz neuem Sinne beginnt ihr die Religion bedeutungsvoll zu werden. Die Jugend steht im Zentrum, wo das Neue wird. Ihre Not ist am größten und die Hilfe des Gottes am nächsten ihr.

Nirgends so wie in der Jugend kann die Religion die Gemeinschaft ergreifen und nirgends kann der Drang nach ihr konkreter sein, innerlicher, durchdringender. Denn der Bildungsweg der jungen Generation ist sinnlos ohne sie. Er bleibt leer und qualvoll ohne die Stelle, an der er sich gabelt zum entscheidenden Entweder-Oder. Diese Stelle soll einer ganzen Generation gemeinsam sein, und dort steht der Tempel ihres Gottes. [...]

Die Jugend, die sich zu sich selbst bekennt, *bedeutet* Religion, die noch nicht ist. Umgeben vom Chaos der Dinge und Menschen, deren keine geheiligt, keine verworfen sind, ruft sie nach Wahl. Und wird nicht eher aus tiefstem Ernst wählen können, bis die Gnade das Heilige und Unheilige nur geschaffen hat. Sie vertraut, daß Heiliges und Verdammtes sich in dem Augenblick offenbaren, da ihr gemeinsamer Wille zur Wahl sich auf das höchste gespannt hat.

So lange aber lebt sie ein schwer verständliches Leben, voller Hingabe und Mißtrauen, Verehrung und Skepsis, Selbstaufopferung und Ichsucht. Dieses Leben ist ihre Tugend. Kein Ding, keinen Menschen darf sie verwerfen, denn in jedem (in der Litfaßsäule und im Verbrecher) kann das Symbol oder der Heilige erstehen. Und doch – an niemanden darf sie sich ganz verschenken, niemals ihr Inneres im Helden, den sie verehrt, und im Mädchen, das sie liebt, ganz wiederfinden. Denn die Beziehung des Helden und der Geliebten zum Letzten, Wesentlichen: zum Heiligen sind dunkel und ungewiß. Ungewiß unser eigenes Ich, das wir in der Wahl noch nicht fanden. Viele Züge mag diese Jugend mit den ersten Christen teilen, denen auch die Welt so überfließend schien von Heiligem, das in jedem erstehen konnte, daß es ihnen das Wort und die Tat benahm. Die Lehre vom Nicht-Handeln steht dieser Jugend nahe. Und doch zwingt ihre grenzenlose Skepsis (die nichts andres ist, als grenzenlos vertrauen) sie, den Kampf zu lieben. Auch im Kampfe kann Gott erstehen. Kämpfen heißt nicht den Feind verdammen. Sondern ihre Kämpfe sind Gottesurteile. Kämpfe, in denen diese Jugend gleich bereit ist, zu siegen wie zu unterliegen. Weil es einzig wichtig ist, daß aus diesen Kämpfen das Heilige in seiner Gestalt sich offenbare. Dieses Kämpfen hält sie auch fern von der Mystik, die dem einzelnen nur Erlösung vortäuschen würde, solange die religiöse Gemeinschaft noch nicht besteht. Die Jugend weiß, daß kämpfen nicht hassen heißt, daß es ihre eigene Unvollkommenheit ist, wenn sie noch Widerstände findet, noch nicht alles mit Jugend durchdringt. Im

Kampfe, im Siegen wie Unterliegen, will sie, während zwischen dem Heiligen und Ungeweihten, sich finden. Sie weiß, daß sie in diesem Augenblick keinen Feind mehr kennen wird, ohne darum quietistisch zu sein.

Den Heutigen aber wird es langsam inne werden, daß eine solche Jugend kein Gegenstand von Kultusdebatten, Disziplinarmaßregeln und Preßhetze ist. Gegen ihre Feinde ficht sie in einer Tarnkappe. Wer sie bekämpft, kann sie nicht kennen. Aber diese Jugend wird ihre schließlich ohnmächtigen Gegner noch durch die Geschichte adeln.

Gordon A. Craig

Der neue Schlag Mensch

Die Nachkriegspolitik hätte möglicherweise andere Züge getragen, und die Führung vor allem der demokratischen Länder wäre vielleicht stärker gewesen, wenn nicht alle Nationen während des Krieges von 1914–18 entsetzliche Verluste erlitten hätten. Europa mußte für die Generation junger Männer, die in Flandern und Polen, in Griechenland und in Palästina gestorben war, teuer bezahlen.

Doch der Krieg hatte eine weitere verlorene Generation hervorgebracht, bestehend aus all den Veteranen, die sich nach dem Krieg nicht mehr an die zivile Gesellschaft gewöhnen konnten. Manchmal war diese Haltung auf die Ernüchterung von Männern zurückzuführen, die in den Krieg gezogen waren in der Hoffnung, eine bessere Welt zu schaffen, und die zurückgekommen waren, um festzustellen, daß diejenigen, die zu Hause geblieben waren, ihre Träume nicht geteilt hatten.

Diejenigen, die so empfanden, begannen den Krieg zu idealisieren und zu glauben, daß der Soldat – der wirkliche

Soldat, nicht die „hohen Tiere", der Bürogeneral oder der Stabsoffizier im Hintergrund, sondern der Frontkämpfer, der Mann in den Schützengräben – Europa den Weg zur Regeneration weisen müsse. Ernst Jünger, selbst Frontsoldat, schrieb im Jahre 1922 in einem vielgelesenen Buch unter dem Titel „Der Kampf als inneres Erlebnis": „Dieser Krieg ist nicht das Ende, sondern der Auftakt der Gewalt. Er ist die Hammerschmiede, in der die Welt in neue Grenzen und neue Gemeinschaften zerschlagen wird. Neue Formen wollen mit Blut erfüllt werden, und die Macht will gepackt werden mit harter Faust. Der Krieg ist eine große Schule, und der neue Mensch wird von unserem Schlage sein."

Dies ist die authentische Stimme der Revolution auf der Rechten – von Mussolinis „squadristi" und von Hitlers Braunhemden, die aus den Reihen jener hervorgingen, die der Erste Weltkrieg enttäuscht und entfremdet hatte und denen der Krieg noch anhaftete.

Joseph Roth

Die Krone (1917)

Nun gelangte er eines Nachts in eine der wenigen und nur Kennern zugänglichen nächtlichen Bars der sittsamen Stadt Zürich, in der, wie man weiß, die Prostitution verboten ist, die Sittenlosigkeit verpönt und die Sünde ebenso langweilig wie kostspielig. Nicht etwa, daß der Graf nach ihr gesucht hätte! Nein: die pure Friedlichkeit hatte begonnen, ihn zu langweilen und ihm schlaflose Nächte zu bereiten, und er hatte beschlossen, die Nächte, sei es wo immer, zu verbringen.

Er begann zu trinken. Er saß in einem der wenigen friedlichen Winkel, die es in diesem Lokal gab. Zwar störten ihn die amerikanischen neumodischen rötlichen Lämpchen, das hygienische Weiß des Barmixers, der an einen Operateur erinnerte, das künstliche Blondhaar der Mädchen, das die Assoziation an Apotheken unmittelbar wachrief: aber woran war er nicht schon alles gewöhnt, der arme, alte Österreicher? Immerhin schrak er aus der Ruhe auf, die er sich selbst mühsam in dieser Umgebung abgerungen hatte, als er eine knarrende Stimme rufen hörte: „Und hier, meine Damen und Herren, ist die Krone der Habsburger!"

Franz Xaver erhob sich. Er sah in der Mitte der länglichen Bar eine größere heitere Gesellschaft. Sein erster Blick verriet ihm, daß alle Typen, die er haßte, obwohl er bis jetzt keinem einzigen ihrer Vertreter näher begegnet war, an jenem Tisch vertreten waren: blondgefärbte Frauen in kurzen Röcken und mit schamlosen (übrigens häßlichen) Knien, schlanke und biegsame Jünglinge von olivenfarbenem Teint, lächelnd mit tadellosen Zähnen wie die Propagandabüsten mancher Dentisten, gefügig, tänzerisch, feige, elegant und lauernd, eine Art tückischer Barbiere; ältere Herren mit sorgfältig, aber vergeblich verheimlichten Bäuchen und Glatzen, gutmütig, geil, jovial und krummbeinig, kurz und gut: eine Auslese jener Art von Menschen, die das Erbe der untergegangenen Welt vorläufig verwalteten, um es ein paar Jahre später an die noch moderneren und mörderischen Erben mit Gewinn abzugeben.

An jenem Tisch erhob sich nun einer der ältlichen Herren, schwenkte zuerst eine Krone in der Hand, setzte sie sich dann auf den kahlen Kopf, ging um den Tisch, trat in die Mitte der Bar, tänzelte, wackelte mit dem Kopf und mit der auf ihm sitzenden Krone und sang dabei nach der Melodie eines um jene Zeit populären Schlagers:

„Die heilige Krone trägt man so!"

Franz Xaver verstand zuerst keineswegs den Sinn dieses widerlichen Spektakels. Er empfand nur, daß die Gesellschaft aus würdelosen Greisen (betört von kurzgeschürzten Mannequins) bestand, aus Stubenmädchen, die ihren freien Tag feierten, aus Bardamen, die den Erlös für den Champagner und den eigenen Körper mit den Kellnern teilten, aus nichtsnutzigen Stutzern, die mit Frauen und Devisen handelten, breit wattierte Schultern trugen und flatternde Hosen, die wie Weiberröcke aussahen, ekelhaften Maklern, die Häuser, Läden, Staatsbürgerschaften, Reisepässe, Konzessionen, gute Ehepartien, Taufscheine, Glaubensbekenntnisse, Adelstitel, Adoptionen, Bordelle und geschmuggelte Zigaretten vermittelten. Es war die Gesellschaft, die in allen Hauptstädten der allgemein besiegten europäischen Welt, unwiderruflich entschlossen, vom Leichenfraß zu leben, mit satten und dennoch unersättlichen Mäulern das Vergangene lästerte, die Gegenwart ausbeutete und das Zukünftige preisend verkündete. Dies waren nach dem Weltkrieg die Herren der Welt. Der Graf Morstin kam sich selbst wie sein eigener Leichnam vor. Auf seinem Grab tanzten jene nun. Um den Sieg dieser Menschen vorzubereiten, waren Hunderttausende unter Qualen gestorben – und Hunderte durchaus ehrlicher Sittenprediger hatten den Untergang der alten Monarchie vorbereitet, ihren Zerfall herbeigesehnt und die Befreiung der Nationen! Nun aber, siehe, da: auf dem Grabe der alten Welt und rings um die Wiegen der neugeborenen Nationen und Sezessionsstaaten tanzten die Gespenster der nächtlichen *American Bar.*

Morstin rückte näher, um besser zu sehn. Die schattenhafte Natur dieser wohlgenährten, fleischlichen Gespenster weckte seine Neugier. Und er erkannte auf dem kahlen Schädel des krummbeinigen tänzelnden Mannes das Abbild – gewiß war es das Abbild – der Stephanskrone. Der Kellner, beflissen, seinen Gästen alles Bemerkenswerte mitzuteilen, kam zu Franz Xaver und sagte: „Das ist der Bankier Walakin, ein Russe. Er behauptet, alle Kronen der entthronten Monarchen zu besitzen. Jeden Abend kommt er mit einer anderen. Gestern war's die Zarenkrone. Heute ist es die Stephanskrone."

Der Graf Morstin fühlte sein Herz stocken, eine Sekunde nur. In dieser einzigen Sekunde aber – es schien ihm später, daß sie zumindest eine Stunde gedauert hatte – erlebte er eine völlige Verwandlung seiner selbst. Es war, als wüchse in seinem Innern ein ihm unbekannter, erschreckender, fremder Morstin, stieg und wuchs, breitete sich aus, nahm Besitz vom Körper des alten, wohlbekannten und weiter noch, vom ganzen Raum der *American Bar.* Nie in seinem Leben, seit seiner Kindheit nicht, hatte Franz Xaver Morstin den Zorn gekannt.

Er war nicht mehr imstande, zu messen, zu wägen und zu überlegen. Es schien ihm, daß kaum irgendeine Art der Gewalttätigkeit bestialisch genug sein könnte, die Niedrigkeit jenes Mannes, der mit den Kronen auf dem kahlen Schädel eines Maklers tanzte, jeden Abend mit einer anderen, zu strafen und zu rächen. Ein Grammophon grölte das Lied vom „Hans, der was mit dem Knie macht"; die Barmädchen kreischten; die jungen Männer klatschten in die Hände, der Barmann, ganz in chirurgischem Weiß, klirrte mit Gläsern, Löffeln, Flaschen, schüttete und mixte, braute und zauberte aus metallenen Gefäßen die geheimnisvollen Zaubertränke der neuen Zeit, schepperte, rasselte und blickte von Zeit zu Zeit mit einem wohlwollenden Aug', das zugleich schon den Konsum kalkulierte, auf das Schauspiel des Bankiers. Die rötlichen Lämpchen zitterten bei jedem stampfenden Schritt des Glatzköpfigen. Das Licht, das Grammophon, die Geräusche, die der Mixer verursachte, das Gurren und Kreischen der Frauen versetzten den Grafen Morstin in eine verwunderliche Raserei. Es geschah das Unglaubliche: er wurde zum erstenmal in seinem Leben lächerlich und kindisch. Er bewaffnete sich mit der halbgeleerten Sektflasche und mit einem blauen Siphon, trat nahe an die Fremden heran, während er mit der Linken das Sodawasser gegen die Tischgesellschaft verspritzte, als gälte es, einen häßlichen Brand zu löschen, hieb er mit der Rechten die Flasche gegen den Kopf des Tänzers. Der Bankier fiel zu Boden. Die Krone fiel ihm vom Kopf. Und während sich der Graf bückte, um sie aufzuheben, als gälte es, eine wirkliche Krone und alles, was sie darstellte, zu retten, stürzten sich über ihn Kellner, Mädchen und Stutzer. Betäubt von dem starken Parfüm der Mädchen, den Schlägen der jungen Männer, wurde der Graf Morstin schließlich auf die Straße gebracht. Dort, vor der Tür der *American Bar*, präsentierte ihm der beflissene Kellner die Rechnung, auf silbernem Tablett, unter freiem Himmel, sozusagen in Anwesenheit aller gleichgültigen fernen Sterne: denn es war eine heitere Winternacht.

Am nächsten Tag kehrte der Graf nach Lopatyny zurück.

Hannah Arendt

Wer bleibt?

Was am 1. August 1914 in Europa geschah, kann keine Geschichte der Ursachen und Veranlassungen, die zum Ersten Weltkrieg führten, und keine Analyse der Motive und Hintergedanken, die hinter den offiziellen Kriegserklärungen lagen, erhellen. Das Schlaglicht der Katastrophe mag uns heute noch so blenden, daß wir die Konturen der Ereignisse nur mit Mühe sehen und nachziehen können; es ist jedenfalls das einzige Licht, das wir haben, und es beleuchtet, wie alle Ereignisse, die ihr Licht in den Geschehniszusammenhang der Geschichte werfen, nicht nur sich selbst, sondern seine eigene Vergangenheit und seine unmittelbare Zukunft. Wir können aus der Geschichte des neunzehnten Jahrhunderts den Ersten Weltkrieg nicht „erklären“; aber wir können gar nicht anders, als im Lichte dieser Katastrophe das Jahrhundert verstehen, das in ihr sein Ende fand.

Vielleicht würde es um dieses Ereignis weniger dramatisch bestellt sein, wenn es mit dieser einen Katastrophe sein Bewenden gehabt hätte. Aber die Ruhe der Trauer, die nach großen Katastrophen sich über eine Unglücksstätte senkt, ist bis heute ausgeblieben. Die erste Explosion war wie der Starter einer Kettenreaktion, die bis heute nicht zum Halten gebracht werden konnte. Auf den Krieg, den zwar die europäischen Völker überlebten, von dem sich aber die europäische Völkerfamilie nicht wieder erholt hat, folgte die Inflation, welche die Besitzverhältnisse so radikal änderte, daß die Klassengesellschaft sich von ihr nie wieder erholt hat. Auf sie folgten Arbeits- und Erwerbslosigkeit, die nur noch im Namen etwas mit den uns bekannten Krisen der kapitalistischen Produktion gemein hatten, denn sie blieben nicht auf die Arbeiter- oder besitzlosen Klassen beschränkt, sondern erfaßten ganze Nationen und sämtliche Berufe. Die Bürgerkriege, die sich zwischen die beiden Weltkriege schoben, waren nicht nur blutiger und grausamer als früher; sie hatten Völkerwanderungen zur Folge, wie sie Europa seit Jahrhunderten, ja, seit Jahrtausenden nicht mehr gekannt hatte. Und ungleich ihren glücklicheren Vorgängern, den Vertriebenen der Religionskriege, konnten diese Scharen von Flüchtlingen und Staatenlosen trotz besten Willens aller Beteiligten und großer humanitärer Anstrengungen innerhalb Europas nirgends wieder ansässig gemacht werden. Wen immer die Ereignisse aus der alten Dreieinigkeit von Volk–Territorium–Staat, auf der die Nation geruht hatte, herausgeschlagen hatten, blieb heimat- und staatenlos; wer immer einmal die Rechte, die in der Staatsbürgerschaft garantiert waren, verloren hatte, blieb rechtlos. Nichts, was seit dem Ersten Weltkrieg sich wirklich ereignete, konnte wieder repariert werden, und kein Unheil, nicht einmal der Ausbruch eines Zweiten Weltkrieges, konnte verhindert werden. Jedes Ereignis hatte die Qualität einer Katastrophe, und jede Katastrophe war endgültig.

Das Resultat der Katastrophenfolge, die durch den Ersten Weltkrieg eingeleitet wurde, war, daß mehr und mehr Menschen in Situationen gerieten, die weder von dem politischen noch von dem gesellschaftlichen herrschenden System vorhergesehen waren. Dies System zwar brach nur dort zusammen, wo totalitäre Bewegungen sich der Herrschaft bemächtigen konnten, aber ganz unabhängig von dieser Entwicklung entstanden überall immer größere Gruppen, die sich, gemessen an den Maßstäben der scheinbar stabilen Umgebung, in einer Ausnahmesituation befanden. Arbeits-, Staaten- oder Heimatlosigkeit, auch wenn Millionen von Menschen von ihnen ergriffen waren, galten als Anomalien in einer ansonsten normalen Welt, mit dem Erfolg, daß Opfer wie Betrachter angesichts der Unmöglichkeit, mit normalen Mitteln die wachsenden Anomalien zu normalisieren, geneigt waren, den Gang der Dinge mit einem ebenso dünkelhaften wie ahnungslosen Zynismus als den normalen Lauf der Welt anzusehen. Die Opfer fügten dem Zynismus einen kaum verborgenen, schwelenden Haß auf diesen normalen Lauf der Welt hinzu, der um so gefährlicher war, als weder sie noch ihre Umgebung verstanden, was eigentlich passiert war. An Haß hat es vermutlich niemals in der Welt gefehlt; aber in diesen Nachkriegsjahren wuchs er zu einem entscheidenden politischen Faktor in allen öffentlichen Angelegenheiten heran. Die Atmosphäre des öffentlichen Lebens der zwanziger Jahre schien geladen mit der schwülen und unheilvollen, diffusen Irritabilität einer Strindbergschen Familientragödie. Denn der Haß konnte sich auf niemand und nichts wirklich konzentrieren; er fand niemanden vor, den er verantwortlich machen konnte – nicht die Regierung und nicht die Bourgeoisie und nicht die jeweiligen Mächte des Auslandes. So drang er in alle Poren des täglichen Lebens und konnte sich nach allen Richtungen verbreiten, konnte die phantastischsten, unvorhersehbarsten Formen annehmen; nichts blieb vor ihm geschützt, und es gab keine Sache in der Welt, bei der man sicher sein konnte, daß der Haß sich nicht plötzlich gerade auf sie konzentrieren würde.

Diese Atmosphäre des Zerfalls hing zwischen den beiden Weltkriegen über ganz Europa; aber sie war dichter und spürbarer in den besiegten als in den Siegerländern und voll ausgebildet wohl nur in den Staaten, die durch die Friedensverträge nach dem Auseinanderfallen von Österreich-Ungarn und dem zaristischen Reich neu errichtet worden waren. Nach dem Untergang der beiden Nationalitätenstaaten, deren zentralisierende Bürokratien den „Gürtel der gemischten Bevölkerungen" halbwegs zusammengehalten und dem dort aufgespeicherten Haß als ein auch wieder alle einigendes Zentrum gedient hatten, trat die Nationalitätenfrage des Ostens und Südens Europas zum ersten Male in das Zentrum europäischer Politik. Damit aber trat der Völkerhaß in Europa selbst in ein neues Stadium. Denn hier war jeder gegen jeden und vor allem gegen seinen Nachbarn, die Slowaken gegen die Tschechen, die Ungarn gegen die Slowaken, die Kroaten gegen die Serben, die Ukrainer gegen die Polen, die Polen gegen die Juden – und so fort in einer unendlichen Variation, die nur von der Zahl der durcheinander siedelnden Völker und Volkssplitter begrenzt war. Selbst die Friedensverträge, welche die Nationalitäten in „Staatsvölker" und Minderheiten aufteilten, haben in dieses Chaos gegenseitigen Hasses keine Ordnung bringen können. Die Minderheiten haßten zwar die Staatsvölker; aber dies hinderte sie nicht, die anderen Minderheiten des gleichen Gebiets genauso zu hassen und nach Möglichkeit zu verfolgen. Nicht nur die Zustände in Polen, die wohl für immer als warnendes Beispiel dienen dürfen, auch die in der wirklich demokratisch regierten Tschechoslowakei waren vergiftet von diesem allseitigen mörderischen Haß, in welchem etwa die Slowaken kaum noch wußten, wen sie mehr haßten, die Tschechen, welche *de facto* (wiewohl nicht *de jure*) das Staatsvolk waren, oder die Ungarn, welche in den slowakischen Gebieten eine kompakte Minderheit bildeten.

Als diese Nationalitätenstreitigkeiten unmittelbar nach Kriegsende losbrachen, mag es erst so ausgesehen haben, als könnten die Schicksale dieser Zwergvölker nicht viel im europäischen Gesamtschicksal bedeuten. Was der Sache ihre politische Bedeutung gab, war nicht der Haß und die Irritabilität aller gegen alle, sondern daß sich sehr bald zwei größere

Gruppen von Opfern abzeichneten, deren Status prinzipiell anders und, wie sich erweisen sollte, unvergleichlich schlechter war als der aller anderen Kriegsgeschädigten, schlechter als der des enteigneten mittleren Bürgertums, als der der Arbeitslosen oder der Kleinrentner, die ihre soziale Position und ihre Arbeit und ihren Lebensunterhalt und ihren Besitz verloren hatten; denn diese Gruppen hatten ein Recht verloren, das man stets für unveräußerlich, von spezifisch politischen Umständen unabhängig gehalten hatte: sie hatten die sogenannten Menschenrechte verloren.

Die Anomalie der Minderheiten auf der einen, der Flüchtlinge und Staatenlosen auf der anderen Seite bestand darin, daß sie von keinem Staat offiziell repräsentiert und geschützt wurden und daher entweder, wie die Minderheiten, unter Ausnahmegesetzen lebten, welche als Minderheitenverträge international garantiert und von allen betroffenen Regierungen (mit Ausnahme der Tschechoslowakei) unter Protest unterzeichnet worden waren, oder, wie die Staatenlosen, für die eine solche internationale Regelung nicht mehr möglich war, überhaupt außerhalb aller Gesetze standen und auf Duldung angewiesen waren. Die Friedenskonferenz in Versailles nahm das Problem der Staatenlosen, das sich schließlich sogar als das viel ernstere enthüllen sollte, noch nicht zur Kenntnis; aber in den Minderheiten, die man mit Recht die „Vettern der Staatenlosen" genannt hat, hatte, ohne daß irgendeiner dessen gewahr geworden wäre, das Problem der Staatenlosigkeit bereits vorgelegen und war von den Staatsmännern sogar gewissermaßen anerkannt worden, da sie den Minderheiten ja einen zusätzlichen internationalen Schutz zu garantieren für notwendig hielten. Die Minderheiten waren Völker ohne Staat, die ein Ausnahmegesetz brauchten, weil sie auf das Wohlwollen der Staaten, unter denen sie lebten, angewiesen waren.

Die Minderheiten Ost- und Südeuropas und die Staatenlosen, die sich in großen Gruppen und schließlich als kompakte Volkssplitter über ganz Mittel- und Westeuropa ergossen, haben den Zerfallsprozeß des Nationalstaates insofern außerordentlich beschleunigt, als die nationalstaatliche Lebensform nun immer größere Gruppen europäischer Menschen ausschloß und in ein Niemandsland verwies, in dem es weder Recht noch Gesetz noch irgendeine Form geregelten menschlichen Zusammenlebens gab. Totalitäre Regierungen, die im Zuge ihrer Welteroberungspolitik ohnehin trachten mußten, die Nationalstaaten zu zerstören, haben sich dann ganz bewußt darum bemüht, diese staatenlosen Gruppen zu vermehren, um die Nationalstaaten von innen her zu zersetzen. Denaturalisierung und Entzug der Staatsbürgerschaft gehörten zu den wirksamsten Waffen der internationalen Politik totalitärer Regierungen, weil sie hierdurch dem Ausland, das innerhalb seiner eigenen Verfassungen unfähig war, den Verfolgten die elementarsten Menschenrechte zu sichern, ihre eigenen Maßstäbe aufzwingen konnten. Wen immer die Verfolger als Auswurf der Menschheit aus dem Lande jagten – Juden, Trotzkisten und so weiter –, wurde überall auch als Auswurf der Menschheit empfangen, und wen sie für unerwünscht und lästig erklärt hatten, wurde zum lästigen Ausländer, wo immer er hinkam. Daß solche Tatsachen sich über alle Meinungsverschiedenheiten hinweg durchsetzen würden, hat das „Schwarze Korps" im Jahre 1938 klar genug seinen Lesern auseinandergesetzt: Eine Welt, die sich offenbar noch nicht davon hatte überzeugen können, daß Juden der Auswurf der Menschheit seien, würde bald eines Besseren belehrt werden, wenn Juden ohne Geld, ohne Staatsbürgerschaft und ohne Pässe in Scharen über die Grenzen gejagt werden würden. Daß diese Propaganda der vollendeten Tatsachen bessere und schnellere Resultate erzielen würde als alle Propagandareden zusammen, war offenbar. Denn nicht nur gelang es auf diese Weise, die Juden wirklich zum Abschaum der Menschheit zu machen, es gelang auch, was im großen gesehen ungleich wichtiger für totalitäre Herrschaft war, praktisch, am Modell einer unerhörten Not für unschuldige Menschen, darzulegen, daß solche Dinge wie unveräußerbare Menschenrechte bloßes Geschwätz und daß die Proteste der Demokratien nur Heuchelei seien. Das bloße Wort „Menschenrechte“ wurde überall und für jedermann, in totalitären und demokratischen Ländern, für Opfer, Verfolger und Betrachter gleichermaßen, zum Inbegriff eines heuchlerischen oder schwachsinnigen Idealismus.

Stefan Zweig

Friedensverträge (1921)

Mein lieber und verehrter Freund, ich schreibe Ihnen heute deutsch, weil ich nicht weiß, ob ich alles, was ich sagen will, genug klar ausdrücken kann. Es ist mir ein Bedürfnis, Ihnen unsere intellektuelle Situation zu schildern. Denn der jetzige Augenblick ist ein kritischer.

Meine Beziehung zu den meisten deutschen Menschen beginnt jetzt wieder peinlich zu werden. Menschen, die schon ganz klar fühlten, die sogar diese Klarheit in Worten zum Ausdruck brachten, ziehen sich mit einem Mal zurück: Deutschland hat nur *einen* Gedanken jetzt – und dieser Gedanke drückt sich in allen seinen Menschen aus –: nicht mehr aufrichtig zu sein. Ganz Deutschland arbeitet jetzt an einer Lüge, an einer neuen Legende. Der Kaiser, Ludendorff werden jetzt plötzlich große Persönlichkeiten, der Krieg eine heilige Sache. *Alles ist vergessen:* die Jugend glüht vor Haß, fiebert nach Krieg, die Professoren, die bestürzt über ihre eigene Dummheit ein wenig geschwiegen hatten, blasen wieder in die teutonischen Hörner. Der wildeste Wahn ist wieder wach.

Nie waren wir mehr isoliert als jetzt. In den schlimmsten Tagen des Krieges hatten wir Verbündete, vor allem das Leiden des Volkes, das jedes Wort des Friedens im geheimen segnete, wir hatten die Wirklichkeit des Krieges als Gegner, gegen den man kämpfen konnte. Aber schon entsteht wieder das Phantom des Krieges, herrlich idealisiert als Krieg der Rache und der Gerechtigkeit – wie gegen Wahnbilder kämpfen? Was wir sagten, ist vergeblich gegen eine Mentalität, die nicht hören *will* und die gegen unsere heiligsten Bemühungen das Argument hat: seht, wie die *Feinde* den Frieden verstehen.

Diese Lüge ist das Schlimmste in der Tat, was Frankreich und England an Deutschland getan haben. Der Hunger traf nur den Leib – das Rachegelüst, das sich in den letzten französischen Beschlüssen kundtut und auf 42 Jahre von ungeborenen Kindern noch Sklavenarbeit verlangt, hat die deutsche Seele vergiftet. Wir, Sie und ich leben unter Rasenden, unter Wahnsinnigen. Die Deutschen lügen sich aus Verzweiflung jetzt *selbst* an – wahr ist in ihnen nur der rasende Haß.

Und, lieber verehrter Freund, wie entsetzlich – ich verstehe diesen Haß! Ich teile ihn selbstverständlich nicht, ich weiß ja, daß es ein „Volk", eine „Nation" gar nicht gibt, sondern nur Menschen. Aber wie das den Leuten *erklären*, daß es Franzosen gibt, die das Quälerische, das Erpresserische mißbilligen, wie ihnen das Schweigen des französischen Parlaments (das für sie das Volk darstellt) glaubhaft machen? Die Leute haben ja recht, wenn sie sagen, daß Artaxerxes und Timur nie einen so grausamen Frieden geschlossen haben, daß Bismarck, den man als einen Gewalttätigen verschrien: eine sentimentale Jungfrau war gegen diese Herren des Rechtes. Und mit Entsetzen sehe ich, daß *gerade dadurch*, daß Frankreich den Tribut auf ein halbes Jahrhundert erstreckt, daß noch in 42 Jahren Salz in die deutsche Wunde gestreut werden soll, die Revanche *unvermeidlich* sein wird. Wenn Wunden heilen sollen, muß man ihnen Zeit lassen, sich zu schließen.

Nie habe ich die moralische Atmosphäre giftiger und erstickender empfunden als jetzt, nie unsere Einsamkeit hilfloser, unser Wort sinnloser. Vom Zustand der deutschen Lüge (die jetzt den Krieg als Pflicht von neuem feiert) machen Sie sich keinen Begriff. Die *ganze* Jugend ist vergiftet, *alle* Zeitungen, selbst jene, die von Stinnes noch nicht gekauft sind, dem Wahn verfallen. Aber ich wiederhole: das Volk ist in die Sackgasse dieses ziellosen Hasses hineingetrieben worden. Und – offen gesagt – ich weiß keinen Ausweg für sie. Und doch sind wir irgendwie verantwortlich, ihnen eine Tröstung zu geben. Das Moskauer Zaubertränklein ist ja billig und leicht zu verabreichen – aber wir sind ja Seelenärzte genug, um zu wissen, daß diese Arznei sofort wieder zum Gifte wird.

Was tun? Zu Menschen sprechen, die sich den Finger in die Ohren stopfen und laut brüllen, um nicht denken zu müssen? Oder öffentlich protestieren? Unsere Proteste sind so wertlos wie österreichische Banknoten. Oder warten, bis der Wahn vorbei ist? Das ginge, würde nicht 42 Jahre, Jahr für Jahr die Wunde aufgerissen. Ich und Sie, wir haben keine 42 wachen Jahre mehr! Es ist entsetzlich für uns in Deutschland, gerade die Jugend und immer wieder die neue Jugend gegen sich zu haben – zu sehen, daß die, die für uns nur gegen den Krieg zeugen könnten, daß die Kriegsteilnehmer und Invaliden aus Haß*lügen* und für den Krieg und gegen uns zeugen. Wahr ist der Tribut durch 42 Jahre und was kann dieses unser Wort gegen jene Wahrheit!

Mao Tse-Tung

Der gerechte Krieg (1936)

Der Krieg, dieser Moloch, der die Menschen sich gegenseitig abschlachten läßt, wird mit der Entwicklung der menschlichen Gesellschaft letzten Endes aus der Welt geschafft werden, und zwar in nicht allzu ferner Zukunft. Es gibt aber nur ein Mittel zur Abschaffung des Krieges. Man muß den Krieg mit dem Krieg bekämpfen, dem konterrevolutionären Krieg den revolutionären Krieg, dem konterrevolutionären nationalen Krieg den revolutionären nationalen Krieg, dem konterrevolutionären Klassenkrieg den revolutionären Klassenkrieg entgegensetzen. In der Geschichte gibt es nur zwei Arten von Kriegen: gerechte und ungerechte. Wir sind für die gerechten Kriege und gegen die ungerechten. Alle konterrevolutionären Kriege sind ungerecht, alle revolutionären Kriege sind gerecht. Die Ära der Kriege im Leben der Menschheit wird durch unsere Hände ihr Ende finden, und zweifellos ist der Krieg, den wir jetzt führen, ein Teil des letzten Ringens. Ebenso steht außer Zweifel, daß der Krieg, dem wir uns gegenübersehen, einen Teil des größten und erbarmungslosesten Krieges bilden wird. Uns bedroht der größte und erbarmungsloseste aller ungerechten konterrevolutionären Kriege, und wenn wir nicht das Banner des gerechten Krieges entfalten, wird der Großteil der Menschheit ins Unheil gestürzt werden. Das Banner des gerechten Krieges der Menschheit ist das Banner der Rettung der Menschheit. Das Banner des gerechten Krieges Chinas ist das Banner der Rettung Chinas. Der Krieg, den die überwältigende Mehrheit der Menschheit und die überwältigende Mehrheit der Chinesen führt, ist zweifellos ein gerechter Krieg, ist ein höchst erhabenes und ruhmreiches Werk zur Rettung der Menschheit und Chinas, ist die Brücke zu einer neuen Ära der Weltgeschichte. Von dem Zeitpunkt an, da die menschliche Gesellschaft in ihrer fortschreitenden Entwicklung zur Aufhebung der Klassen und des Staates gelangt, wird es auch keinerlei Kriege mehr geben, weder konterrevolutionäre noch revolutionäre, weder ungerechte noch gerechte, und für die Menschheit wird dann das Zeitalter des ewigen Friedens anbrechen. Wenn wir die Gesetze des revolutionären Krieges studieren, so gehen wir von dem Bestreben aus, alle Kriege abzuschaffen, und das ist die Trennungslinie, die uns Kommunisten von allen Ausbeuterklassen scheidet...

Georg Friedrich Jünger

Transportables (1944)

Die Vielfalt der Transportmittel belehrt uns zugleich darüber, daß auch der Mensch transportabel geworden ist, und zwar in einem Maße, das nicht vorauszusehen war. Das Verkehrs-Transportwesen ist dafür der sichtbarste Ausdruck. Von welcher Bedeutung aber der Vorgang ist, das zeigt sich auf allen Gebieten. Wenn wir sagen, daß der Mensch transportabel geworden ist, dann bezeichnen wir damit zunächst etwas Passives, eine Bewegung, die Abhängigkeit voraussetzt, im Gegensatz zu anderen Bewegungen, die aktiv sind und Initiative anzeigen. Wir können den Vorgang so formulieren: Der Mensch wird transportabel in dem Maße, in dem die Technik zur Perfektion fortschreitet. Wenn er es nicht würde, könnte es keinen technischen Fortschritt geben.

Der Mensch ist mobil geworden, mobiler als er es je war. Diese Mobilität ist ein Kennzeichen der fortschreitenden Massenbildung, die mit dem technischen Fortschritt eins ist. Ein Merkmal der Technik ist es ja, daß sie den Menschen von allen Verbindungen, die nicht rationaler Art sind, befreit, ihn aber dafür rationalen Beziehungen unterwirft. Die wachsende Mobilität des Menschen steht im Zusammenhang mit dem Vordringen von Organisation und Apparatur, denn in diesem Verhältnis erhöht sich seine Bewegbarkeit. In dem gleichen Verhältnis wird er auch geistig bewegbar, das heißt ideologischen Einwirkungen zugänglich.

Die Empfänglichkeit ganzer Schichten der Bevölkerung für Ideologien und die Macht des Ideologen, die daraus abzuleiten ist, ist ein Kennzeichen der Massenbildung. Ideologien sind Verallgemeinerungen, Vulgarisierungen des Glaubens und Wissens, und als solche in dem Maße ihrer Wirksamkeit transportabel. Der Techniker bedarf zwar zur Erreichung seiner Zwecke keiner Ideologie, da er über Machtmittel verfügt, die sie ihm entbehrlich machen. Eben deshalb aber, weil er sich mit nichts befaßt, das über seinen Bereich hinausgeht, zugleich aber einen universalen Machtanspruch stellt, verbindet sich die Ideologie mit der Technik, sie füllt gleichsam die leeren Räume aus, die entstehen. Und in dieser Verbindung mit der Technik saugt sie ungeheure Kräfte in sich, sie beginnt den ganzen Vorrat von Energie, der durch Organisation und Apparatur aufgespeichert wird, auf ein Ziel hinzusteuern. Nicht von ungefähr aber verbindet sie sich mit der Technik. Denn das Wissen des Technikers ist ebenso transportabel, so transportabel wie die Maschinen, die er in den Kupferminen von Katanga oder in den Goldbergwerken Brasiliens aufstellt. Dieses Wissen haftet so wenig an der Person wie die funktionale Arbeit am Arbeiter. Es ist nicht nur jedem zugänglich, der sich darum bemüht, es kann auch entwendet, gestohlen, ausspioniert werden, man kann es nach jedem beliebigen Punkte der Erde verfrachten, ohne daß es wie Wein und Tee durch den Transport eine Einbuße erleidet, denn es ist durchaus qualitätslos, es ist ein Wissen, das keinen Rang besitzt.

Alfred Heller

Exotische Länder (1940)

Kein Platz auf dem Erdenrund, an den sich nicht Juden wandten, getrieben von ihrer Angst. Die letzten Schlupflöcher suchten sie auszufinden. Peru, Chile, Ecuador, Haiti, Brasilien, Argentinien, Uruguay; die meisten Staaten hatten sich alsbald nach dem ersten Einwanderungssturm hermetisch abgeschlossen, hatten unerfüllbare Bedingungen gestellt. Nur für Juden.

Als sich Dr. Seligmann wieder einmal nach dem Stand seiner Angelegenheit erkundigte, war er Zeuge eines Gesprächs mit dem Konsularbeamten.

„Wo wollen Sie hin?"

„Nach Trinidad."

„Was haben Sie für Unterlagen?"

„Ich muß fort. Die Gestapo hat mir einen Termin gestellt. Bis Ende des Monats. Sonst komme ich ins Konzentrationslager..."

„Nein, Unterlagen! Vermögen, Garanten, Lebensunterhalt, Fahrkosten."

„Ja, ich habe wohl hier Vermögen..."

„Das nützt nichts. Im Ausland?"

„Leider, nein."

„Verwandte mit Vermögen im Ausland, die Ihnen die Beträge vorstrecken?"

„Leider nein. Das heißt... vielleicht... Aber das dauert ja viel zu lange. Bis Ende des Monats..."

„Tut mir leid; dann kann ich nicht helfen."

„Oder kann ich irgendwo anders hin, innerhalb des Empire?"

„Bedaure, nein."

„Aber es hieß doch, in Trinidad sei die Einreise gestattet."

„Das war bis vor kurzem, ist jetzt aber geändert."

„In Trinidad seien Arbeitskräfte meiner Art gesucht!"

„Tut mir leid. Einwanderung ist nur zulässig, wenn die Garantiesumme hinterlegt ist."

„Aber ich muß doch fort... Trinidad ist meine einzige Rettung..."

Die Hände zittern, der Blick ist verstört; der Beamte zuckt die Achseln.

Der Besucher wendet sich, den Kopf gebeugt, zur Tür. Dann kommt er plötzlich noch mal zurück zu dem Beamten.

„Sagen Sie mir wenigstens: Wo liegt eigentlich Trinidad?"

Rudolf Aub

Ein Jamaikaner aus Augsburg (1939)

Die Einreiseformalitäten in Freetown liefen reibungslos ab. Mein Schwager nahm mich in Empfang und fuhr mit mir sofort zu seinem Wohn- und Arbeitsort Makeni, etwa 150 km von der Küste entfernt im Bergland. Die Fahrt führte mich zum ersten Mal in meinem Leben durch die tropische Landschaft von Savanne und Busch über Flußtäler mit üppigem Baumbestand.

Mein Schwager betrieb zusammen mit seinem französischen Teilhaber eine „Faktorei“, ein für die damaligen Kolonialländer typisches En-gros- und Detailgeschäft für eine große Reihe von Artikeln des täglichen Bedarfs, mit weitverstreuten Filialen im Hinterland, manche nur zu Fuß mit Trägern zu erreichen. Der Teilhaber war zu der Zeit gerade dabei, einen Europaurlaub vorzubereiten. Die Familie meines Schwagers war zu gleicher Zeit aus Krankheitsgründen in Deutschland. So fand ich sofort Arbeit als ungelernte Hilfskraft. Meine Anwesenheit gab meinem Schwager die Möglichkeit zu Inspektionstouren zu den Filialen. Damit war ich nicht zu nutzlosem Müßiggang verurteilt. Arbeit in meinem Beruf kam nicht in Frage, da ich nicht im Besitz einer britischen Lizenz war. Dies hinderte jedoch den lokalen Regierungsarzt nicht, mich gelegentlich für eine Kurznarkose ins lokale Krankenhaus zu bitten. [...]

Meine Arbeit begann in einer Abteilung, die etwa einer Ambulanz für Allgemeinmedizin entsprach, in der einige wenige Ärzte Tag und Nacht Hunderte von Patienten zu versorgen hatten. Die Erfahrung mit dieser medizinischen und soziologischen Vielfalt gab mir wichtige Einblicke in meine neue Umwelt. Zum Dienst fuhr ich mit Straßenbahn oder Fahrrad. Ein Auto kam bei meinem niedrigen Gehalt nicht in Frage. Von den Kollegen wurde ich als einer der Ihrigen vorbehaltlos angenommen, im Laufe der Zeit auch in ihre Familien eingeführt. Immerhin darf nicht vergessen werden, daß Jamaika als britische Kolonie im Kriegszustand mit Deutschland war. Meine Vorgeschichte war jedoch schnell allgemein bekannt. Dazu kamen die früheren, in Jamaika ansässigen Mitinternierten, die mir das Einleben in das mir früher nur in groben Umrissen bekannte Land wesentlich erleichterten. Ich hatte keine Schwierigkeiten, Quartier zu finden, und erfuhr keinerlei Feindseligkeit. [...]

Unmittelbar nach Kriegsende stellte ich den Antrag auf dauernden Wohnsitz und auf Arbeitserlaubnis in Jamaika. Ich hatte nach allem, was vorgefallen war, keine Absicht, nach Deutschland zurückzukehren. Ich mußte diese Entscheidung auf meine eigene Verantwortung ohne Beratung mit meiner Frau treffen, da Monate vergingen, ehe die Postverbindung mit Deutschland wiederhergestellt werden konnte; es zeigte sich später, daß sie meinen Schritt vorausgesehen hatte. Mein Antrag wurde von der Regierung und dem übergeordneten Kolonialministerium in London in verhältnismäßig kurzer Zeit genehmigt. Ich schloß unmittelbar danach den Antrag auf Zulassung meiner Familie an. In der Korrespondenz zwischen den jamaikanischen Behörden und dem Kolonialministerium wurde nicht nur mein Antrag unterstützt, sondern auch das Kolonialministerium gebeten, die Besatzungsbehörden der französischen Zone, in der meine Familie lebte, zu veranlassen, die Ausreise zu erleichtern. Die Erlaubnis zur Niederlassung meiner Familie in Jamaika wurde erteilt. Bei den Daseinsbedingungen im Nachkriegseuropa mußte ich mit einer langen Wartezeit rechnen. Sie sollte noch beinahe zwei Jahre anhalten, trotz mancher Hilfe von Behörden und Freunden.

Nach Bewilligung meines dauernden Wohnsitzes hatte ich den Antrag auf meine Übernahme in den regulären Staatsdienst gestellt. Bis dahin hatte ich, wie vorher erwähnt, unter einer speziellen Kriegszeit-Notverordnung gearbeitet. Unter Anerkennung meiner deutschen Approbation und dem

Bestehen eines formalen medizinischen Examens erhielt ich die Anstellung als „Medical Officer“ (Arzt im öffentlichen Dienst). Die damit verbundene erhebliche Einkommenserhöhung war von größter Wichtigkeit. Nun konnte ich Rücklagen für die zu erwartenden Überfahrtskosten meiner Familie schaffen und mir, auch im Hinblick auf die kommende Familie, einen kleinen Wagen mit Hilfe eines staatlichen Darlehens leisten.

Mit der Ernennung zum Medical Officer vergrößerte sich mein Arbeitskreis erheblich. Zusätzlich zur Arbeit in der Ambulanz erhielt ich auch die Verantwortung für eine Station von über 70 Betten hauptsächlich im Bereich der Inneren Medizin. Dazu kam später noch die Verantwortung für die Reorganisation der völlig veralteten Krankenhausstatistik.

Mit der Anerkennung als ordentliches Mitglied des ärztlichen Standes beantragte ich meine Aufnahme in die Landesgruppe der „British Medical Association“. Die Aufnahme wurde mit außerordentlich freundlichen Worten gewährt. Diese Anerkennung der Zugehörigkeit äußerte sich auch späterhin in der Selbstverständlichkeit, mit der ich zum Mitglied mehrerer ärztlicher und ähnlicher Vereinigungen berufen wurde. Ich erwähne diesen Punkt nicht als Selbstlob, sondern um die Bereitschaft der Kollegen zu zeigen, mich als einen der ihren anzunehmen. Darüber hinaus wurde ich auch in die jüdische Kultusgemeinde aufgenommen. [...]

Wir verließen Jamaika im September 1980, beinahe 40 Jahre nachdem ich die Insel betreten hatte. Unser neuer Wohnsitz wurde Lindau am Bodensee. Wir fanden Unterkunft in der Wohnung der Mutter meiner Frau, die von ihrer Tochter und deren Mann betreut wurde. Sie wohnten im oberen Stockwerk desselben Hauses. Diese Betreuung wurde auch auf uns ausgedehnt. Die Lage in einem kleinen Dorf oberhalb des Bodensees mit freundlichen Nachbarn ersetzte vieles, was wir hinter uns lassen mußten. Die Familie ist schon über siebzig Jahre in Lindau ansässig und dort wohlbekannt. Von meiner Verwandtschaft war in Deutschland nur noch der Neffe übriggeblieben.

Es hatte nicht sein sollen, daß ich das vorgesehene Endziel meiner Wanderung: Leben und Arbeit in den Vereinigten Staaten, erreichen sollte. Rückschauend bin ich jedoch überzeugt, daß ich in dem armen Jamaika mehr, wichtigere und mir mehr zusagende Arbeit leisten konnte als in den Staaten. Gleiches, glaube ich, gilt auch für meine beiden Frauen.

Gundolf Freyermuth

Bildungsreisen

Die Flucht aus Deutschland, den Irrweg quer durch Europa, der schließlich in den USA endete, als die moderne Variante einer Bildungsreise zu behaupten, mutet zynisch an. Und doch legen Hunderte von Autobiographien Zeugnis ab von der Nachhaltigkeit der „negativen Bildungserlebnisse", die Vertreibung und Flucht erzeugten, aber auch von den „positiven", die bisweilen der erzwungene Kontakt mit fremden Lebens- und Denkweisen mit sich brachte.

„Eine Welt, die Welt meiner Kindheit, meiner Jugendjahre, die Welt des Rechts, der Moral, der Achtung vor dem Nächsten war zusammengebrochen", schrieb Gottfried Bermann Fischer. Bei Elsbeth Weichmann, der Frau des sozialdemokratischen Politikers und späteren Hamburger Bürgermeisters Herbert Weichmann, heißt es: „Mit der Emigration war auch ein Weltbild zusammengebrochen... Das Menschenbild, an das wir geglaubt hatten, war zerstört." Und Adorno resümierte in seinen Exil-‚Reflexionen aus dem beschädigten Leben': „Jeder Intellektuelle in der Emigration, ohne alle Ausnahme, ist beschädigt und tut gut daran, es selber zu erkennen... Enteignet ist seine Sprache und abgegraben seine geschichtliche Dimension, aus der seine Erkenntnis die Kräfte zog."

Ebenso viele autobiographische Zeugnisse – und nicht selten dieselben – schildern das „positive Bildungserlebnis" des Exils, das wesentlich in einer Kosmopolitisierung des national eingeengten Bewußtseins bestand: „Die Welt, in der wir lebten, wurde immer größer", erinnerte Elsbeth Weichmann: „Die Emigrantennotgemeinschaft wuchs auf diese Weise mit den Jahren zu einer Weltgemeinschaft und entwickelte ein Weltwissen, das aus vielen von uns Weltbürger machte." Auch der Sozialwissenschaftler Leo Löwenthal beobachtete an sich selbst die „Ausweitung meines Horizonts": „... ich fühle mich viel kosmopolitischer, viel mehr ein Mann der Welt, als ich das je in Deutschland gefühlt habe oder vielleicht fühlen würde." Sein Freund Adorno reflektierte die amerikanische Zeit: „Kaum ist es übertrieben, daß ein jegliches Bewußtsein heute etwas Reaktionäres hat, das nicht, sei es auch mit Widerstand, jene Erfahrung sich wahrhaft zugeeignet hätte." Und der Sozialwissenschaftler Adolph Lowe stellte schlichtweg fest, erst in den USA habe er erkannt, „wie provinziell mein Gesichtskreis war in den ersten vierzig Jahren meines Lebens, in denen ich auf meine Weise auch überzeugt war, daß am deutschen Wesen die Welt genesen müsse".

Gordon A. Craig

Die veränderte Weltbühne

Im März 1944 schrieb der italienische Philosoph Benedetto Croce in sein Tagebuch:

„Wir dürfen nicht die Wiedergeburt jener Welt [der Welt vor 1914], ihre Erneuerung und Besserung erwarten, sondern wir müssen mit einer endlosen Folge von Konflikten, Umsturz und Vernichtung durch Revolutionen und Kriege rechnen... Wir müssen... uns an ein Leben ohne Stabilität gewöhnen..., so sehr es uns, die wir Männer waren, die arbeiteten, sich wohldurchdachte Programme setzten und sie ruhig ausführten, widerstrebt. Auf dieser Weltbühne, auf der wir bei jedem Schritt straucheln, müssen wir unser möglichstes tun, um mit Würde zu leben..."

Zweifellos teilte die Mehrheit der über die Ereignisse nachdenkenden Europäer am Ende des Zweiten Weltkrieges den Pessimismus, der aus diesen Zeilen spricht. Und gewiß trafen Croces Prognosen in den ersten Nachkriegsjahren ein. Letztere bedeuteten für jedes Mitglied der Gemeinschaft Europas eine Zeit des politischen Konfliktes und der sozialen sowie der wirtschaftlichen Erschütterung; und die Probleme der einzelnen Gebiete Europas wurden um ein Vielfaches erschwert durch die Tatsache, daß der Kontinent als Ganzes in zwei Hälften zerrissen war, getrennt durch eine institutionelle und ideologische Schranke.

Die Europa aufgezwungene, ungeheure Zweiteilung stellte das Resultat der schließlich erfolgten, von Hitler vergeblich herbeigesehnten Auflösung der alliierten Kriegskoalition dar. Nach drei Jahren waren die westlichen Staatsmänner gezwungen einzusehen, daß die Waffenbruderschaft, die zum Sieg über Deutschland und Japan geführt hatte, nicht länger halten würde und daß die Sowjetunion – weit entfernt von dem Wunsch nach wirtschaftlicher und politischer Wiederbelebung der kriegszerrütteten Länder Europas – hoffte, das Elend und die Entbehrungen zur Verbreitung des Kommunismus im Westen ausnutzen zu können. Als Reaktion auf die offenkundig gewordene Bedrohung der politischen Freiheit Europas erfolgten nacheinander die Truman-Doktrin, der Marshall-Plan und die Gründung der Nordatlantikpakt-Organisation. Die Sowjets antworteten mit dem Warschauer Pakt – ein Zeichen dafür, daß die Sowjetunion nicht beabsichtigte, die in den ersten Nachkriegsjahren erlangte Kontrolle über die osteuropäischen Staaten wieder aufzugeben – und vollendeten damit den sogenannten Eisernen Vorhang, der den Kontinent in zwei Hälften teilte.

Auf der östlichen Seite dieser Schranke erzwang die Präsenz der sowjetischen Militärmacht die Angleichung von Ideologie und Institutionen sowie die wirtschaftliche und politische Zusammenarbeit der kleineren Staaten. Lediglich Jugoslawien gelang es, sich aus dem eisernen Griff dieses Systems zu lösen und eine unabhängige Position aufzubauen. Und das lag weitgehend an geographischen Zufällen. Den Versuch Ungarns im Jahre 1956, seinem südlichen Nachbarn nachzueifern, schlugen sowjetische Panzer nieder. Auch die Hoffnung der Tschechoslowakei vom Jahre 1968, die Härten des Totalitarismus zu mildern, wurde durch die entschlossene Intervention der Sowjets zerstört.

Beispiele von Zentralisation und Vereinheitlichung der Politik, erzielt durch Drohung oder Gewalt, gab es in der Geschichte nicht selten, und sie sind niemals besonders beeindruckend. Eine bemerkenswertere politische Entwicklung der Nachkriegszeit vollzog sich mit der freiwilligen Einigungsbewegung auf der westlichen Seite des Eisernen Vorhangs. Sie nahm verschiedene Formen an und brachte die Auseinandersetzung mit vielen schwierigen Problemen mit sich. Doch in Anbetracht der historischen Abneigung auf seiten der europäischen Staaten, etwas von ihrer Souveränität zu opfern, waren ihre Ergebnisse beeindruckend.

Während diese Entwicklungen vonstatten gingen, nahm der europäische Einfluß auf die Weltpolitik radikal ab. Gewiß hatte dieser Prozeß während des Krieges von 1914–1918 schon begonnen und war durch die wirtschaftlichen Mißstände in der Zwischenkriegszeit beschleunigt worden. Doch blieb Europa bis zum Ausbruch des zweiten globalen Konfliktes Zentrum der Weltpolitik, und die Entscheidungen der europäischen Mächte bestimmten den Lauf der Ereignisse in weiten Teilen der Welt. Die langen, schweren Jahre von der Eroberung Warschaus durch die Nationalsozialisten bis zu

Hitlers Selbstmord inmitten der Trümmer von Berlin veränderten all das grundlegend. Sie fügten allen europäischen Mächten so große materielle und psychische Schäden zu, daß die Reserven für eine völlige Wiedererlangung ihrer politischen Position aufgezehrt waren und daß sogar ihr Wunsch danach erlosch. Nach dem Krieg neigten einige Europäer dazu, die Übertragung der Macht und der Verantwortung auf die Vereinigten Staaten und die Sowjetunion mit Resignation zu betrachten, die mit Furcht, aber auch mit Befriedigung gemischt war. So erörterte „Punch" ironisch die unbestreitbaren Vorteile eines eventuellen Absinkens eines Staates auf einen zweit- oder gar drittrangigen Status.

Der Verlust ihrer Kolonialreiche im Orient, im Nahen Osten und in Afrika infolge von nationalistischen Bewegungen ließ die veränderte Position der europäischen Staaten in der Welt noch plastischer hervortreten. Diese Bewegungen hatten auch schon vor dem Krieg existiert; doch hatten sie in den ersten Phasen des Konfliktes, als sich herausstellte, daß weiße Nationen in ihren militärischen Fähigkeiten den Völkern anderer Hautfarbe nicht unbedingt überlegen sind, starken Auftrieb erhalten. Daß ihnen diese Tatsache nach dem Zweiten Weltkrieg in Korea und in Indochina wiederum vor Augen geführt wurde, verstärkte die Opposition gegen den Kolonialismus und erzwang in den britischen, französischen, holländischen und belgischen Kolonien Konzessionen ihm gegenüber. Als der Befreiungsprozeß einmal in Gang gesetzt worden war, vollzog er sich so überstürzt, daß er alle Erwartungen der Kriegszeit übertraf. Ende 1965 stellten die nach 1945 unabhängig gewordenen afrikanischen und asiatischen Nationen über die Hälfte der Mitglieder in der Vollversammlung der Vereinten Nationen – einer Organisation übrigens, die die Europäer aufgrund ihrer im Vergleich zu den Vereinigten Staaten und der Sowjetunion verminderten Stärke und aus anderen Gründen ernster zu nehmen gelernt hatten als den Völkerbund.

In wirtschaftlicher Hinsicht begann die Nachkriegszeit für

Europa als Ganzes unter den trostlosesten Aussichten. Der Handel war zum Erliegen gekommen, die Industrie durch Kriegszerstörung sowie durch Roh- und Treibstoffknappheit gelähmt; die Landwirtschaft litt unter einem Mangel an Maschinen, Saatgut und Kunstdünger; Verkehrs- und Fernmeldesysteme waren unterbrochen und in manchen Fällen durch Bomben weitgehend zerstört; Märkte und Verteilersysteme befanden sich nach der Vernichtung des nationalsozialistischen Reiches, das den Kontinent fünf Jahre lang umklammert hatte, in hoffnungslosem Durcheinander; Währungen waren abgewertet und Kreditmöglichkeiten unsicher; Lebensmittel- und Heizmaterial waren knapp und drohten völlig auszugehen. Überdies wurden alle Probleme doppelt erschwert durch die Demobilisierung der Heere und durch die Existenz von Millionen von Vertriebenen und Flüchtlingen, die das Lebensnotwendigste entbehrten.

Von diesen Bedingungen erholte sich Osteuropa langsamer als Westeuropa, großenteils deswegen, weil die östlichen Länder sich in allen grundlegenden Dingen nach der Sowjetunion richten mußten und ihnen die Chancen, die den westlichen Ländern offenstanden, versagt blieben. Ein weiterer Grund ist darin zu suchen, daß ihre Schutzmacht, die Sowjetunion, die durch den Krieg entsetzlichen physischen und wirtschaftlichen Schaden erlitten hatte, in den ersten Nachkriegsjahren nicht in der Lage war, ihnen materielle Hilfe zu gewähren. Doch selbst Polen, wo 38 Prozent des Reichtums des Landes sowie 85 Prozent der Hauptstadt Warschau und die Hafeneinrichtungen von Dgynia und Gdánsk zu 50 Prozent zerstört worden waren und wo die Probleme durch die großen Gebiets- und Bevölkerungsverschiebungen erschwert wurden, erholte sich stetig. In noch stärkerem Maße gilt dies für andere Teile Osteuropas. Wahrscheinlich waren westliche Besucher von Budapest und Bukarest in den 60er Jahren vom Äußeren dieser Städte und ihrer Einwohner beeindruckt, wenngleich man einen relativen Mangel an Verbrauchsgütern feststellte.

Der Fortschritt in Westeuropa gestaltete sich leichter, weil er durch Kredite aus den Vereinigten Staaten gefördert wurde und weil nach der Einführung des Marshall-Plans im Jahre 1948 auch anderweitige Hilfe zunahm. Nachdem die wirtschaftliche Entwicklung des Westens einmal eingeleitet war, machte sie im Vergleich zur Zwischenkriegszeit spektakuläre Fortschritte. Innerhalb eines Jahrzehnts erreichte die Produktion in manchen Ländern das dreifache Volumen des Spitzenjahres 1913. Und dieses Wachstum ging in allen sozialen Schichten Hand in Hand mit einer Erhöhung des persönlichen Einkommens, so daß in nahezu allen Ländern die Reallöhne der Industriearbeiter doppelt so hoch lagen wie in der Vorkriegszeit. Es wäre schwierig, genau abzuschätzen, wieviel die Entwicklung auf einen Wirtschaftsverband hin hierzu beigetragen hat, ebenso schwierig wie zu ermitteln wäre, inwieweit es durch den Verlust der europäischen Kolonialrechte in Übersee beeinflußt war. In letzter Hinsicht ist jedoch anzumerken, daß der Lebensstandard sowohl in Belgien als auch in den Niederlanden nach dem Verlust ihrer Kolonien anstieg. Dies mag darauf hindeuten, daß Verwaltungstalent sowie technische Fertigkeiten wichtigere Ressourcen darstellen, als Lenin in seinem Buch über den Imperialismus mutmaßte.

Die wirtschaftliche Erholung auf beiden Seiten des Eisernen Vorhangs und die Entspannung zwischen den beiden Hälften Europas zu Beginn der 60er Jahre spiegelten sich in einem wachsenden Selbstbewußtsein wider, das einige interessante politische Resultate zeitigte. In Westeuropa bewirkte es eine Verlangsamung der Entwicklung zur politischen Einigung und in einigen Ländern die Anfänge einer Wiederbelebung des Nationalismus. Auch in Osteuropa lockerte sich die monolithische Einheit früherer Zeiten, und manchmal offenbarte sich der Wunsch nicht nur nach größerer Unabhängigkeit, sondern auch nach engeren Kontakten zum Westen. Unter westlichen Intellektuellen sprach man jetzt viel von einem „neuen Europa"; und einige derjenigen, die diesen Begriff verwendeten, dachten weniger an die Art der politischen Einigung, die Männer wie Robert Schuman, Alcide de Gasperi und Konrad Adenauer angestrebt hatten, sondern vielmehr an die Möglichkeit, der Charles de Gaulle Ausdruck verliehen hatte, nämlich die eines freien Europas der Vaterländer, das sich bis hin zum Ural erstrecken würde.

[...] Der Eiserne Vorhang bildete eine überaus schwer zu überwindende Schranke für den freien Ideenaustausch, für gegenseitige Anregungen sowie für eine geistige und wissenschaftliche Zusammenarbeit. Seit den Religionskriegen des 16. Jahrhunderts waren zwei Teile Europas nicht mehr so hermetisch voneinander abgeriegelt gewesen; und es ist unmöglich abzuschätzen, in welchem Ausmaß dadurch das Wiedererblühen des geistigen Lebens in Europa nach dem Krieg behindert wurde.

Jedoch scheinen Schranken immer eine Herausforderung für Menschen darzustellen. So gab es im Laufe der Nachkriegsjahre viele Freigeister, die sich bemühten, die physischen und geistigen Mauern, die die Menschheit trennten, niederzureißen. Das wurde nirgendwo so offenkundig wie im Bereich der etablierten Kirchen. Die Leiden, die der Zweite Weltkrieg verursacht hatte, regten die Kirchen zu einem neuen Geist der Toleranz und der Offenheit an, der sich in einer kraftvollen ökumenischen Bewegung niederschlug und darin, daß sie jetzt der Pflicht, sich um den internationalen Frieden zu bemühen, neues Gewicht beimaßen. Die Evangelische Kirche Deutschlands rief ihre Gemeinden auf, sich der Verantwortung für die während des Krieges im Namen Deutschlands begangenen Verbrechen zu stellen und damit den ersten Schritt zur Buße und Versöhnung zu tun. Die römisch-katholische Kirche reagierte ähnlich positiv auf die beängstigenden Probleme des Zeitalters. Während seines kurzen, aber anregenden Pontifikats drängte Papst Johannes XXIII. – ein Mann des Volkes, der das Verlangen der Massen instinktiv wahrnahm – die im Zweiten Vatikanischen Konzil versammelten Führungspersönlichkeiten seiner Religion,

Formulierungen und Programme zu finden, die der zeitgenössischen Welt entsprächen, und die Christen in gesellschaftlich schöpferischer Bruderschaft zusammenzuführen. Sein Nachfolger, Paul VI., verkörperte den neuen Geist, indem er der erste reisende Papst der Neuzeit wurde und erstmalig Reisen nach Jerusalem und Indien unternahm, um Gespräche mit leitenden Persönlichkeiten seiner eigenen und anderer Kirchen zu führen. Im Oktober 1965 flog er ins Hauptquartier der UNO nach New York, wo er den versammelten Delegierten erklärte, sie seien berufen, „nicht nur einige, sondern alle Völker zu Brüdern zu machen ... Kein Krieg mehr! Nie wieder Krieg! Der Friede muß das Schicksal aller Völker und der ganzen Menschheit bestimmen!"

Benny Härlin/Michael Sontheimer

Ortsbesichtigung 1983

Die Mauer – Sinnbild und Ursache des Niedergangs der Potsdamer Straße: Sie hat den Potsdamer Platz, den Ausgangspunkt der Straße und ihrer Bebauung, zum Todesstreifen gemacht, ihr den Kopf abgeschlagen. Nach 1945 war die „hoffnungsvolle Wüstenei, dieses Vakuum", wie der Theaterkritiker Friedrich Luft das Gebiet zwischen dem Platz und dem Landwehrkanal charakterisierte, immerhin noch vom Verkehr belebt, bis die Potsdamer am 13. August 1961 zur Sackgasse wurde – *Dead End Street.* [...]

Nach der Währungsreform tobte sich der *Kalte Krieg* auf zwei in geringem Abstand gegenüberliegenden Stahlgerüsten aus, die große Leuchtschriften trugen. Auf dem westlichen wurden die aktuellen Nachrichten der Freien Berliner Presse in den russischen Sektor gestrahlt, und von dort leuchtete es *Der kluge West-Berliner kauft bei der HO* zurück. Die HO hatte ihre Verkaufsräume in den ersten beiden Stockwerken des im Krieg ausgebrannten und notdürftig instand gesetzten Columbus-Hochhauses.

Die Volkspolizisten, die darüber ein Revier bezogen hatten, konnten ihre Haut am 17. Juni 1953 nur dadurch retten, daß sie ihre Uniformen aus dem Fenster warfen und in Zivil desertierten. Der Platz war vom frühen Morgen an voll von Aufständischen und Schaulustigen – viele von ihnen waren aus den Westsektoren gekommen. Sie belagerten das Haus der Ministerien in der Leipziger Straße, wo sich bis auf einen Mutigen die DDR-Minister und Ulbricht unter dem Dach versteckt hatten. Schließlich kam brüderliche Hilfe von den russischen Genossen in Gestalt von T34-Panzern, denen es zusammen mit scharf schießenden VoPos gelang, den Platz zu räumen. Nicht ohne daß die damaligen Chaoten das *Columbushaus* noch angezündet hätten. Es brannte zum zweitenmal völlig aus und wurde daraufhin abgetragen. Auch das *Haus Vaterland* brannte in den Abendstunden des 17. Juni, aber seine Ruine wurde erst Anfang der 70er Jahre abgetragen, nachdem West-Berlin sie zusammen mit dem Gebiet des ehemaligen Potsdamer Bahnhofs für 31 Millionen DM der DDR abgekauft hatte.

Heute haust auf dem sandigen Brachland die Belegschaft des alternativen Showunternehmens *Tempodrom.* Rund um das große grüne Zelt stehen malerische Wohnwagen, zwischen denen Kinder und allerlei Getier herumlaufen. Ein nomadenhaftes Dorf, dessen Stimmen, Musik und Hammerschläge der kühle Abendwind bis auf die Plattform trägt.

Wenn die letzten Touristen sich an den Schrecken des Kommunismus sattgesehen haben, kehrt dörfliche Ruhe ein. Eine obskure friedvolle Idylle, die unmittelbar ins Gespenstische umkippt, wenn die Flutlichter den Todesstreifen in kaltes Licht tauchen. Jetzt existiert nur noch die zerstörerische, grausame Seite der Geschichte. Als ob die Luft wirklich dünner geworden wäre, befällt mich Beklemmung, Fremdheit. Nichts erinnert an die bekannten und namenlosen Toten, die gleich hinter dem hell erleuchteten Martin-Gropius-Bau in den Kellern des Gestapo-Hauptquartiers ermordet wurden. Die Wiederaufbauer wollten ihre Ruhe haben und haben das Gebäude umgehend beseitigt. *Vergessen macht frei.* Auf den mit Schutt aufgefüllten Folterkellern lädt ein Autodrom für 20 Mark pro Stunde zum *Fahren ohne Führerschein* ein. Wie wäre es mit einem Schild auf der Plattform: „Achtung, Ende des rationalen Sektors – Vor zu langem Verweilen auf der Plattform wird gewarnt." Nicht etwa, daß der Osten die Heimat der Irrationalität wäre, die läßt sich wohl nicht teilen; vielmehr weil mir mittlerweile die mystischen Worte eines esoterischen Verlegers plausibel erscheinen. Der hatte mir einmal erklärt, daß der Tod des Hausbesetzers Rattay ausgerechnet auf der Potsdamer Straße kein Zufall gewesen sei. Jeder Ort habe seine eigene Aura, und in der Potsdamer herrsche die Aura der Zerstörung, des Untergangs und des Todes.

Auf jeden Fall beneidenswert, wer frei von solchen Gedanken für ein paar Minuten auf die Plattform stürmt. So wie der 60jährige mit Pfälzer Akzent, der 1942 als Soldat zum letztenmal in Berlin war. „Traurig, traurig", meinte er, kaum zehn Sekunden auf der Plattform. „Bloß, wenn sie die Mauer nicht gebaut hätten, dann gäb's ja drüben nur noch Russen, und das wär' ja nun noch schlimmer." Die bunte Beschriftung der Mauer hatte ihn aufgebracht. Die saubere Rückseite, auf die ich ihn hinweise, irritiert ihn nicht im geringsten: „Ist doch klar, die haben welche rübergeschickt; um das alles zu beschmieren." Gleich hinter seinem Rücken auf der Innenseite der Balustrade ist auch etwas geschmiert: *Menschen sind Schweine.*

Daß die Spraydosen-Lyriker immer gleich in die Vollen hauen müssen, wenn sie ihre Lehren aus der Geschichte ziehen. Mir ist nach vier Stunden Plattform-Meditation mehr nach der Art von Vergangenheitsbewältigung zumute, die die Bewohner der Potsdamer Straße allemal vorziehen: die in der Kneipe.

Cees Nooteboom

Ortsbesichtigung 1989

Wie sieht ein Fisch den Fluß, in dem er schwimmt? Er kann nicht raus, um Abstand zu gewinnen. So ist es hier in Berlin. Alles fließt. Jeden Augenblick gibt es neue Ereignisse, Berichte, wenn ich aus dem Haus gehe, bin ich innerhalb weniger Minuten Teil einer wogenden Menge, wird mir aus Zeitungsschlagzeilen zugeschrien: *Abschied von der Insel. Deutschland umarmt sich. Das Volk hat gesiegt. Achthunderttausend eroberten West-Berlin.* Vor und in den Banken und Postämtern lange Reihen von DDR-Bürgern, die ihr Begrüßungsgeld abholen. Alte Leute mit verstörten Blicken, die zum ersten Mal seit fast dreißig Jahren wieder in diesem Teil der Stadt sind und ihre Erinnerungen suchen, junge Leute, die nach dem Mauerbau geboren wurden, vielleicht gar nur einen Kilometer weiter weg wohnen, bewegen sich in einer Welt, die sie nie gesehen haben, und sie laufen, als ob der Asphalt sie nicht tragen könnte.

Während ich dies schreibe, läuten ringsherum die Kirchenglocken, wie vor ein paar Tagen, als die Glocken der Gedächtniskirche die Nachricht von der geöffneten Mauer bronzen über die Stadt ergossen haben und die Menschen auf der Straße knieten und weinten. Sichtbare Geschichte hat immer etwas Ekstatisches, Ergreifendes, Beängstigendes. Niemand kann sich dem entziehen. Und niemand weiß, was geschehen wird. Berlin hat viel mitgemacht.

Zu Zehntausenden strömen sie durch die östlichen Schleusen in den Westen, bringen ihre Emotionen mit, als könnte man sie anfassen, ihre Gefühle spiegeln sich in den Gesichtern der Westberliner wider, die vom Geräusch ihrer eigenen Millionen Schritte in den für den Autoverkehr gesperrten Straßen angefeuert werden, von Sirenen und Kirchenglokken, von den fragenden Stimmen und deren Geräuschen, den ungeschriebenen Worten des Szenarios, das keiner ersonnen hat. Keiner und jeder. *Wir sind das Volk!* skandierten die Menschen noch vor zwei Wochen in Leipzig. Nun sind sie hier, ihre Führung haben sie zu Hause gelassen. [...]

Donnerstag abend. Ich bin zurück in Berlin und mit Fotografin und einem Freund in einem Taxi unterwegs. Wir unterhalten uns, und auf einmal höre ich etwas im Geräusch der Stimme aus dem Autoradio, ein Geräusch, das ich kenne. Es hat den quengelnden, gehetzten, sich selbst noch nicht recht glaubenden Ton großer Ereignisse. Der Taxifahrer ist ein Mädchen, ich bitte sie, das Radio etwas lauter zu stellen, aber das ist gar nicht mehr nötig, sie erzählt uns die Neuigkeit, nachdem sie weiß, daß wir ihre Sprache verstehen. Sie ist aufgeregt, wirft die blonden Haare zurück, schreit fast. Die Mauer sei geöffnet, alle seien auf dem Weg zum Brandenburger Tor, ganz Berlin sei auf den Beinen, wenn wir nichts dagegen hätten, würde sie uns hinfahren, sie wolle es auch sehen, wenn es uns nichts ausmache, da jetzt hinzufahren, stelle sie den Taxameter ab. Der Verkehr wird zusehends dichter, schon hundert Meter nach der Siegessäule kommt man kaum mehr weiter. In dem qualmenden Trabant neben uns halten uns junge DDR-Bürger ihr Visum entgegen, ihre Gesichter sind in der nächtlichen Beleuchtung bleich vor Aufregung. Ich sage dem Mädchen, daß sie zum Reichstag besser über die John-Foster-Dulles-Allee fahren könnte. Dulles, Reichstag, Krieg, Kalter Krieg, hier kann man nichts sagen, ohne in einer Vergangenheit zu sprechen.

Das düstere Schiff des Reichstags liegt in einem Menschenmeer, jeder versucht, auf die hohen Säulen des Brandenburger Tores zu klettern, zu den rasenden Pferden ganz oben, die früher in die andere Richtung stürmten. Das Podest, von dem aus man *Unter den Linden* überblicken kann, schwankt unter der Last der Menschen, mühsam kämpfen wir uns nach oben, wenn jemand herunterkommt, rücken wir wieder um einen Körper weiter. Der leere Halbkreis vor den Säulen wird von unechtem, orangefarbenem Licht beleuchtet, die geschlossene Front der Grenzsoldaten darin sieht aus wie eine machtlose Reihe gegen die Gewalt der Menge auf unserer Seite. Wenn ein Jugendlicher auf die Mauer klettert, versuchen sie ihn herunterzuspritzen, aber der Strahl ist meist nicht stark genug, und die einsame Gestalt bleibt stehen, naß bis auf die Knochen, ein lebendiges Standbild in einer Aura weiß erleuchteten Schaumes. Schreien, Grölen, das hundertfache Blitzlicht der Kameras, als sei die Mauer schon durchsichtig, als gäbe es sie schon fast nicht mehr. Die Jungen tanzen in den Wasserstrahlen, die verletzbare Reihe der Soldaten ist das Dekor zu ihrem Ballett. Im Halbdunkel kann ich deren Gesichter nicht sehen, und sie wiederum sehen nur die Tänzer. Die anderen, das große Tier Masse, die immer mehr anschwillt, können sie nur hören. Hier findet der Abriß ihrer Welt statt, der einzigen, die sie kannten. Auch auf dem Rückweg will das Mädchen den Taxameter nicht einschalten. Sie sagt, daß sie glücklich sei, diesen Augenblick nie mehr vergessen könne. Ihre Augen leuchten. Ihr Freund sei nun irgendwo an der Mauer, gern würde sie diesen Moment mit ihm teilen, aber sie wisse nicht genau, wo, und außerdem müsse sie bis sechs Uhr morgens arbeiten. [...]

Noch immer steht eine Schlange beim Checkpoint Charlie. Ausländer dürfen durch einen gesonderten Ausgang hinaus, sie brauchen nicht zu warten. Dieselben Grenzer wie am Morgen, die Gesichter erschöpft, bleich, angespannt. Ich komme heraus wie ein Ostberliner, denn eine junge Frau bietet mir Kaugummi an und ein Junge drückt mir ein Pamphlet in die Hand über Einigkeit und Recht und Freiheit und daß die Mauer weg muß und daß die Wiedervereinigung kommen muß und daß McDonald mir „1 kleines Getränk" anbietet, Gutschein gültig bis 12.11.1989. Jetzt wird mir auch zugejubelt, Heimkehrer, der ich bin. In der U-Bahn Kochstraße warten Tausende auf einen Zug, lassen sich willenlos hineindrücken, in den Westen hinein. Als ich endlich auf dem Ku'damm angekommen bin, herrscht dort Jahrmarktstimmung. Autos können nicht mehr fahren, die Stadt ist dem

Wahnsinn verfallen, das Volk ein einziger taumelnder Körper geworden, ein Tier mit tausend Köpfen, es wogt, rinnt, strömt durch die Stadt, weiß nicht mehr, ob es sich selbst bewegt oder bewegt wird, und ich ströme mit, bin nun selbst Menge geworden, Bild aus einem Fernsehbericht, niemand. Auf der Hauswand Ku'damm/Joachimsthaler Straße erscheinen die elektronischen Nachrichtenbulletins in schnell verlöschenden Zeilen, als ob die Nachrichten die Menge noch einholen könnten, aber nichts holt diese Menge ein, denn sie ist es, die diese Nachrichten fabriziert, und das weiß sie, und sie empfindet es wie ein Schaudern: Was die Menschen hier lesen, haben sie selbst verursacht, sie sind das Volk, die Politiker laufen ihnen hinterher mit ihren Worten, vorläufig aber dienen deren Worte mehr der Besänftigung als etwas anderem. Was *die* Geschichte ist, wird niemand jemals wirklich wissen, aber in diesen vergangenen Wochen haben die Menschen, die hier herumlaufen, ein Blatt für sie umgeschlagen, und nicht nur die Krenzens, sondern auch die Kohls und Gorbatschows, die Mitterrands und Thatchers müssen sehen, wie die nächsten Seiten geschrieben werden und wer darin vorkommt. Millionen Osteuropäer haben die Unterschriften von Jalta eingeholt, und wir haben ihnen dabei nicht geholfen.

Ernst-Otto Czempiel

Gesellschaftswelt

Der Sturz der kommunistischen Herrschaftsordnung durch die revoltierenden Gesellschaften in Polen, Ungarn, der Tschechoslowakei und der DDR beendete – zusammen mit den den Kommunismus delegitimierenden Reformen Gorbatschows in der Sowjetunion – den Ost-West-Konflikt. Dadurch wurde die seit den siebziger Jahren zu beobachtende

Tendenz zur Demokratisierung, jedenfalls zur Durchsetzung der Menschen- und Bürgerrechte gegen autokratische Herrschaften jeglicher Couleur erheblich verstärkt.

Gleichzeitig änderte sich die Agenda der Weltpolitik. Nachdem das kommunistische Lager an seinen internen Widersprüchen zusammengebrochen ist, geht es im Sachbereich der Sicherheit nicht nur um Bedrohungen von außen. Über die Sicherheit eines Staates bestimmen zunehmend seine Verteilungsleistungen auf den Sachbereichen Wirtschaft und Herrschaft. Die Gesellschaften werden die Politik mitbestimmen und dabei ihre Interessen an Identität, Tradition, Kultur, Religion mit einbringen, vor allem ihr Interesse an gesellschaftlicher Entwicklung. Es richtet sich auch nach außen und fordert dort eine gerechtere Verteilung der erzeugten Güter. Vor allem aber richtet es sich nach innen, fordert Mitsprache an Entscheidungen der politischen Systeme, die Berücksichtigung der gesellschaftlichen Interessen in der Außenpolitik.

Die weltpolitischen Folgen sind in ihrer Ambivalenz schwer abzuschätzen. Einerseits werden die steigenden Anforderungen der Gesellschaften nach materialer Bedürfnisbefriedigung die Konkurrenz um die Ressourcen anfachen, die Konflikte vermehren und verschärfen. Andererseits steigt mit dem Wohlstand und der Mitbestimmung der Gesellschaften an den herrschaftlichen Entscheidungen die Ablehnung der organisierten militärischen Gewaltanwendung. Die Gesellschaftswelt wird erst langfristig weniger Gewalt aufweisen als die Staatenwelt des Ost-West-Konflikts; kurz- und mittelfristig könnte die Gewalt sogar zunehmen. [...]

In der OECD-Welt hat die Interdependenz die Grenzen zwischen den Staaten durchlässig gemacht für die Interaktion der gesellschaftlichen Akteure; in der EG-Welt werden diese Grenzen 1992 praktisch gefallen sein. In den Entwicklungsländern sind diese Grenzen – wie bei den früheren RGW-Staaten – noch weitgehend intakt. Die Welt befindet sich in unterschiedlichen Stadien der Entwicklung; sie bildet ein asymmetrisches, gebrochenes Gitter von Handlungszusammenhängen. Asymmetrisch verteilt sind nicht nur Grade der ökonomischen Entwicklung, sondern auch die der Partizipation an der Herrschaft. In den westlichen Demokratien sehr hoch, sind diese Grade in anderen Weltteilen noch niedrig. Überall aber ist die Partizipation und der Wunsch dazu vorhanden, überall steigen beide. Subjekte in der internationalen Politik sind nicht mehr, wie in der Staatenwelt, nur die Regierungen, sondern auch schon die Gesellschaften. Das ist die differentia specifica, die die moderne von der vormodernen Welt unterscheidet. Bedeutung und Einwirkung der Gesellschaften sind in den Weltregionen höchst unterschiedlich verteilt. Nirgendwo aber sind sie, wie früher, irrelevant.

Diese Entwicklung läßt sich mit der politischen Metapher der „Gesellschaftswelt" wiedergeben. Der Begriff soll ausdrücken, daß die Welt noch keine Weltgesellschaft, aber auch keine Staatenwelt mehr ist, daß sie nach wie vor eine staatlich geordnete Welt darstellt, in der aber das politische Gewicht der Gesellschaften wächst. In Osteuropa haben sie die kommunistischen Herrschaftssysteme gestürzt. In der ganzen Welt drängen die Gesellschaften auf Mitbestimmung an den herrschaftlich organisierten Entscheidungsprozessen. Dieser Prozeß ist im Begriff der Gesellschaftswelt eingefangen worden.

Helmut Lethen

Klimawechsel

Wir lasen in den Berichten aus dem Realsozialismus von einer „somnambulen Ereignislosigkeit" in seinem Innern, von einer „Kultur des Wartens" und der augenfälligen Mechanik der kalendarischen Zeit, deren Rhythmus seine Einwohner unterworfen waren. Es liegt nahe, ein System, in dem solche Zustände herrschen, mit einem Modell zu erklären, das der französische Ethnologe Claude Lévi-Strauss entworfen hatte, um bestimmte Aspekte von Völkerschaften zu erhellen, die aus dem Schema des historischen Fortschritts herausgefallen sind. Während die ‚heißen Kulturen' nach den Beobachtungen des Ethnologen, getrieben vom Gefälle der Hierarchien und Klassenwidersprüche, wie Dampfmaschinen aufgrund thermodynamischer Regeln bewegt werden, funktionieren die ‚kalten' mechanisch wie Uhren, versuchen, den historischen Wandel einzufrieren und richten sich im Mechanismus steter Wiederholung ein. Natürlich erheitert die Paradoxie, daß ausgerechnet die Gesellschaftsformationen, die im Schlepptau von Revolutionen als den „Lokomotiven der Geschichte" (Karl Marx) entstanden waren, im Modell einer ‚kalten Kultur' beschrieben werden können.

Die Individuen, die in einem solchen Kühlsystem leben, befinden sich in einer Art Winterschlaf, in dem die Lebensprozesse stark verlangsamt sind, registrierte der Züricher Ethnologe Mario Erdheim, der übrigens das Militär der westlichen Staaten ebenfalls als Subsystem der Kälte beschreibt. Funktionen der Realitätskontrolle sind höheren Instanzen überantwortet. Wichtige Regulatoren des bürgerlichen Subjekts sind in diesem Apparat funktionslos geworden, wie zum Beispiel die durch das einzelne Individuum verbürgte Zeitdisziplin, die Innensteuerung durch den ‚Kreiselkompaß' des Gewissens, das Vermögen zu persönlicher Schuld und so weiter.

Das Denkmodell der ‚kalten Kultur' stand also bereit, als es 1989/90 seine aktuelle Funktion erhielt. Konnte man mit ihm auch nicht die Veränderung des Systems selbst erklären (gewiß, der 9. November 1989 war „faktisch ein kalter Putsch, der kältest denkbare Putsch" sogar und somit dem Kältesystem angemessen), so doch die seltsame Mentalität einer Bevölkerungsgruppe, die nun auf der Bildfläche des Wärme/Kälte-Schemas erschien, also ‚aus der Kälte kommend' dem ‚tropischen Klima der freien Marktwirtschaft‘, das ihr die westlichen Medien vorspiegeln, überlassen.

Peter Schneider berichtet, daß sich in den nun entstehenden Debatten über den Mentalitätstypus der DDR eine ‚Kühlschrankfraktion‘ gebildet habe, deren Anhänger von einer ziemlich fatalen Hypothese ausgehen: „Der Kommunismus funktioniere wie ein Tiefkühlfach, in dem die historischen Eigenarten und Passionen der Völker gleichsam tiefgefroren werden. Wenn der Eisschrank einmal auf Abtauen gestellt ist, machen die Völker genau dort weiter, wo sie vor fünfundvierzig Jahren aufgehört haben. All die schönen sozialistischen Tugenden und Errungenschaften, die ihnen bei minus dreißig Grad eingetrichtert wurden, werden von ihnen abfallen wie alter Schnee. Die historisch gewachsenen nationalen Eigenarten, die guten wie die schlimmen, werden beim ersten Frühling frisch wie am Tage des Einfrierens zum Leben erwachen und das Tun und Lassen der Völker bestimmen.“ Das langsame System des Realsozialismus – so die Logik der ‚Kühlschrankfraktion‘, die die differenzierteren Annahmen der Milieutheoretiker abweist – ist ein System des Winterschlafs, der durch Träume von tropischer Wärme, die die Westmedien vom freien Markt erzeugen, bewacht wurde.

Fraglich ist natürlich, wie man sich im Bildsystem der ‚Kühlschrankfraktion‘ das plötzliche ‚Abtauen‘ vorzustellen hat. Historische Beispiele dafür sind rar. Die Geschichte vom ‚Eispeter‘, die Wilhelm Busch erzählt, ist denkbar untauglich, da sie fatalerweise davon ausgeht, daß der Einfrierungsprozeß nicht umkehrbar ist. Allerdings böte sich die Vereisung des Jägers und Hundetreibers Alexander Klotz aus der österreichisch-ungarischen Nordpolexpedition von 1873 als glücklichere Version an. Zumindest erzählt Christoph Ransmayr, daß dieser nach kurzfristiger Vereisung auf polarem Gletscher von seinen Kameraden gefunden und als rettungslos aufgegeben wurde, dann aber, nach einer Phase des Wahnsinns, der Truppe wieder als intaktes Mitglied eingegliedert werden konnte.

Irina Griwnina

Jan Palach – Ein Impuls

Jan Palach – in den letzten Tagen des Januar 1969 hörte ich zum ersten Mal seinen Namen. Tragisch, feierlich, markant – wie ein Paukenschlag beschloß er die Symphonie des Jahres 1968.

1968 – das nun lang vergangene, geschichtsträchtige Jahr des Prager Frühlings.

Eingeleitet wurde es von einem ungestümen, fröhlichen Windstoß aus Prag, dessen schwache Ausläufer wir in unserer tiefen Moskauer Provinz mehr ahnten als am eigenen Leibe verspürten. Die frische Brise transportierte den Gedanken der Freiheit. Die Idee eines „Sozialismus mit menschlichem Gesicht" erschien uns vital und attraktiv wie der intelligente, männlich wirkende und junge Dubček, der in unserer Jugend für viele von uns einen wiedererstandenen John F. Kennedy verkörperte.

Wir informierten uns über verbotene Radiosender, die manchmal wie durch ein Wunder bis zu uns durchdrangen, und beneideten unsere tschechischen Altersgenossen glühend um literarische Klubs, Pressefreiheit und Demonstrationen.

Einige Monate lebte die Moskauer Intelligenzija wie berauscht und der Realität entrissen. Nicht nur naive Jugendliche wie wir, sondern auch abgeklärte Erwachsene schwelgten in der Hoffnung auf eine „Veränderung zum Besseren" und hielten ein Scheitern des tschechischen Experiments für ausgeschlossen. Sie waren überzeugt, daß die Weltöffentlichkeit eine militärische Intervention Breschnews in Prag nicht hinnehmen würde, und einige glaubten sogar, er selbst sei der Urheber des Prager Frühlings gewesen: Er habe ihn in die Wege geleitet, um zu prüfen, wie sich ein „Sozialismus mit menschlichem Gesicht" in der Praxis bewährte.

„Andere sozialistische Länder werden dem Beispiel der

Tschechoslowakei folgen", war ihre Berechnung, „und mit der Zeit wird auch unsere Sowjetunion an die Reihe kommen..."

Man steigerte sich nach solchen Gesprächen in die Überzeugung hinein, daß schon bald ein frisches Frühlingsgewitter über Moskau hinwegfegen und blühende Rosenranken die Kremlmauer überziehen würden. Man sah die Auflassung der Lager, die Reise- und Meinungsfreiheit, die Freiheit in der Welt der Literatur, des Films und des Theaters und den Zugang zu grundlegenden, lange entbehrten Menschenrechten in Greifweite. Die Möglichkeit einer gewaltsamen Wendung zog niemand ernsthaft in Betracht – sogar noch zu einem Zeitpunkt, als bereits martialische Drohungen des Warschauer Pakts an die ČSSR aus der *Prawda* tönten: „Die erforderlichen Maßnahmen werden ergriffen... Der Reaktion muß der Weg abgeschnitten werden... Ihr könnt auf unsere Hilfe rechnen..."

In der morgendlichen Kühle des 21. August führte mich mein Weg an einem jener Kästen vorbei, wo in Moskau die Tageszeitungen aushängen. Fett und in trauerndem Schwarz stach mir die Überschrift mit dem Untertitel „Erklärung der TASS" von weitem ins Auge.

„Die Zuspitzung der Lage in der Tschechoslowakei...", las ich, „die vitalen Interessen der UdSSR... im Interesse der Sicherheit... Bedrohung für das sozialistische System... Bedrohung für den Frieden in Europa..." [...]

„Am frühen Morgen des 21. August rief der tschechische Rundfunk zu Kundgebungen auf dem Altstädter Ring und vor dem Gebäude des ZK der Kommunistischen Partei in Prag auf, zu denen große Menschenmassen strömten. Die sowjetischen Truppen sahen sich gezwungen, diese und weitere Bezirke unter ihre Kontrolle zu nehmen..."

Abends ließ ich den dünnen schwarzen Strich wieder lange Zeit ergebnislos über die Frequenzskala des Radios wandern, bis ich zu meinem Erstaunen auf einen kaum gestörten slawischen Sender stieß. Zwar war es kein Ukrainisch oder Polnisch, doch mit einiger Mühe verstand ich immerhin so viel, daß die Regierung der Tschechoslowakei heimlich mit unbekanntem Ziel aus Prag verschleppt worden war...

Nach den Nachrichten ertönte das Sendersignal, und eine angenehme Frauenstimme verkündete: „Hier Radio Belgrad!"

Von nun an bildeten Nachrichtensendungen in serbischer Sprache unsere Informationsquelle über die laufenden Ereignisse in Prag und das Kontrastprogramm zu den offiziellen Zeitungen. Wenn diese verkündeten, daß „die aufrührerischen Appelle in Rundfunk und Fernsehen ihre Wirkung gezeigt haben und es zu vereinzelten Zusammenstößen auf dem Altstädter Ring gekommen ist, wo die sowjetischen Soldaten und Offiziere regelrecht im Belagerungszustand stehen", so kommentierte Radio Belgrad ausführlich die tatsächlichen Geschehnisse. Wir erfuhren auf diese Weise, daß viele Journalisten und die Mitarbeiter des Prager Fernsehens verhaftet worden waren. Man hatte sie auf die Straße getrieben und vierzig Minuten mit angelegten Maschinengewehren in Todesangst gehalten. Außerdem war auf dem Altstädter Ring ein Jugendlicher, der den Begrenzungsstreifen auf dem Pflaster übertreten hatte, von einem sowjetischen Soldaten erschossen worden, und seitdem brachten die Prager Blumen zu der Stelle, an der sein Leichnam gelegen hatte. In meinen Augen waren solche Beweise von Zivilcourage und Insubordination kleine Hoffnungszeichen – sie galten mir als Versuche, die *Ehre der Tschechei* zu retten. [...]

Ich versuche die Mienen der Prager Einwohner zu rekonstruieren – wie sie vom Straßenrand den fremden Panzern nachstarrten, die nun in ihrer Stadt das Regiment führten. Vielleicht stand auch Jan Palach in der Menge? Hätte er jener Jugendliche sein können, der dem übermächtigen Koloß hilflos eine leichte Blechdose nachwarf? Schrecklich jung ist Jan Palach gewesen. Damals schien mir, als habe sein ganzes Leben in einer kurzen Zeitungsmeldung Platz: „Zum Zeichen des Protests gegen den sowjetischen Einmarsch in die

Tschechoslowakei verbrennt sich der Student Jan Palach (18) auf dem Wenzelsplatz in Prag."

Für mich war von Anfang an klar, daß diese Selbstverbrennung nicht der spätpubertären Anwandlung eines Jugendlichen entsprang, der sich wichtig machen wollte, sondern daß wohlüberlegte Motive dahinterstanden. Sie war ein bewußter Akt, mit dem er sich und sein Land von einem Teil der erlittenen Schmach befreien wollte, ein Versuch, seine eigene und die *Ehre der Tschechoslowakei* angesichts der Ohnmacht gegenüber den Besatzern zu retten. Eine fast irreal anmutende Tat, die eher in eine romantische Ritter- und Heldensaga gepaßt hätte. Doch Palach war kein Romanheld, sondern ein Mensch. Ich kann mir vorstellen, welche Angst er hatte – und welche Schmerzen kurz darauf. Er hat wohl ganz allein vor dem riesigen Reitermonument gestanden, vielleicht hat er ein letztes Mal dem heiligen Wenzel ins Gesicht geblickt und dabei gebetet. Dann muß er sich mit Benzin übergossen haben – niemand hatte bis zu diesem Zeitpunkt etwas bemerkt. Deutlich kann ich vor meinen Augen sehen, wie er ein Zündholz anriß und die Flamme seine Kleidung erfaßte, wie Polizisten auf ihn zuliefen und hastig das Feuer zu löschen versuchten, und wie sie über Funk ein Auto riefen, um ihn von dem öffentlichen Platz weg und ins Krankenhaus zu schaffen.

Der junge Mann durchlitt ein drei Tage und drei Nächte dauerndes Martyrium, bevor ihn endlich der Tod erlöste. Und damit nicht genug: Noch im Krankenhaus wurde Jan Palach vom Geheimdienst nach Komplicen ausgeforscht, da sofort das Gerücht aufgekommen war, eine ganze Gruppe Studenten der Prager Karls-Universität hätte vereinbart, sich der Reihe nach am Fuß des Wenzelsdenkmals zu verbrennen. Die Verhöre wurden auf Band aufgezeichnet, und zwanzig Jahre später schenkte mir ein befreundeter Journalist eine Kopie, so daß ich Palachs Stimme hören konnte. Er hatte gewiß große Schmerzen, doch ich hörte keine Klage. Eine scharfe, junge und gewollt fröhliche Frauenstimme setzte ihm unablässig mit Fragen zu. Für jeden Namen, den er nennen würde, versprach sie ihm als Belohnung eine schmerzstillende Spritze. Als Antwort kamen nur seine schweren, röchelnden Atemzüge, und manchmal, wie ein Ausatmen: „Weiß nicht." Einmal auch – auf die Frage, ob ihm klar sei, was er getan habe – ein ganzer Satz: „Ja... habe mich... verbrannt..."

Ritterliche Akte wurden im Moskau jener Jahre mit allgemeiner Bewunderung honoriert, und so galt Jan Palach bald als Held. Man schrieb über ihn Gedichte und ließ sie in Abschriften von Hand zu Hand gehen, und der Maler Valjus widmete ihm ein surrealistisches Bild. „Eingeweihten" wurde ins Ohr geflüstert, daß der eigentliche Bildtitel „Zum Gedenken an Jan Palach" lautete, und nicht „Komposition", wie auf einem kleinen weißen Schild am Rahmen vermerkt war. Und ich dachte, daß zu den Flammenzungen, die nur wenige Gesichter aus dem sehr düsteren Hintergrund hervortreten ließen, auch der Titel „Autodafé" gepaßt hätte. [...]

Am 16. Januar 1969 stand ein Achtzehnjähriger als lebende Fackel auf dem Wenzelsplatz. Er opferte sich im naiven Glauben, seine außerordentliche Tat würde bei den sowjetischen Soldaten solche Schamgefühle auslösen, daß sie sich aus seiner Heimatstadt zurückzögen. Er hatte sich geirrt. Und doch geschah etwas: Alle, die zu feige waren, Stellung zu beziehen, empfanden Scham. Und bald begannen andere Menschen in die Fußstapfen des mutigen, idealistischen Jugendlichen zu treten. Nicht, indem sie sich auf öffentlichen Plätzen verbrannten, Bombenanschläge auf Flugzeuge verübten oder Geiseln nahmen, nein, sie lehnten sich auf andere Weise auf: Sie schrieben Bücher, gaben Untergrund-Zeitschriften heraus, inszenierten Stücke von Shakespeare, Havel und Kohout und komponierten Lieder. Über zwei lange Jahrzehnte hinweg haben sie der Welt Zeichen gegeben, daß das tschechische und slowakische Volk nicht mit der Besetzung einverstanden ist.

Man nahm ihnen die Möglichkeit, der Arbeit, die sie liebten, nachzugehen – sie wichen aus und wurden Kesselwärter,

Hausmeister oder Taxifahrer. Man verwehrte ihren Kindern den Zugang zur Bildung – sie gründeten ihre eigene Universität im Untergrund. Man verhaftete sie und forderte Reuebekenntnisse. Manche hielten dem Druck nicht mehr stand und gaben klein bei, doch andere setzten den Widerstand fort. Und am Ende haben sie gesiegt.

2. Der Reisende auf der Flucht

Edmund Wilson

Bombentourismus (August 1945)

Eine Fahrt durch Kreta kommt also der Besichtigung eines Schlachtfeldes gleich. Da wird man auf ausgemerzte Dörfer hingewiesen, deren graue Steinmauern bis zur Ununterscheidbarkeit an den grauen Gebirgsstein zurückgefallen sind; auf ein Tal, über das hinweg sich die Deutschen und Briten eines ihrer erbittertsten Gefechte geliefert haben; auf ein kleines weißes Schäferhaus, in dem die Deutschen die fähigsten Männer von Herakleion, Beamte, Rechtsanwälte, Ärzte, erschossen haben. Bei einer Fahrt durch Kreta – eine Eisenbahn hat es auf der Insel nie gegeben – verstärkt sich noch der Eindruck der Unordnung und des Chaos. Der einheimische Fahrer fährt den Wagen mit der ganzen Tollkühnheit der Kreter: Wenn er auf den engen Straßen am Abgrund um die Kurven schlittert, weiß man nicht, was einem mehr auf die Nerven geht: die Angst, ob er die Kurve noch schafft, oder der schwindlige Blick nach unten aufs Meer mit seinen zerklüfteten Buchten und seinem blendenden Blau. Plötzlich macht er eine Vollbremsung, bringt den Wagen gerade noch am Rande einer eingestürzten Brücke zum Stehen, biegt seitwärts in einen steil abgehenden felsigen Pfad ein und legt einige Bretter gerade so weit auseinander, daß er mit dem Wagen darüberfahren kann. Immer wieder kommen die Jeeps von diesen Straßen ab. Während meiner Zeit ereignete sich ein Unfall, bei dem einem UNRRA-Mann die Nase abgequetscht wurde. Im übrigen bewegt man sich fast überall an der Küste zwischen Minenfeldern, was für ständige Spannung sorgt. Die Strände und Küstengewässer sind noch mit Hunderten von Minen verseucht. Selbst beim Schwimmen in den angeblich gesäuberten Strandabschnitten muß man sich seinen Weg zwischen Flugzeugbomben und angetriebenen Seeminen bahnen. Die Kreter haben keine Angst vor diesen Biestern und scheinen sogar einen gewissen Geschmack an ihnen gefunden zu haben. So decken sich die Kinder mit kleinen Mengen von Kordit ein und lassen sie auf der Straße wie Feuerwerkskörper hochgehen. Männer und Jungen gehen ohne Detektoren auf Minensuche, wobei sie zum Entsetzen der Amerikaner und Briten an ihrer Technik festhalten, einfach so lange mit langen Stöcken auf den Boden zu schlagen, bis sie auf etwas Hartes stoßen, das sie untersuchen; wenn die Mine dabei hochgeht, um so schlimmer. Am Stadtrand von Herakleion hatte jemand sein Haus mit einem Zaun aus riesigen Luftbomben umgeben, die er mit der Spitze nach unten in den Boden gerammt und mit Draht zusammengebunden hatte. Als der britische Kommandeur von der Barrikade hörte, beschloß er, sich die Sache näher anzuschauen. Dabei entdeckte er, daß die Bomben schon zu ‚bluten' angefangen hatten, d. h., daß die Chemikalien der Füllung schon durch den Mantel sickerten. Da es zu gefährlich war, die Bomben auch nur zu berühren, konnte der Zaun nicht entfernt werden. In den Städten werden der kochend heiße Vormittag und der lähmend stille Mittag zuweilen von einem dröhnenden Knall unterbrochen, dem niemand mehr Aufmerksamkeit schenkt.

Giorgio Bocca

Mobiler Stau (1962)

An jedem Sonntag abend sitzt er auf den verstopften Straßen fest, wie es unvermeidlich ist in einem Lande, in dem erst Automobile und dann Straßen gebaut werden. Millionen haltender Autos in der Abenddämmerung des Feiertags. Sie sind auf dem Heimweg, schon in der Nähe der Stadt: Soweit das Auge reicht, stehen die Wagen in drei oder vier Reihen, sieht man Blinker, Reisdecken, Plastikboote und Koffer, und nichts deutet darauf, daß der ‚Sättigungsgrad' erreicht sei. Blicke kreuzen sich von Wagen zu Wagen; eine Lichtreklame im Dunkel geht an, geht aus, geht an, geht aus. Unmöglich, sich von einer dieser Zellen zur andern mitzuteilen. Die Angst, gefangen zu bleiben, taucht aus dem Unbewußten auf (Fellini, 8½), auch die leise Genugtuung des Herdentiers, den Ritus mitzuvollziehen, der aus diesem Italien ein Amerika im kleineren Maßstab macht. Man schaltet den ersten Gang ein, fährt drei oder vier Meter, stoppt, um nicht auf den vorderen Wagen aufzufahren: rotorangene Blinker, Auspuffgase, Warten, Zigaretten. Millionen von autofahrenden Italienern, Kinder einer Konsumgesellschaft, ruhelos und vergnügungssüchtig in einer Zeit des Übergangs ebendieser Gesellschaft. Immer in der großen Schlange, um auch ein Stück von der Cremetorte zu bekommen, immer rundherum im Reigen um das Hotel der Lust wie ‚in einem Spiel für Kinder, in das die Großen eingebrochen sind'. War so nicht Amerika zur Zeit von Scott Fitzgerald? Und dann der Rausch der Statistik bei denen, die dazu beitragen, die Anzahl der Autos, der Motorräder und Lastwagen zu erhöhen, die Zahl von allem, was surrt, rollt und dröhnt: 161 000 neu registrierte Automobile im Jahre 1955, 380 000 im Jahre 1960; 640 000 im Jahre 1962; 980 000 im Jahre 1964. Es fahren nunmehr über 5 Millionen Kraftwagen auf unseren Straßen, nicht gezählt die Invasion aus dem Ausland.

Dieses Italien ist Amerika ähnlich dank der wachsenden Ähnlichkeit des autofahrenden Italieners mit dem autofahrenden Amerikaner. Nur daß er, wie man bei genauem Hinsehen merkt, dem Amerikaner nachsteht – und anders als dieser ist. Und bei noch genauerem Hinsehen bemerkt man, daß es auch innerhalb Italiens verschiedene Typen des Autofahrers gibt, den des agrarischen Südens und den des industriellen Nordens, auch sie rückständig und anders, unterschiedlich in Temperament, Gesinnung und Geräusch des Autofahrens. Die Autohupe, zum Beispiel, die in Süd- und Mittelitalien wie eine Fanfare tönt, klingt gedämpft wie ein artiges Hüsteln im wohlerzogenen Turin; der fanatische Monotheismus des Gläubigen im Süden (‚Du sollst dein Auto anbeten und kein anderes außer ihm') mildert sich in Mailand zu einem konzilianten Polytheismus: Jeder neue Auto-Salon bringt neue Götter hervor. Man vergleiche auch den winzigen Fiat 500, der auf den Straßen Lukaniens einen mittelgroßen Wagen zu überholen sucht, oder das Verkehrschaos von Rom mit der relativen Ordnung in der Po-Ebene, wo bereits die angelsächsischen Regeln des gesunden Menschenverstands Gehör finden: ‚Du hast ein Automobil, also hast du Zeit.' Und die am stärksten überzeugende: ‚Auto fahren heißt, mit einem Bein im Grabe und mit dem andern im Gefängnis stehen.'

Aber dann bestimme man den Durchschnitt, vergegenwärtige sich das Typische am autofahrenden Italiener der sechziger Jahre, und man wird feststellen, daß er noch immer hinter dem amerikanischen herhinkt und anders als dieser ist. Zu den deutlichsten Unterscheidungsmerkmalen gehört seine Unkenntnis des Motors. Auf allen Straßen Italiens, vom Brenner bis zum Kap Passero, sieht man haltende Autos mit Italienern, die ratlos vor ihrem Wagen stehen. Die Motorhaube ist aufgeklappt, Rauch steigt auf, und der Auto-Italiener betrachtet den schadhaften Motor, als sei es ein Alligator. Warum betrachtet er ihn so? Was verspricht er sich von diesem erstaunten und melancholischen Anschauen? Das bleibt sein Geheimnis.

Seine Unkenntnis des Motors rührt von seiner Rückständigkeit im Vergleich zum Amerikaner, und auch in seinem Verhältnis zur Technik fehlt ihm jene Gelassenheit, die es dem Amerikaner erlaubt, sich seines Wagens ohne allen Aufhebens zu bedienen, wie man ein Paar Schuhe anzieht. Aber wird der Italiener, da er anders ist, je den Amerikaner einholen und dessen Gelassenheit erreichen? Einstweilen erinnert sein Verhältnis zum Automobil noch an die alte Reiter-Pferd-Beziehung, eine Beziehung von zwei Lebewesen zueinander, ein Bündnis, das man schließt, um gemeinsam Kämpfe und Abenteuer zu bestehen. Eine weitere italienische Eigenart ist die Gewohnheit, ein modernes Verkehrsmittel nach alten und inadäquaten Maßstäben zu messen; unter dem ‚griechischen, mediterranen Gesichtspunkt', wie es Paul Valéry definierte, wird in Italien ein Verkehrsmittel betrachtet, das für amerikanisches Tempo und amerikanische Entfernungen gedacht ist. So daß wir unter allen Rekorden des Automobilismus mit Erfolg dem der Unfälle nachstreben: 114 000 Unfälle, davon 4880 tödliche, im Jahr 1953, 300 000 Unfälle mit 9400 Verkehrstoten 1962.

Herrmann Bausinger

Grenzenlos (1991)

Die eigentliche „touristische Explosion" ereignete sich aber sehr viel später. Jost Krippendorf hat diesen Begriff geprägt, der vielleicht zu pointiert ist und in einen einzelnen Vorgang zusammenfaßt, was sich tatsächlich in vielen Schüben verwirklichte. Aber der Begriff vermittelt einen richtigen Einblick vom Ergebnis: Die freigesetzten Reiseströme überschwemmen riesige Landschaften; es gibt kaum mehr unberührte Nischen auf dem Globus. Der moderne Tourismus durchdringt die Welt und ist gleichzeitig eine Welt für sich – mit eigenen Gesetzlichkeiten, mit eigenen Studiengängen, mit einem weitverzweigten Berufsnetz vom Animateur bis zum Zugschaffner, mit vielfältigen Zielorten, unterschiedlichen Verkehrsmitteln, verschiedenen Formen des Aufenthalts.

Es ist eine außerordentlich bunte Welt. Die großen Reisebüros sind die Supermärkte der mobilen Gesellschaft. Die Prospekte übertrumpfen sich gegenseitig in kräftigen Farben und verlockenden Angeboten, die in alle Richtungen führen. In den zentralen Verteilerstellen des Tourismus herrscht eine Vielfalt, die das Einzelziel fast beliebig erscheinen läßt. Der Chartertourist auf den großen Flughäfen ist umspült von exotischen Verheißungen: Las Palmas, Douarte, Helsinki, Los Angeles, Hongkong, Peking, Tokio; wenn die Ankündigungen auf der großen Tafel rotieren, hat er Mühe, sein eigenes Ziel festzuhalten. Und wo immer er ankommt – wieder tritt ihm eine bunte Palette von Möglichkeiten und Angeboten gegenüber: Betriebsamkeit und Erholung, Abwechslung und Ruhe, Fremdes und Vertrautes.

Es ist schwer, für diese bunte Welt des modernen Tourismus einen Generalnenner zu finden. Vielleicht ist ihre Signatur die *Grenzenlosigkeit.* Diese Charakterisierung schließt die Buntheit ein, und sie erlaubt eine deutliche Unterscheidung von früheren Formen des Reisens. Grenzenlos: Dies gilt zunächst einmal in räumlicher Hinsicht. Der Anteil von Reisen in außereuropäische Länder wächst prozentual wesentlich stärker als die Gesamtzahl der Reisen. Während ausgesprochene Fernreisen noch in den siebziger Jahren zu den seltenen Ausnahmen gehörten, sind sie heute durchgängig ein selbstverständlicher Teil des bunten Angebots. Der Versuch, von überfüllten Ferienregionen auf weniger besuchte Landschaften auszuweichen, aber auch die Marktgesetzlichkeit, welche die Suche nach immer neuen profitablen Objekten anheizt, führt zur Überwindung riesiger Distanzen und zur touristischen Erschließung letzter Reservate.

Der räumliche Ausgriff hat seine Entsprechung in der zeitlichen Organisation der Reisen. Die hohen Geschwindigkeiten moderner Verkehrsmittel lassen die Entfernungen schrumpfen. Aber die Reisen sind auch zeitlich nicht mehr so begrenzt. Jugendliche Alternativtouristen ziehen monatelang durch die halbe Welt. Ältere Menschen flüchten sich den ganzen Winter über in südliche Urlaubsregionen. Dies sind

Sonderfälle, gewiß. Sie stehen jedoch auch für eine allgemeinere Tendenz.

Das Erscheinungsbild eines grenzenlosen Tourismus kommt aber vor allem dadurch zustande, daß die früher sehr deutlich gezogenen sozialen Markierungen verwischt sind oder übersprungen werden. Exklusive Ferienziele von einst stehen jetzt in jedem Katalog. Man kann sogar sagen, daß früher in einem gewissen Sinn fast alle Ferienziele exklusiv waren. Aber es gibt natürlich Plätze, bei denen die eingetretene Veränderung besonders auffällt: Baden-Baden, einst die „Sommerhauptstadt Europas", wo sich die Reichsten voreinander inszenierten, heute ein Ausflugsziel und ein Genesungsort auch für Sozialversicherte. Davos, einst mondäner Heilkurort für die Spitzen der Gesellschaft, heute schon auch einmal das Ziel einer fragwürdigen Verkaufsfahrt aus dem süddeutschen Raum und beliebter Aufenthalt für Skifahrer jeglicher Provenienz. Madeira, in dessen Sanatorien und in dessen mildem Klima sich die Begüterten aus vielen Ländern erholten, heute Ziel von Kreuzfahrten und Pauschalreisen.

Antonio Machado

Über der bittren Erde

Über der bittren Erde
hat der Traum verschlungene
Wege, labyrinthische, wirre Pfade,
Gärten in Blüte, in Schatten und Schweigen;

tiefe Krypten und Stufen über Sternen;
Flügelbilder der Hoffnung, des Erinnerns.
Figürchen, die vorüberziehn und lächeln
– melancholisches Spielzeug eines Alten –;

befreundete Gestalten
an der blütenberankten Kehre des Stegs,
und rosige Chimären,
die ihres Weges ziehn ... ferne ...

II. Das Jahrhundert der sozialen Experimente

1. Der Einzelne und seine Gruppe

Anonymus

Café Größenwahn (1911)

Dort, wo die Joachimsthalerstraße den Kurfürstendamm schneidet, haben sie den Sitz der Hölle aufgeschlagen. Noch rasch vor seinem Tode hat Messel das Café erbaut, und Cassirer hat die Wände mit Klimtschen Satanswerken ringsum behängt. Die Fußböden sind mit Mosaiken ausgelegt, auf denen Hodlers anatomische Selbstherrlichkeit lagert. Getische und Gestühle und alles Geschirr und Geräte, der letzte Schrei der Wiener Werkstätten.

Scheu und geängstigt hastet der schlichte Bürger am Höllenpfuhl vorbei. Der ehrbare Kaufmann, der sparsame Rentier, der mutige Offizier, der tiefe Gelehrte, der berufene Theaterdirektor, der standesbewußte Schauspieler, der sich Zeit lassende Handwerker, der herkömmliche Maler, der klassische Dichter, der rasende Fuhrmann, der treue Dramaturg, der tennisverdammte Demi-Jüngling, die handkoffertragende Jungfrau, und last, not least der bescheidene Lumpensammler werfen einen scheuen Blick durch die revolutionären Scheiben und empfehlen ihre Seele Wildenbruch und allen guten Geistern der großen Kunstausstellung. Bleicher Schauer rieselt durch ihr normales Gebein, durch ihr gesundes Blut. Tief im Innern haben sie dämonische Gestalten sitzen sehen. Männer mit langen Haaren, schlangenhaft geringelten Locken, wildflatternden Krawatten, sezessionistischen Socken und alkoholfreien Unterhosen leben sich aus. Drücken sich bedeutsam in die Sofaecken, bespiegeln sich selbst und gegenseitig, schleudern sich biertonnengroße Weihgefäße um die stefangeorgeschen Ohrmuscheln und bringen durch ruchloses, dekadentes Kaffeetrinken die deutsche Kunst an den Rand des Abgrunds. Gurgelnde, röchelnde Pereatrufe auf Schiller und Konsorten unterbrechen die Stille des modernen Denkens, und Holz und Schlafs Familie Selicke ist der Gral der Tafelrunde.

Ermunternd, erweckend, aufreizend und zum ewigen Haß gegen Weimar mahnend, schreitet Arno Holz selbst von Tisch zu Tisch, und die Modernen küssen des Meisters Hände. Krachend fliegen die Tagesblätter in die Ecken, die Brockhausbände mit Goethe und Schiller sind verbrannt, aber von Hand zu Hand gehen die gesammelten Werke Alfred Momberts. Altenberg kann leider das Reisen nicht vertragen, aber Hermann Bahr kommt zweimal in der Woche herüber, und Alfred Kerr steht in ununterbrochener telephonischer Verbindung mit der modernen Clique, während Karl Kraus von der Wiener Fackel Depeschen sendet. Dann schwirrt es in Telephon- und Telegraphendrähten von Ibsen und Hauptmann, von Strindberg und Wedekind, von Hoffmannsthal und Maeterlinck, von Shaw und d'Annunzio.

So vergeht der Tag, bis abends die große Orgie der täglichen modernen Nacht beginnt: die markzerfressende Zersetzungsarbeit der Caféhausliteraten. Dann kommt es herangekrochen aus Wilmersdorf und Halensee, sezessionistisches Gewürm, krankhaft Empfindende, bizarre Gesellen, „vom Größenwahn" geschlagene. Und es beginnt ein irrsinniges Lallen. Klein Eyolfschen Banalitäten werden Shakespeares unsterblichste Wortspiele geopfert. Hauptmanns naturalistische Platituden Schillers Betrachtungen über die Lebenskraft der Sonne vorgezogen. Lerchenjubel, wogendes Ährenfeld, braune Scholle, schmucke Bauerndirnen, der Schrei der Möwe und all die tausend Vögel, die in der Brust der heimatkünstlichen Menschen singen, alle die alten geheiligten Güter der Kunst werden verlacht und verhöhnt. Scheerbarts Muse wird mit metaphysischer Inbrunst abgeknutscht, Heinrich Manns Romane in den unmöglichen Melodien Herwart Waldens gesungen.

Und um Mitternacht hebt an das große Opfer der gegenseitigen Beweihräucherung: ein gigantisches Überschreien, Einandervorlesen; tolle Wortgebilde durchdringen die Lüfte, Sätze, die man weder bei Schiller noch bei Goethe findet, unverständliches Gestammle, französische, italienische Wortkonstruktionen ohne germanische Deutlichkeit, unreife Ansichten über Grillparzer und Hebbel. Junge Fante, die nie den Ernst des Lebens kennengelernt haben, entziehen sich weimarischer Zucht und weigern sich, in fünffüßigen Jamben zu dichten. Auf kristallenen Schalen werden die wertvollsten unaufgeklärten Dramen in Lilasamt und Silberschnitt gebunden herumgereicht. Kaffee rinnt auf Kaffee, nur selten vom schlichten Selters unterbrochen. Der Taumel wächst. Baudelaire, Verlaine und Flaubert werden in eine einzige Silbe geschweißt, Monet wird zu Manet und Manet zu Monet. Peter Hille wird durch Tischrücken herangeholt, Begrüßungstelegramme werden gesandt an Paul Claudel und Thaddäus Rittner. Und nachdem Else Lasker-Schüler sechs Gedichte vorgelesen hat, in denen sich nichts reimt und keine Verbindung mit Heine oder Busse-Palma zu finden ist, läuten fingerfertige Jünglinge zum Beardsley-Dienst. Und während Speisen- und Getränkekarten, Tage-, Wochen- und Monatsblätter, Wände und Marmorplatten mit schamlosen amoureusen Verrenkungen gedeckt werden, kauern sezessionistische Maler auf der Treppe und verzeichnen anatomisch feststehende Tatsachen. Lovis Corinth stöhnt nach degoutanten Vorwürfen, Oskar Kokoschka hat sich etwas Straßenstaub mitgebracht, den er für ein Kolossalgemälde braucht, Max Pechstein hält Menschenleiber für Paletten. Wild dröhnt die Tschudikantate. Hungrige verlangen Speisekarten mit Peter-Behrends-Typen. Aber anstatt zu essen schreien sie unaufhörlich Greco, Greco – a bas Velasquez! und Minderjährige bringen Hochs auf Munch und Julius Meier-Graefe aus. Und dann spreizt der Wahnsinn der Moderne seine Fangarme aus: lange Arme, viel länger als anatomisch denkbar und erweislich wahr ist, mit Flederhänden, die es so wenig gibt als das Wort selbst, und Neo-Krallen: weißlich grüner Gischt tritt den Besessenen vor den Mund, ihre Augen werden van-Goghisch grün, was sich durch Lichtreflexe allerdings *erklären* läßt ...

Und die beliebtesten Genien in ihren respektiven Heimen aufgescheucht, und an ihren traditionellsten Gefühlen verhindert brechen auf und suchen das Land, wo der koffeinfreie Kaffee gedeiht und der koholhaltige Kohol.

Rainer Schmidt

Traumland der Anarchie

Die politisch-weltanschaulichen Richtungen der Siedlungsgemeinschaften reichten von anarchistischen Siedlungen bis hin zu völkischen „Zuchtfarmen" des neuen germanischen Adels. Aber ganz gleich, ob die tragende Ideologie der Siedlungsprojekte kommunistisch, anarchistisch, völkisch, täuferisch oder christlich war, sie alle einte der gleiche eschatologische Erneuerungswille, der Wunsch, dem Moloch Großstadt zu entfliehen, um auf eigener Scholle neue Kräfte zu schöpfen. Ebenso wie auf anderen Gebieten macht die Jugendbewegung auch hier Anleihe bei einer bis ins 19. Jahrhundert zurückreichenden lebensreformerischen Tradition, die ihrer antiurbanen und antiindustriellen Grundhaltung entgegenkam. Erfunden hatte sie die Siedlung nicht, genausowenig wie die Reformkleidung, die Alkohol- und Nikotinfreiheit oder die Freikörperkultur. Entscheidend war vielmehr, daß der jugendbewegte Aktivismus hier als Verstärker wirkte, indem er eher randständige Phänomene massenwirksam machte. [...]

Die Siedlung, vor dem Ersten Weltkrieg als Steckenpferd einiger „Kohlrabi-Apostel" und weltfremder „Schwärmer" eher belächelt, wurde vielen zum Inbegriff ihrer Hoffnungen auf eine grundlegende Erneuerung der Lebensverhältnisse. Nicht von ungefähr, schien sich doch die „Revolution der Tat mit dem Spaten“ in hervorragender Weise dazu zu eignen, den Lebensformen der jugendbewegten Gemeinschaft Dauerhaftigkeit zu verleihen. Die Siedlung erlaubte es nicht nur, deren typische Strukturmerkmale beizubehalten: Die örtliche Zusammengehörigkeit im gemeinschaftlichen Zusammenleben, die Überschaubarkeit der Mitgliederzahl wie auch die Betonung von persönlich-emotionalen Bindungen, die Pflege von Gemeinschaftsritualen in Feier, Spiel und musisch-gymnastischen Aktivitäten entsprachen in vieler Hinsicht den Fahrtenerlebnissen. Nur zu gut ließen sich auch die Stilgesetze der Fahrt, „das Gebot der Einfachheit und Härte der Lebensführung“, der „betonte Hang zur ‚Autarkie‘ des Jugendlebens, die unmittelbare Nähe der Natur und die Flucht vor der Überzivilisation“ mit der Siedlungsidee verbinden. [...]

„Sünde galt uns, Arbeit zu leisten, die dem Bestehenden half, sein faules Weiterrollen zu sichern“, formulierte der Blankenburger Siedlungsgründer Hans Koch und brachte damit zum Ausdruck, was viele seiner Altersgenossen dachten. Schon vor dem erwarteten Zusammenbruch des Industriekapitalismus sollte der „neue Mensch“ entstehen, sollte sich, ausgehend von kleinen Zellen befreiten Landes, die Umwälzung der gesamten Lebensbeziehungen vollziehen: Durch die Begründung von Arbeits- und Lebensgemeinschaften, die der durch Klassenkämpfe und ‚Parteienhader‘ zerrissenen Gesellschaft die ‚Volksgemeinschaft‘ vorlebten; durch die „kommunistische“ Gütergemeinschaft, die dem Privateigentum an Grund und Boden und dem kapitalistischen Profitstreben entgegengesetzt wurde; durch die Aufhebung der Trennung von Arbeits- und Privatsphäre. Naturverbundenes Leben in „wahrer Menschlichkeit“ sollte die gemeinschaftsfremde Großstadtzivilisation ablösen, teilweise sollten „freie Liebe“ und „Mehrehe“ die traditionelle Familienstruktur ersetzen – m. a. W. man wollte die Utopie eines befreiten Lebens schon im Schoß der alten Gesellschaft realisieren, um dieser revolutionierende Anschauungsmodelle präsentieren zu können. [...]

Das Scheitern der meisten Unternehmungen ist nicht einmal ausschließlich auf das Unvermögen der Siedlungswilligen zurückzuführen. Zu mannigfaltig waren die Probleme, mit denen die jungen und unerfahrenen Aussteiger zu kämpfen hatten. Dabei waren nur wenige so unbedarft wie das Häuflein junger Anarchisten der Siedlung ‚Freie Erde', die kurzerhand ein Stück Land in den Hildener ‚Bauden' bei Düsseldorf besetzten und eine Tafel aufstellten: „Im Geiste Gustav Landauers besiedelten wir am 6. Juni 1921 dieses Brachland..." [...]

Wenn es auch zunächst nur in den seltensten Fällen eine feste Rechtsform gab, so organisierten sich auf längere Sicht viele Siedlungsprojekte in Form von Genossenschaften, boten diese doch die Chance, zur Behebung des chronischen Geldmangels beizutragen, da ja nicht unbedingt jeder Genossenschaftler auch siedeln mußte. Nur die wenigsten Siedler brachten genügend Startkapital mit oder konnten sich, wie ausgerechnet die kommunistischen Siedlungen Blankenburg und Barkenhoff, zahlungskräftiger Mäzene erfreuen. Die meisten Siedlungsgemeinschaften mußten vom ersten Tag an um ihr Überleben kämpfen. Hunger und bitterste Armut konnten eine Zeitlang die Gemeinschaft zu einem trotzigen „Jetzt erst recht" zusammenschweißen; eine tragfähige Grundlage für ein dauerhaftes Zusammenleben boten sie jedoch nicht.

Gerade unter solchen erschwerten Bedingungen mußten sich die mangelnden Kenntnisse und Fertigkeiten der jungen Stadtmenschen empfindlich bemerkbar machen. Landwirtschaftliche Siedlungen ohne ausgebildete Landwirte, Obst- und Gartenbauunternehmungen ohne erfahrene Gärtner waren nicht die Ausnahme, sondern die Regel. Überhaupt wurden nur in den seltensten Fällen die neuen Mitglieder nach ihrer fachlichen Qualifikation ausgewählt.

Selbst wo dies, wie beispielsweise auf dem Barkenhoff, in den eigenen Statuten festgelegt worden war, hielt man sich in der Praxis zumeist nicht daran. Ausschlaggebend war die richtige Gesinnung, und man hoffte im übrigen darauf, daß der Betreffende die fehlenden Kenntnisse im Laufe seiner Tätigkeit schon erwerben würde. In seinen Erinnerungen schreibt Max Schulze-Sölde über die kommunistische Siedlung Lindenhof: „Die ganze Unmöglichkeit und verstiegene Weltfremdheit unseres Unternehmens kam mir besonders deutlich zu Bewußtsein, als es sich nun darum handelte, für unsere Schmiede die nötigen Arbeiter zu finden ... Auf viele Bitten schickte uns schließlich Heinrich Vogeler einen Original-Proletarier von seinem Barkenhoffe. Dieser behauptete, er sei Anarchist ... Wir waren nicht wenig erstaunt, als unser Anarchist zum Arbeiten nicht die geringste Lust zeigte, sondern den ganzen Tag, die Hände lässig in den Hosentaschen vergraben, spazierenging und unser ohnehin reichlich belastetes Konto beim Kolonialwarenhändler durch einen erheblichen Zigarettenverbrauch vergrößern half.“

Aber auch auf der Rechten finden sich Beispiele, wie stark Anspruch und Wirklichkeit auseinanderklafften. So berichtete die gelernte Gärtnerin Hertha Daecke aus ihrer Zeit auf der völkischen Freiland-Siedlung Donnershag: „Nun sollten die verschiedenen Käuze, die noch nie praktische Arbeit gemacht und einen Spaten oder eine Hacke in der Hand gehabt hatten, mir auf dem Feld beim Gemüsebau helfen. Die meiste Zeit standen sie da, stützten sich auf ihr Arbeitsgerät und wälzten Probleme ... Sie hielten viel vom Fasten, vor allem unser ‚Heiliger Franz‘ (Paul Flaskämper) im Mönchsgewand. Er war nur noch Haut und Knochen und alles schlotterte nur noch so an ihm herum ... Er konnte vor Schwäche kaum den Spaten halten.“ [...]

Auf längere Sicht waren nur wenige den kargen Lebensumständen gewachsen. „Wir mußten erkennen“, schrieb 1921 Friedrich Schöll, einer der Mitbegründer der Siedlung

Vogelhof, „daß Landarbeit von Tagesgrauen bis zur sinkenden Nacht einen Körper braucht von Stahl und Eisen ... Da reichten die Kräfte trotz allem guten Willen meist nicht aus, und bis auf wenige Ausnahmen zerbrachen an dem, das notwendig war, die Menschen ..." Ihr Durchhaltevermögen wurde noch zusätzlich durch die Isolation der jugendbewegten Siedlungsgemeinschaften geschwächt. Nur selten gelang es, die Reserviertheit der alteingesessenen Bevölkerung zu überwinden. Die Bauern der Umgebung, die von den Fähigkeiten der neuen Siedler ohnehin keine hohe Meinung hatten, blieben auf Distanz. Beliebt waren die Neulinge schon wegen ihres ungewohnten Lebensstils nicht. Dazu war es nicht einmal nötig, wie die Bewohner die Siedlung Lindenhof bei Kleve ihre Stallungen mit expressionistischen Gemälden zu verzieren – es reichte aus, in zünftiger kurzer Hose auf dem Acker zu arbeiten, um gleich für einen „Wilden" gehalten zu werden. Besonderen Unmut zogen sich die Anhänger der Nacktkultur zu, wenn sie im „Lichtkleid" ihre Felder bestellten. Und was die Landbevölkerung von der Bodenreform hielt, mußten sehr zu ihrem Leidwesen auch die völkischen Siedler sehr bald erkennen. Noch einmal Hertha Daecke: „Alle schauten uns so unmißverständlich nach – die Fenster gingen überall auf und man rief uns ‚Freiland, Freigeld' hinterher, und dann gingen die Fenster wieder zu." In feindseliger Umwelt wurde der tägliche Kampf ums Überleben zum „Spießrutenlauf": „Wenn Holz fehlte, zogen der Loki und ich in den Wald und sammelten ‚ohne Erlaubnis'. Da stand eines Tages der Förster vor uns und sagte: ‚Freiland, Freigeld, Freiholz!' und schrieb uns mit unserem kleinen Bündel Holz auf."

In beinahe rührender Hilflosigkeit begegnet uns dieses Problem bei einem Mitglied der reformpädagogisch initiierten Siedlung Wendehof: „Die Menschen müssen doch einmal spüren, wie heiß wir sie lieb haben." Sie spürten es nicht. Von einer feindlichen Natur und einer mißtrauischen Umwelt auf sich selbst gestellt, erwiesen sich die aus den Anhängern der verschiedensten weltanschaulichen Richtungen zusammengewürfelten Siedlungsgemeinschaften als äußerst explosives Gemisch.

Horst v. Gizycki

Feldkräfte

Die „Farm" in Tennessee ist ähnlich wie der Bruderhof eine spirituell orientierte Groß-Kommune mit derzeit etwa zwölfhundert Mitgliedern. Sie ist 1970 entstanden und ebenfalls kibbuzartig verfaßt. Aller Grund und Boden und alle Produktionsmittel werden in Gütergemeinschaft bewirtschaftet, und die Mitglieder teilen alles miteinander. Ein gemeinnütziges Hilfswerk, das die „Farm" 1974 als Non-Profit-Unternehmen gegründet hat, nennt sich „Plenty"; es soll beitragen zur Verbesserung der Lebensbedingungen verarmter und benachteiligter Menschen, und zwar vor allem in elementaren Lebensbereichen. Während der letzten Jahre haben Plenty-Freiwillige an Hilfsaktionen in Guatemala, Mexiko, Bangladesh, den USA und Kanada mitgewirkt. Die „Farm" bietet auch Ausbildungskurse an und übernimmt die Unterhaltskosten für ausländische Teilnehmer. Dieses Programm leistet also einen praktischen alternativen Beitrag zum Technologie-Transfer in Länder der Dritten Welt. Im Rahmen einer Soforthilfe nach der Erdbebenkatastrophe von 1976 in Guatemala war die „Farm" beispielsweise am Bau von Schulen und mehreren hundert Häusern dort beteiligt. Leute von der „Farm" haben 1977 auch eine panindianische Delegation nach Genf begleitet, die bei einer UN-Veranstaltung über Menschenrechte vor der Weltöffentlichkeit gegen Unterdrückung und Landraub protestiert hat. Von indianischen Gruppen in den USA wird die „Farm" wie eine Art befreundeter neuer Stamm betrachtet, der so lebt, wie auch viele indianische Traditionen das vorschreiben. In der kleinen Stadt Solola in Guatemala half die Radio-Gruppe von Plenty beim Aufbau eines gemeindeeigenen Senders, der von den indianischen Einwohnern in Selbstverwaltung betrieben wird.

Die Vorgeschichte der „Farm“ reicht zurück in die späten sechziger Jahre, nach Kalifornien. Stephen Gaskin, der Gründer dieses Gemeinwesens, war dort College-Dozent für Literatur und Englisch. Aus Diskussionsgruppen von Studenten entstanden damals die ersten Freundeskreise, die aus dem ungeliebten Leistungsklima hinausdrängten und neuartige Erfahrungen suchten: in engen persönlichen Beziehungen, mit Drogenexperimenten zur Bewußtseinserweiterung, mit neuen Verkehrsformen allumfassender Freundlichkeit – „make love, not war“ ... Eine Hippie-Karawane junger Leute, mit Stephen Gaskin als ihrem „Lehrer“, wie sie ihn bis heute nennen, hat sich 1971 in alten Schulbussen aufgemacht, um zu versuchen, noch einmal ganz von vorn anzufangen. Zuerst wollten sie nur „zurück zur Natur“, aufs Land, zu den einfachen Dingen, zur Erneuerung aus dem Geist der Liebe. Wie in einem strengen Kloster haben sie damals zu leben versucht, in Keuschheit, Armut und Gehorsam. Ihre selbstauferlegten Regeln, von Stephen Gaskin geprägt, waren eine Verbindung der Grundideen aller Weltreligionen, denen es um Eins-Sein und umfassende Brüderlichkeit geht, um Heilung von den Schäden der krank und unmenschlich machenden Konkurrenzgesellschaft. Viel Fernöstliches floß ein: Absage an Aktivismus, an Organisations- und Planungswut; statt dessen: Geschehenlassen und überhaupt „Gelassenheit“. Wichtig waren gute „vibrations“, praktische Solidarität, kleine Armut, Konsumverzicht, planetarisches Bewußtsein.

Sie experimentieren bis heute mit diesen Grundlagen und der zugehörigen Lebenspraxis. Nach der anfänglichen Ordensphase mit umfassender Askese leben sie jetzt in Paarbindung und Familien (dem Bruderhof vergleichbar) – mehrere Familien jeweils in gemeinsamen Haushalten unter einem Dach. Viele Kinder sind inzwischen auf der Farm geboren worden, und die Hebammenkunst ist ein wichtiger Bestandteil des Lebens auf der Farm. Diese Leute haben eigene Schulen, Werkstätten zur Verarbeitung von Lebensmitteln (überwiegend auf Sojabohnen-Basis), eine Bauabteilung, den Farmbetrieb, einen großen Fuhrpark, Verlag und Druckerei, ein Krankenhaus, ein Gewächshaus, eine Wäscherei und eine Radiostation.

Jede Kultur hat ihre Bildersprache zur symbolhaften Umschreibung des letzten Seinsgrundes oder des Göttlichen. Für die Farm und Stephen Gaskin läßt sich das Göttliche symbolisieren durch Feldkräfte, Energiefelder, Vibrationen. Andere Kulturen haben sich mit Lichtgleichnissen zu verständigen gesucht. Hier nun sind es „Schwingungen" und Feldkräfte. Jeder Mensch verfügt nach dieser Lehre über solche Energiefelder. Sie können sich auch vereinigen, und dabei entstehen neue Feldgestalten, die mehr sind als die Summe ihrer Teile. Gaskins Symbolsprache, die heute an der Westküste der USA in vielen Abwandlungen vorkommt und längst auch hierzulande verbreitet ist, macht also erkennbar Anleihen bei der Gestaltpsychologie und gruppendynamischen Feldtheorien, etwa von Kurt Lewin. Die Lehre selbst enthält nicht viel Neues. Neu aber und bewundernswert ist es, wie diese uralten Ideen bei den Farm-Leuten in gelebte Praxis umgesetzt werden. Unbekümmert um theologische Spitzfindigkeiten, unbekümmert auch um alle Religions- und Ideologiekritik von Feuerbach und Marx bis zu Nietzsche oder Ernst Bloch versuchen sie zu *tun*, wovon Stephen Gaskin redet. Es geht ihnen gar nicht in erster Linie um die „richtige Lehre"; die ist ja eher eine Kraut-und-Rüben-Mischung aus verschiedenen Weltreligionen. Ausdrücklich aber weist die Farm ein weitverbreitetes Mißverständnis zurück, wonach die neue Religiosität vor allem ein langer Marsch nach innen ist: Sobald uns bewußt wird, daß wir alle „eins" sind, muß unsere ganze Kraft dem Dienst am anderen gehören. Alle großen spirituellen Lehrer, sagt Gaskin: Mohammed, Jesus, Buddha, Krishna, haben diese Grundeinsicht ausgesprochen, daß wir alle „eins“ sind.

Frank Lucht

Alleinsein (1985)

Alleinsein war einmal Männersache – als Privileg, Domäne, Mythos, Klischee: zum Beispiel in alten Hollywood-Filmen, deren Nähe zur Wirklichkeit sich seit je mit dem Realismus der Kulturkritik messen konnte. Der Outsider, Einzelgänger, Abenteurer, der Künstler, der sein Leben dem Werk opfert, der Playboy – all diese Typen und Charaktere sagten mit ihrem Leben dies: daß männliche Männer einsame Männer sind, wie viele Frauen sie auch haben mögen; daß männlichen Männern das Alleinsein gut steht, daß es ihnen geradezu eine Notwendigkeit sein kann, sofern sie nicht ein Leben als Familienväter anstreben, sondern Spaß haben oder ein Ziel erreichen wollen. Das Alleinsein des Mannes hatte eine gewisse Exotik, eine gewisse Aura. Alleinsein war ein fixes Element jenes damals noch unerschütterten binären Codes, der das Verhältnis männlich/weiblich definierend durchzog. Das Alleinsein war für den Mann reserviert. Dem Alleinsein der Frau, die ja mit den Tugenden der Häuslichkeit, Mütterlichkeit, mit Anlehnungsbedürftigkeit und so weiter von Haus aus das sozialer gesinnte Geschlecht war, blieb folgerichtig der gesellschaftliche Respekt versagt. „Eine Frau ohne Mann ist wie ein Haus ohne Zaun“ (Spruch). Sie mußte mit Argwohn, Gerüchten, Verleumdungen, Ächtung rechnen. Was dem Alleinsein des Mannes die Aura sein konnte, war dem Alleinsein der Frau mit Sicherheit das Stigma. Damit ist es freilich vorbei. Ungefähr in den sechziger Jahren, unübersehbar dann in den siebzigern, entschlossen sich die Frauen, Menschen erster Klasse zu werden: Es hieß Tabus zu brechen, Konventionen zu sprengen, die revolutionäre Pflicht möglichst über die „weiblichen“ Neigungen zu stellen. Wir wissen, daß dieser Kampf, auf jeden Fall jener gegen die Stigmatisation des Alleinseins, einigermaßen erfolgreich verlaufen ist. Das Alleinsein hat sich aus jenem binären Code verflüchtigt, wurde neutralisiert, gelöscht. Es ist nicht mehr nur Männersache.

Kaum habe ich begonnen zu erzählen, scheint es schon nicht mehr weitergehen zu wollen; es will mir nicht gelingen, über das Jetzt, das Alleinsein unter besonderer Berücksichtigung der Männer irgendwie verbindliche, repräsentative Aussagen zu machen.

Von der Liste ist zu berichten, die ich während dieser Arbeit anfertigte und die ergab, daß vier von zehn Männern und neun von zehn Frauen aus meinem Bekanntenkreis – Alter zwischen 20 und 40, meist Abitur und Studium – alleine leben. Diese Liste vermittelt den Eindruck, daß junge Frauen mit dem Alleinsein viel weniger Schwierigkeiten haben, entschlußfreudiger und interessierter sind – einmal abgesehen von der Frage, ob sie im Alleinsein ein langfristiges Programm sehen oder nur eine Etappe in Richtung „fester Partnerschaft“.

3 Fälle:

M., 40, männlich, Junggeselle, beruflich über die Maßen in den Literaturbetrieb verstrickt. Hat vorübergehend eine feste Beziehung zu einer Berufsgenossin, immerhin widmet er ihr eines seiner Gedichte. Daneben diverse Liebschaften. Dem Alleinsein steht er dogmatisch affirmativ gegenüber, führt berufliche Gründe an, also etwa: Lesen bis in die späte Nacht, viel unterwegs. Das Alleinsein wird durch verstärkte Kulturfrömmigkeit mit Sinn ausgestattet. Zusammenleben mit einer Frau ist bis auf weiteres ausgeschlossen.

C., 23, weiblich, Studentin, tätig in zahlreichen Jobs, lebt nach zwei konventionellen Ehejahren allein in einer anderen

Stadt. Keine Scheidung, sie liebt ihren Mann ja noch, will aber die Annehmlichkeiten des Zusammenseins nicht mehr mit den Unannehmlichkeiten des Zusammenlebens büßen. Ein Lernprozeß. Sie lebt schnell, das heißt, Glück ist für sie eine Frage der Geschwindigkeit; der Ehealltag würde bremsend wirken. Das Gefühl der Einsamkeit: „Manchmal macht es nichts, manchmal doch." Dann will sie am liebsten „frech aus der Suppe herausgrölen".

F., 23, männlich, auf dem Weg zum Kulturarbeiter, forscht nach Finanzierungsmöglichkeiten, um endlich von zu Hause auszuziehen. Dabei kommt es ihm sehr darauf an, allein zu leben. Lebenswandel und Arbeitsprogramm, an denen nicht gerüttelt werden darf durch Zugeständnisse an ein Zusammenleben, lassen nichts anderes zu. Geliebte kommen in Frage. [...]

Alleinsein kann auch unter dem Gesichtspunkt des Avantgardistischen betrachtet werden. Ich denke dabei an die Single-Bewegung, von der wir zuerst aus den USA erfahren haben, um die es dann aber wieder still wurde, was natürlich nicht heißen muß, daß sie stagniert. Denn das eheliche Miteinander, die feste Partnerschaft inklusive Zusammenleben ebenso wie die Wohngemeinschaft – die avantgardistische Lebensform der siebziger Jahre – wirken nicht mehr überzeugend. Übrig bleibt also das Alleinsein. Das wäre ja endlich ein praktischer Schritt aus jenem vielfach beschworenen Paradox moderner Ehen, Partnerschaften und Beziehungsverhältnisse, die zur Kompensation all der Kälte, Hektik und Verlorenheit „draußen" herhalten sollen, gleichzeitig aber unter der Last dieser Ansprüche zusammenzubrechen drohen: Sie bedürften ja selbst – erklären die Beobachter – eben des Energiezuschusses, eben dieser stabilisierenden Kräfte, deren Quelle sie sein sollen. Wenn es sich also so verhalten sollte, daß mit einem mehr oder weniger massenhaften Alleinsein gerechnet werden kann, wäre die Frage naheliegend, wie sich das auf das Verhältnis von Öffentlichkeit und Privatleben/Intimität auswirken würde. Daß sich dieses Verhältnis ändern müßte, ist klar. Vermutlich würde es sich verschärfen, wobei freilich ungewiß ist, in welcher Weise: Totalisierung der beiden Sphären oder ihre tendenzielle Auflösung? Die Umschlagstelle zwischen Öffentlichkeit und Privatheit, also die Ehe respektive Beziehung, die dafür sorgt, daß beide Bereiche einander durchdringen, wäre ja erst einmal außer Kraft gesetzt. Wer allein lebt, hat keine Zeugen. Er kann sogar sich selbst als Zeugen verlieren, wenn er zu lange in sich herumschaufelt, so daß er in der Selbstbeobachtung deliriert, sich verdoppelt oder, was dasselbe ist, in sich verschwindet. Im Grunde könnte das ja recht spannend werden: Die Öffentlichkeit, das gesellschaftliche Leben, die Außenwelt gewinnen womöglich eine neue Attraktivität für den einzelnen, der sich in seiner Innenwelt auch dann noch lange nicht vereinzelt vorkommen muß, wenn ihn die Beobachter schon längst aufgegeben haben. Vielleicht ist das eine Chance, desto emsiger und ungestörter an sich zu arbeiten, auch weiterzuarbeiten an der Erfindung des Individuums. Also hin zum *Totalen Individuum?* – Diese Sorge überlasse ich einmal den Beobachtern.

Sibylle Meyer/Eva Schulze

Alleinsein, aber mit Netz (1986)

Freundschaftsnetze haben heute für fast alle Mitglieder dieser Gesellschaft jene Funktionen übernommen, die früher die klassische Mehrgenerationenfamilie ausfüllte. Für Alleinlebende sind Freunde fast so etwas wie eine Überlebensgarantie. Wo ein Kreis enger, verläßlicher, aber auch anregender und motivierender Freunde fehlt, da sind die Einsamkeitsgefühle viel häufiger und die Alltagsbewältigung wird aufwendiger.

Freundeskreise sind also unverzichtbar für Singles. Sie sind nicht nur zuständig für psychische Stabilisierung, wenn ihnen die Decke auf den Kopf fällt, sie sichern vor allem auch die ganz simple Alltagsbewältigung: Blumengießen, Katzen füttern, Hilfe bei Wohnungsrenovierung, Urlaubsbegleitung. Irgendwo im Freundeskreis findet man meistens Rat und Hilfe. Oft genug sind Freundschaften das dauerhafteste Lebenselement überhaupt, sie halten Jahrzehnte, sie überleben wechselhafteste Liebesgeschichten, Glücks- und Trauerzeiten, Berufswechsel und Umzüge.

Singles sind in unterschiedlicher Intensität in verschiedene Beziehungskontexte eingebunden. Diejenigen, die vor allem im Beruf den entscheidenden Lebensinhalt haben, finden ihre Freunde überwiegend in beruflichen Kontakten. Aber der Beruf kann so ausfüllend sein, daß nur wenig Zeit für die Pflege und Intensivierung von Freundschaften bleibt.

Die Gruppe der Singles, die beruflich weniger eingespannt ist und dadurch mehr Zeit für ihre Freizeitaktivitäten aufwenden kann, hat ihren Freundeskreis sowohl im Arbeits- als auch im Freizeitbereich. Den umfangreichsten und heterogensten Freundeskreis haben offenbar die Singles, die den verschiedensten Freizeitaktivitäten nachgehen. Die am häufigsten genannten Aktivitäten sind dabei Tennis, Sauna, Schwimmen, Squash, Tanzen, Fußball und Handball. Neben der körperlichen Fitness stehen die sozialen Aspekte der Beziehungen bei der gemeinsamen sportlichen Aktivität im Vordergrund. [...]

Eines der wesentlichen Merkmale der Aktivitäten und des Sich-Treffens mit Freunden ist die Flexibilität und Spontaneität, mit der die Befragten vorgehen. Alle Verabredungen erfolgen meist sehr kurzfristig, oft erst ein paar Stunden vorher, je nachdem wie der Betreffende gerade aufgelegt ist. Zur Durchführung der diversen Aktivitäten gehen einige nach dem „Taschenprinzip“ vor: je nach Vielfalt und Umfang der Aktivitäten gibt es für den jeweiligen Anlaß eine gepackte Tasche mit den notwendigen Utensilien, die morgens bereits mit zur Arbeit genommen wird, so daß keine Zeit mehr für das Nachhausefahren aufgebracht werden muß.

Ein weiteres Merkmal für die sozialen Beziehungsgeflechte von Singles ist, daß es keine Rolle spielt, ob die Freunde auch Singles sind oder in einer Partnerschaft leben. Es gibt eher eine Zuordnung von Spezialfreunden zu den unterschiedlichen Aktivitäten. So gibt es einen Kultur- oder Tanzfreund, den Musik-, den Sportsfreund, den Handwerker, den Vertrauten und manchmal den Sexualpartner.

Für zwei Drittel der Befragten nimmt die Person des „Vertrauten" die wichtigste Position im Beziehungsnetz ein. Mit ihr werden alle persönlichen Probleme und Angelegenheiten offen besprochen. Sie wird eingeweiht in die intimsten Angelegenheiten, sie spendet Trost und Nähe, mit ihr wird Freud und Leid geteilt. Diese Vertrautheit basiert auf Gegenseitigkeit. Bei dem restlichen Drittel bleibt die Position des Vertrauten, wie sie für die übrigen beschrieben ist, unbesetzt. Ein Teil behauptet von sich, keine Probleme zu haben, die sie mit anderen besprechen müßten, weil sie sich am besten selbst zu helfen wissen. Dazu ziehen sie sich zurück, verarbeiten und analysieren das Problem so lange, bis sie eine akzeptable Lösung gefunden zu haben glauben.

An den sozialen Beziehungen der Singles wird deutlich, daß sie besonders dann mit sich und ihrer Lebensform zurechtkommen, wenn sie in ein dichtes Netz zwischenmenschlicher Kommunikation integriert sind oder prinzipiell die Möglichkeit des Kontaktes zu anderen Menschen besteht.

Gabriele Goettle

Brutstätten des Guten (1991)

Auf dem Haus neben der Post steht: „Deutsche Art – treu gewahrt. Gott halt in Gnaden treue Wacht in diesem Hause Tag und Nacht. Anno Domini 1911." Hier war man schon immer gottesfürchtig und deutschtümelnd. 1925 hatte man bereits eine NSDAP-Ortsgruppe. Heute wählt man CDU.

Der Flecken Steyerberg in Niedersachsen ist gut bestellt. Für seine 3000 Einwohner gibt es, laut Gemeindevorstand, ein zufriedenstellendes Arbeitsplatzangebot. Vor allem im Chemiewerk, in der Textil-, der Tierkörperverwertungs- und der Fleischmehlfabrik, dazu in mehreren Bau- und Handwerksbetrieben. Bauern finden ihr Auskommen. Es gibt Pendler, die bis Nienburg fahren, und einige Arbeitslose. Auch für die Freizeit ist gesorgt mit Bücherei, Bädern, Sportplätzen, Volkshochschule und zehn Schießständen. Der Bürger kann sich eines regen Vereinslebens erfreuen. Außer Freiwilliger Feuerwehr gibt es: Heimatverein, Waldjugend, Kyffhäuser-Kameradschaft, Männerchor, Frauenkreis, Brieftaubenzüchterverein und eine Reservisten- und Kriegskameradschaft, um nur einiges zu nennen.

Ein reges Vereinsleben herrscht auch oben auf dem Berg, wo sich der „Lebensgarten Steyerberg" zu einem der größten Alternativprojekte in der BRD entwickelt. Auf einem vier Hektar großen rechtwinkligen Dreieck leben in 60 Backsteinhäusern ca. 100 Erwachsene und Kinder. Die Siedlung auf dem Berg wurde Mitte der 30er Jahre gebaut, ist umzäunt und hat ein Wachhaus am Eingang stehen. Die hohen Kiefern und Linden mildern auf den ersten Blick die nationalsozialistische Tristesse der Anlage ein wenig, dann aber quält sie fortwährend das Auge. Im Zentrum der Siedlung steht auf einem Natursteinfundament in T-Form ein wuchtiges Gebäude mit hohen Fenstern, das Gemeinschaftshaus. Der Westflügel ist renoviert und beherbergt neben Bücherstube, Büros, Toiletten auch Küche, Speiseräume und Seminarraum. Die große Halle steht leer, ebenso der Ostflügel, in dem ehemals Küche und Vorratsräume waren. Dort haben die jetzigen Bewohner Gerümpel abgestellt. Neben der Halle sind in einem kleineren Raum Teppiche ausgelegt und Kissen. Es riecht nach Räucherstäbchen. Hier können die Bewohner meditieren, beten und sich beim Ausüben der jeweils bevorzugten Religion erbauen.

Das Gemeinschaftshaus ist umgeben von längs und quer stehenden Reihenhäuschen, in denen die Lebensgärtner wohnen. Dazu gibt es für Gäste und Seminarteilnehmer ein Seminar- und „Heilehaus". Den Gästen steht für ca. 20 Mark eine Übernachtungsmöglichkeit zur Verfügung, größere Gruppen können sich in einer eigenen Küche selbst versorgen.

Dieses Gelände wurde, nachdem es jahrelang als Asylantenheim genutzt worden war, Anfang der 80er Jahre von einer Erbengemeinschaft gekauft. Man stellte sich vor, hier eine Ferienhaussiedlung für Berliner Interessenten herzurichten. Offensichtlich fanden sich aber nur wenig Käufer. So setzte sich schließlich die Idee, eine „spirituelle Großgemeinschaft" zu gründen, an Stelle der ursprünglichen Absicht durch. Die Gründer, darunter einer der Erben, waren angeblich an den Ideen der schottischen „Findhorn-Kommune" aus den 60er Jahren orientiert, und nach einiger Zeit fanden sich Freunde, Bekannte und Interessierte ein, die bereit waren, hierher nach Steyerberg zu ziehen und den „Lebensgarten" zu gründen. Unter den Gründern ist auch das Architektenehepaar Margit und Declan Kennedy. Unterdessen sind alle Häuser an die Bewohner verkauft oder vermietet.

Die „Lebensgärtner" sind in der Mehrzahl solide Bürger. Ärzte, Architekten, Optiker, Krankenschwestern, Sozialarbeiter, Altenpfleger, Heilpraktiker, Lehrer sind vertreten, aber auch Hausfrauen und abgebrochene Akademikerinnen. Das Durchschnittsalter liegt bei dreißig Jahren. Es leben aber auch ein alter Tischler hier und eine Rentnerin, die die Rolle der Oma spielt. Man komme, so heißt es im Prospekt, „...aus den verschiedensten spirituellen, politischen, sozialen und ökologischen Himmelsrichtungen". Was die politischen und sozialen Zusammenhänge betrifft, so scheinen sich da alle weitgehend zu gleichen.

Die Gemeinschaft hat sich Regeln gegeben. Man fühlt sich der Toleranz verpflichtet, lehnt prinzipiell alle Drogen ab, auch den Alkohol. Es wird nur vegetarische „Vollwertkost" gegessen; auf dem Gelände herrscht Rauchverbot. Zur freien Liebe und der Aufgabe des Privateigentums hat man sich nach kurzer Überlegung nicht durchringen können. Also lebt man monogam und mit getrennter Kasse.

Die Unantastbarkeit des Privateigentums und der Wunsch nach kollektiven Erfahrungen hat das „zusammen Lachen, Weinen, Meditieren, Denken und Fühlen" zu einem Feierabendhobby werden lassen, wo man sich gleichberechtigt entspannt, ohne Rücksicht auf den Grad von Erschöpfung, den der jeweilige Gelderwerb hervorgerufen hat. Über Geld wird wenig gesprochen, außer über den Fortschritt beim Sammeln von Spenden für den Erwerb des Gemeinschaftshauses (40000 DM), das „Kulturzentrum" werden soll.

Am schwarzen Brett in der Kantine hängt folgendes aus: „*Tantra* / Beseelung der Sexualität. Einführung für Lebensgärtnerinnen und *enge* Freunde (...) Ein etwas ausgeglichenes Shiva-Shakti-Verhältnis wäre gut, aber nicht Bedingung. Buchempf.: *Tantra – Weg zur Ekstase*",
und:
„Am 1. Mai geht es los, mit Mahnwache vor den Toren der Firma Hazleton in Münster. An 22 norddeutschen Orten wollen wir die gequälten Tiere an den Orten ihres Elends aufsuchen.
Animal-Liberation-Treck"
und die Ankündigung eines Seminars:
„*The Emerging Woman.* Mary Elizabeth Marlow, USA, erläutert Kernfragen, Mythen und Rituale weiblicher Spiritualität." Wer möchte, kann hier lernen, für DM 360,– inkl., wie

man „Frust in kreative Energie transformiert“ und in einer „Zeremonie des Vergebens Heilung findet von Liebesleid“.

Was das Interesse für gequälte Tiere angeht, so scheint es im „Lebensgarten“ nur schwach ausgeprägt: Man hat Kinder. Zwischen den Reihenhausbewohnern mit Hund und denen ohne Hund tobt ein erbitterter Kampf um die Reinhaltung der Vorgärten. Die Hundebesitzer sind verpflichtet worden, ihre Tiere ausschließlich in den eigenen Vorgarten scheißen zu lassen. Eingefleischte Vegetarier haben eine natürliche Abscheu vor Raubtieren. Deshalb wurden auch vor einiger Zeit in einer Nacht-und-Nebel-Aktion von zwei beherzten Lebensgärtnern sämtliche Katzen auf dem Gelände eingefangen und getötet. Den erschütterten und erbosten Katzenliebhabern wurde der Bescheid zuteil, die Raubtiere hätten das empfindliche ökologische Gleichgewicht durch Vogelmord durcheinandergebracht.

Auf einem regelmäßig stattfindenden wöchentlichen Plenum, das höchstens „aus Gründen des Biorhythmusses“ hie und da mal von Montag auf Mittwoch verschoben wird, besprechen die Anwesenden alle wichtigen Fragen, über deren Lösung abgestimmt wird. Für die Plenumsteilnehmer gelten folgende sechs Regeln:

1. sei pünktlich
2. komme zu allen Treffen
3. bleib anwesend
4. sprich in der Ich-Form
5. hör aufmerksam zu
6. sei ehrlich, bring dich ein

Die Beschwörung der Gemeinschaft durch das Abhalten gemeinsamer Veranstaltungen ist offenbar mühsam. Man greift mangels Begeisterung auf die auch in Kirchenkreisen und anderswo beliebte Imperativform zurück, um die Leute zur Disziplin zu ermuntern. Vor Plenum und Mittagessen hat man den Brauch eingeführt, zur „Ein- und Ausstimmung“

jeweils „fünf Minuten Stille“ zu halten. Man versucht, mit allerhand Experimenten einander näherzukommen. Kleine Gruppen treffen sich zum „Sacred Dance“, zur Meditation, gar zur dynamischen Meditation, zu Männertanz, Massageabend und indianischer „Schwitzhüttenzeremonie“. Unter der Bezeichnung „nonverbale Kommunikation“ wurde einst ein „Verwöhnabend“ erfunden, zu absolvieren alle 14 Tage. Er mußte mangels Zulauf bald wieder abgeschafft werden. Dieser asoziale Zug in der Gruppe beunruhigte verantwortungsbewußte Mitglieder, und so führte man ein „gruppendynamisches Training“ ein, bei dem u.a. „aktives Zuhören“ geübt wurde. Unter Supervision einer versierten Fachkraft sollte die Gemeinschaftsfreude allmählich gehoben werden, was aber nur unzureichend gelang. Eine „Kabbala-Beraterin“ war offensichtlich wesentlich erfolgreicher. Sie hatte regen Zulauf und lobte „die Mischkultur im Lebensgarten“.

Die aber, so zeigt ein Blick auf die Reihenhäuschen, scheint sich in der Hauptsache innerhalb des Privatbereiches zu entfalten. Jede der Reihenhaushälften ist ein wahres Schmuckkästchen. Die Scheiben in den naturbelassenen Sprossenfenstern glänzen. Auch die hölzernen Haustüren sind an einigen Häusern unlackiert und wachspoliert. Die Vorgärten sind gepflegt, alles ist aufs liebevollste herausgeputzt. Kies- oder Plattenwege führen durch Blumenbeete und Kurzrasenflächen zur Haustür; sie werden als Privatwege verstanden. Hinter jedem Haus erstrecken sich, voneinander abgezäunt, die Gemüse- und Kräutergärtchen, samt individuell angelegten Komposthaufen. Auf den Parkplätzen stehen die Privatfahrzeuge der Bewohner. Auch die Kindererziehung ist Privatangelegenheit – meist der Mutter –, Spielsachen werden mit den Namen gekennzeichnet.

Daß sich hier individuelle Energie unter Zuhilfenahme des Privateigentums an Geld- und Sachwerten erschöpfend verausgabt hat, ist unübersehbar. Man hat hier nicht die Mitglieder einer Lebensgemeinschaft vor sich, sondern ein paar Angehörige der Mittelklasse, die gemeinschaftliches Wohnen praktizieren. Da hilft dann auch die Anwendung der „Bach'schen Blütentherapie“ nicht viel. Alle sind schon froh, wenn sie ab und zu Lust verspüren auf „ein germanisches Thing-Spiel“, auf die „Schwitzhüttenzeremonie“ (für die Männer) oder eine profane Massage. In einem der Häuser ringen die Bewohner seit langem mit sich, ob sie die Wand zum Nachbarhaus durchbrechen sollen oder nicht. Man will sich aber *noch* besser kennenlernen, bevor man ein kommuneähnliches Experiment wagen will. Auch sind die wichtigsten Punkte noch immer nicht geklärt, die der Handhabung von Sex und Finanzen.

Immerhin nehmen täglich etwa 20 Personen an einem gemeinsamen Mittagessen teil, vermutlich nur, weil man in der eigenen Küche wesentlich mehr Geld und Energie aufwenden müßte für sich allein oder für sich und die Kinder. Eine Zeitlang versuchte man ein internes Geldsystem einzuführen, mit dem Gemeinschaftsarbeit vergütet werden sollte. Denn – das Beispiel der Küchensituation zeigt das Problem – hier wird nur die Köchin bezahlt, nicht aber die andere Arbeit wie Tischdecken, Abräumen, Abwaschen, Putzen usw. Der Dreck, der liegenbleibt, wird – wie überall, so auch hier – von den Frauen beseitigt. Man versuchte also eine Art Vergütung einzuführen, die in „Talenten“ berechnet wurde. Es blieb aber bis heute vollkommen unklar, wie was zu bewerten sei und was als Gemeinschaftsarbeit oder als Dienstleistung gelten sollte. Dazu kamen die eheinternen Auseinandersetzungen um Lohn für die Hausarbeit. So bleibt das materielle Wohlergehen und der Einsatz fürs Gemeinwohl dem jeweils privaten Können und Wollen anheimgestellt. Für die ökonomisch Schwächeren gibt es einige Möglichkeiten, durch interne Dienstleistungen an Geld zu kommen, oder durch Projekte. Im „Heilehaus“ werden Mitglieder und Gäste „ganzheitlich“ behandelt, im „LAF-Haus“ züchtet man „lebendige Nahrung“ (Sprossen usw.), auf einem gepachteten Gelände wird Gemüse angebaut in kleinen Mengen, unten in der Stadt betreibt eines der Mitglieder eine Vollkornbäckerei, und dann gibt es natürlich die Seminare, ohne die keines dieser Projekte überleben würde. Es gibt Großkommunen wie die Findhorn-Gruppe, in denen man ausschließlich von einem bestens florierenden Seminarbetrieb lebt.

Und so bieten auch die Lebensgärtner „Erfahrungswochen“ an, zu je 200 DM inkl. Vollpension: Männervolkstanz, Tai-Chi, eine „Einführung in den Kurs in Wundern“, Trommelbau, und Kurse für Perma-Kultur und Aqua-Kultur. Letzteres ist zugleich das teuerste (je 4 Tage 270 DM inkl.) und professionellste Angebot.

Professor Declan Kennedy macht Führungen durch das etwas entfernt vom „Lebensgarten“ liegende, drei Hektar große Permakulturforschungsgelände. Es handelt sich hier um die Weiterentwicklung einer Methode, die die australischen Aborigines erfanden, um den Boden zu kultivieren. Sie besteht, kurz gesagt, in kluger, gegenseitiger Mehrfachnutzung von Pflanze, Boden, Wasser, Licht. Das Organisationsprinzip des Dschungels muß man sich angewandt auf Nutzpflanzen vorstellen. Die Kennedys gehen mit dem Prinzip so weit, daß sie es auf alles angewendet sehen möchten, auch auf die menschlichen Beziehungen.

2. Zwischen Alternative und Emanzipation

Odo Marquard

Krieg als „alternatives Leben"

Ich möchte hier dieses Moratorium des Alltags verteidigen, das das Fest ist. Das ist häufig getan worden und scheint fast überflüssig. Aber ich möchte das Fest anders verteidigen als es bisher meistens geschah. Bisher hat man das Fest fast immer nur (notabene: mit völligem Recht) gegen den Alltag verteidigt: der Alltag soll das Fest nicht auffressen, nicht auslöschen. Aber man muß – und das will ich hier tun – das Fest auch dadurch verteidigen, daß man den Alltag gegen das Fest verteidigt und dadurch das Fest gegen das Fest: gegen die Perversion des Festes. Denn das Fest – meine ich – hört auch dann auf, Fest zu sein, wenn es – statt neben den Alltag zu treten – an die Stelle des Alltags tritt und dadurch den Alltag auslöscht. Das Fest neben dem Alltag: das ist gut. Das Fest statt des Alltags: das ist problematisch und muß bös enden. Die eine Gefahr für das Fest ist der totale Alltag, der das Fest nicht mehr gelten läßt. Aber es gibt eben auch die andere Gefahr für das Fest: daß das Fest zum Fest ohne Alltag wird; denn auch dann – wenn für das Fest der Alltag preisgegeben wird – wird das Fest zerstört und hört auf, Fest zu sein. Alltag und Fest: beide gehen dann unter in dem, was man das totale Fest nennen könnte, im totalen Moratorium des Alltags. [...]

Ein derart totales Fest – das totale Moratorium des Alltags – ist der Krieg: die Suspension des Alltags und Festes zugleich durch den großen Ausnahmezustand. Diese These übernehme ich – sie zuspitzend – von Manès Sperber. Er hat – zuletzt in seiner Friedenspreisrede von 1984 ‚Leben im Jahrhundert der Weltkriege', in der er zugleich bündig erklärt hat: „Ich bin gegen jeden Krieg, ausnahmslos" – eine Frage aufgeworfen, die nunmehr auch mich nicht mehr losläßt: Wie kommt es eigentlich, daß die Menschen unseres Jahrhunderts zu zwei Weltkriegen psychisch bereit waren? Um diese Frage zu beantworten, erörtert Manès Sperber „das allgemeine Verhältnis des Menschen zum Krieg" und schreibt, ich zitiere: „Hier eine Einsicht, die sich mir seit Jahren aufdrängt: sie betrifft das Verhältnis des Menschen zu seinem tyrannischen Alltag, den er als Versklavung und als Entkernung seines Wesens empfindet. Ihm sucht er, bewußt oder unbewußt, zu entweichen. Ja, seit Jahrtausenden suchen Menschen aller Stände der täglichen Wiederkehr des Gleichen zu entfliehen – gleichviel wohin. Gewiß, man kann in intimen Erlebnissen, in Liebe und Freundschaft, aber auch in intimen Zwistigkeiten Abwechslung, Flucht und Ausflucht suchen, aber nur das große Abenteuer, ein allgemeines Moratorium des Alltags, kann" – scheint es dann – „eine völlige Umwälzung der Lebensweise und der alles regelnden täglichen Ordnung herbeiführen...: der Krieg." Die Menschen fürchten den Krieg nicht nur, sondern sie wünschen ihn auch, zumindest unbewußt, um ihrem Alltag – dem drückenden und lastenden Alltag – zu entkommen. Jede Warnung vor dem Krieg bleibt zu harmlos, die nicht vor dieser Quelle des Kriegswunsches warnt und erkennt: der Krieg ist für die Menschen nicht nur schrecklich, sondern zugleich von den Menschen auch auf schreckliche Weise gewünscht: als Entlastung vom Alltag, als Moratorium des Alltags.

Manès Sperbers These vermag jene Faszination durch den Krieg zu erklären, die vor allem auch zum Ersten Weltkrieg gehörte: etwa jene, die Ernst Jünger – indem er „den Kampf als inneres Erlebnis" in „Stahlgewittern" pries – und Thomas Mann – indem er den Krieg als „höheres Indianerspiel" ironisierte – zustimmend oder kritisch meinten und die auch noch in Thomas Manns ‚Zauberberg' und in Robert Musils ‚Mann ohne Eigenschaften' literarisch wirksam war: der Ausbruch des Krieges überholt dort den vergeblichen Versuch, dem bürgerlichen Alltag ins höhere Krankfeiern oder in einen „anderen Zustand" zu entkommen.

Dabei sollten wir uns nicht zu sicher wähnen, vom geheimen Wunsch nach dem kriegerischen Moratorium des Alltags durch die Erfahrung der Schrecken des Zweiten Weltkriegs und – im Zeitalter der Nuklearisierung des Krieges – durch die Ahnung der weitaus größeren Schrecken künftiger Kriege zuverlässig geheilt zu sein. Denn die Faszination durch eine kriegerische Entlastung vom Alltag ist – scheint mir – gegenwärtig nicht erloschen, sie hat sich nur verschoben: Den Krieg will man nicht mehr, dafür aber häufig – gelobt als Revolution – den Bürgerkrieg, und zwar aufgrund der Erwartung, daß der revolutionäre Umsturz des bestehenden Alltags – ein Umsturz, der selber schon eine Aufhebung des Alltags ist und für den die bestehenden Feste als Behinderungen gelten – zu einer ganz anderen und dadurch automatisch zu einer besseren Welt führen würde, in der man den Alltag endgültig los wäre. Es ist dieser auf den Bürgerkrieg umgelenkte geheime Kriegswunsch, der aus der Unlust am vorhandenen Alltag entspringt, durch den man dann zu absurden Einschätzungen kommen kann: Weil selbst noch die liberalste vorhandene Welt – die bürgerliche Welt – den Alltag hat, will man diese vorhandene Welt loswerden. [...]

Ein Remedium, ein Gegenmittel gegen den Hang zur Preisgabe des Alltags, die Krieg und Bürgerkrieg sind, ist – in einer entzauberten Welt, wie es die moderne Welt ist – die Kultur jener Feste, die die Kunstwerke sind: gelungene Bauwerke, Plastiken, Bilder, Musik und Tänze, Erzählungen, Gedichte, dramatisches Theater. All das sind Feste; und gerade die moderne Welt – weil sie spürt, daß dies nötig war – hat die Kultur dieser Feste, die die Kunstwerke sind, selbständig und dadurch stark gemacht, indem sie den Umgang mit den Kunstwerken zum ästhetischen Umgang werden ließ. [...]

Ein anderes Remedium, ein anderes Gegenmittel gegen die Apotheose des Ausnahmezustandes – gegen den Hang zu jenem Ausbruch aus dem Alltag, der Krieg und Bürgerkrieg sind – ist die Kultur jener Feste, die – in einer sachlich, künstlich, technisch gewordenen Welt, wie es die moderne Welt ist – die Naturverhältnisse sind: die Entdeckung der Landschaft, die Konjunktur des Parks und des Gartens vom botanischen und zoologischen über den englischen Garten bis zum Schrebergarten, die Sehnsucht nach den Wäldern, die Lust am Wandern und am Reisen in die unberührte Natur. Auch das alles – diese Naturverhältnisse – sind Feste; und wiederum gerade die moderne Welt – je sachlicher, künstlicher, technischer sie wurde – hat die Kultur gerade dieser Naturfeste bestärkt und intensiviert.

Aber diese Kraft des Lebens in der Natur, Remedium gegen das totale Moratorium des Alltags zu sein, scheint dort aufzuhören, wo das Leben in der Natur selber zum totalen Moratorium des Alltags zu werden versucht: als ‚alternatives Leben'. Die Formel des ‚alternativen Lebens' ist heute mehrdeutig: Sie kann gerade die Kultur jener festlichen Naturverhältnisse meinen, und dann ist sie auch für mich durchaus zustimmungsfähig. Aber dort, wo das ‚alternative Leben' – als ein ganz und gar anderes und neues Leben, das das vorhandene bürgerliche Leben negiert – an die Stelle der vorhandenen Wirklichkeit treten und deren Alltag und deren Feste durch den großen Ausstieg aus ihnen auslöschen soll, gewinnt es selber – meist wohl ungewollt – martialische Züge. Die Faszination des ‚alternativen Lebens' ist dann die Faszination durch den Ausstieg in den Ausnahmezustand.

Daß dieses Moratorium des Alltags nicht neben den Alltag, sondern an die Stelle des Alltags tritt, ist eine Ähnlichkeit mit jenem großen und schrecklichen Moratorium des Alltags, vor dem Manès Sperber warnte: eben dem Krieg. Diese Ähnlichkeit wird nicht dadurch geringer, daß gerade die Protagonisten des ‚alternativen Lebens' – häufig friedensbewegt – die größte Kriegsangst haben und ständig den Angsttraum Krieg träumen und uns alle zum Mitträumen verpflichten wollen. Denn die Psychoanalyse – die bei der Psychologie des Friedens und des Krieges zu konsultieren gerade Horst Eberhard Richter uns dezidiert und mit Recht empfiehlt – hat uns gezeigt, wie ein Angsttraum funktioniert: Die Angst, die man bei ihm hat, ist nicht die Angst vor dem Schrecklichen, das man träumt, sondern die Angst vor dem eigenen Wunsch nach dem Schrecklichen, das man träumt. Der Angsttraum – und so mag es auch bei dem Angsttraum Krieg sein – konserviert, getarnt als seine Abwehr, einen schrecklichen Wunsch: Je größer die Angst, desto größer der Wunsch nach dem Krieg, der ja auch – beim ganz und gar alternativen Leben – nicht unverständlich wäre. Denn – zurück zur Natur! – die Rückkehr in den Naturzustand unter Zivilisationsbedingungen ist der Krieg, bis hin zum Bürgerkrieg. Der extremste Aussteiger ist der Krieger, und das extremste ‚alternative Leben' ist der Krieg.

Dutschke/Enzensberger/Rabehl/Semler

Ein Gespräch über die Zukunft (1967)

Hans Magnus Enzensberger: Gibt es für hochindustrialisierte Länder eine revolutionäre Zukunft, und wie könnte diese Zukunft aussehen?...

Dutschke: In der zentralisierten Staatsmaschinerie gibt es eine Ebene der Notwendigkeit und eine Ebene der zusätzlichen Herrschaft über die Gesellschaft. Stehendes Heer, Bürokratie, juristische Herrschaftsfunktionen, Polizei...Ganz sicher sind das die entscheidenden Punkte, wo der Staat, wie Marx sagt, als eine Boa constrictor die ganze Gesellschaft umfaßt und zusammenfaßt, um die Möglichkeit der Befreiung, die ja vielleicht schon zur Zeit der Pariser Commune als reale Möglichkeit der Emanzipation der Produzenten da war, immer wieder zu verhindern. Heute noch viel mehr als 1871 hat sich diese Boa constrictor verselbständigt und ist eins geworden mit der heutigen Technologie.

Enzensberger: Vielleicht genügt es also gar nicht mehr, die politischen Verhältnisse umzustürzen? Bedeutet der Umsturz politischer Verhältnisse nicht auch, wenn man ihn zu Ende denkt, einen Umsturz der technologischen Verhältnisse? Kann die Technologie so bleiben wie sie ist, in einer befreiten Gesellschaft?

Dutschke: Sicherlich nicht. Mit Hegel, also vormarxistisch, kann man sagen, daß die Befreiung des Bewußtseins die Gegenstände des Denkens verändert. Das hat Marx aufgenommen. Das kapitalistische Naturgesetz beruht auf der Bewußtlosigkeit der Beteiligten. Mit dem Verschwinden dieser Bewußtlosigkeit verschwindet auch das Naturgesetz in seiner repressiven Form, und so ist in der falschen Gesellschaft doch die richtige drin, bloß in der falschen Form, in der bewußtlosen Form.

Enzensberger: Sie muß also sozusagen auf die Füße gestellt werden.

Dutschke: Ja. Heute allerdings muß man feststellen – gegen Hegel: indem wir es anders denken, wird es nicht anders. Heute wäre das „Auf-die-Füße-stellen", daß all das, was falsch ist, direkt herausgebrochen werden, abgeschafft werden muß. Das Problem der Abschaffung ist im herkömmlichen Marxismus nicht primär ein Problem der Zerstörung, sondern ein Problem der Entfesselung. Heute jedoch setzt Entfesselung Zerstörung von verselbständigter unmenschlicher Maschinerie voraus. Wenn die Befreiungsfront ein Munitionslager in Da Nang in die Luft sprengt, dann steckt darin bereits ein Stück Zukunft.

Rabehl: Technologie bedeutet für bürgerliche Zukunftsbilder das Wesentliche, sie bedeutet alles. Diese Technologie ist Bestandteil der Bürokratie und der toten Kosten, sie reproduziert andauernd Herrschaft. Sie zielt auf die Verewigung der kapitalistischen Herrschaft. Deshalb muß diese Technologie, so wie sie angelegt ist, zerstört werden, abgeschafft werden.

Dutschke: Nicht die Technologie als Ganzes.

Rabehl: Doch. Die Technologie in ihrer ganzen Anlage, in ihrer Zielrichtung, in ihrer Arbeitsweise. Nicht der Wissensstand, den sie enthält, die Beherrschung der Natur, das nicht, sondern ihre heutige Struktur, ihr Ziel, das muß abgeschafft werden. Dadurch würde man überhaupt erst erkennen, was Technologie leisten kann. In ihrer heutigen Gestalt verbaut sie sich selbst. Der Kapitalismus kann sie nicht zu sich selbst bringen.

Dutschke: Das führt uns wieder auf die Produktionsverhältnisse zurück. Die Technologie ist nicht das Böse an sich. [...]

Enzensberger: Es hat sich gezeigt, daß keiner von euch in der Lage oder willens ist, wahrscheinlich weder das eine noch das andere, einen reinen Zukunftsentwurf auszubreiten. [...] Ich möchte aber doch noch einmal einen Versuch machen, die Sache anders zu fassen, und zwar stelle ich mich jetzt auf den Standpunkt eines Außenstehenden, eines Menschen, der hier in Berlin etwas mitgekriegt hat von dem, was im letzten Jahr passiert ist, und der nun einige ganz naive, aber deswegen nicht ungerechtfertigte Fragen hat. Dieser Mann würde etwa so argumentieren: Ja, ich interessiere mich für das, was ihr sagt, ich habe euch zugehört, ich bin bei einer Demonstration dabeigewesen, ihr habt in meinen Augen weitgehend recht, aber wie soll das nun weitergehen, das heißt, wie soll nun eine konkrete unmittelbare Zukunft nach euren Vorstellungen aussehen? [...]

Rabehl: Was finden wir vor in Berlin? Eine radikale Intelligenz, eine überalterte Stadt, sehr viele Rentner, sehr viele Bürokraten, eine veraltete Industrie, Arbeiter, die nur zum Teil radikal geworden sind. Was machen wir? Die radikale Intelligenz muß die Universität auflösen, die Universität muß in die Gesellschaft übergehen.

Dutschke: Nein, nicht so. Sondern wie erreichen wir, daß die Gesellschaft eine große Universität wird, eine riesige, lernende Gesellschaft, eine große Schule? Dafür müssen wir vor allem die nötigen Kapitalvoraussetzungen schaffen. Das heißt Abschaffung der überflüssigen Bürokratie. Jeder siebte ist in Berlin Angestellter des Senats. Wie können wir die 1500 Bürokratensilos auflösen, Wohnhäuser daraus machen? Wie können wir das Kapital, das da frei wird, sofort in die Ausbildungssphäre stecken, um eine neue Arbeitskräftestruktur herauszubilden, eine polytechnische Ausbildung der Schüler zu ermöglichen und so die Voraussetzungen zu schaffen, daß überhaupt andere Industriezweige, intelligenzreiche Industriezweige entstehen können, die wiederum die Produktivität der Arbeit sehr schnell steigern und die Arbeitszeit systematisch verkürzen können?

Semler: Wir haben in Berlin den irrsinnigen Zustand einer rasch anwachsenden Veralterung. Wie kann man das Alter produktiv machen? [...]

Dutschke: Die Alten müssen mit dem Lebensprozeß der Fabrik Tag für Tag verbunden sein. Wir müßten also auch von vornherein die Geographie der Wohnungen radikal verändern. Die Trennung des Arbeiters von seinem Betrieb muß man radikal aufheben, um geographische Einheiten des Lebensmilieus zu schaffen, die es dann ermöglichen, einen eigenen Zusammenhang zu entfalten, der viel schöpferischer ist.

Rabehl: Dabei muß man bedenken, daß wir fähig sein werden, den Arbeitstag auf fünf Stunden zu reduzieren durch moderne Produktionsanlagen, dadurch, daß die überflüssige Bürokratie wegfällt. Der Betrieb wird zum Zentrum der politischen Selbstbestimmung, der Selbstbestimmung über das eigene Leben. [...] Das hat auch Konsequenzen für die Arbeitsteilung. Wie viele Berufe hat denn der Mensch heute in West-Berlin?

Dutschke: Einen Beruf, wenn überhaupt.

Rabehl: Du weißt, Mao spricht von vier Berufen: Arbeiter, Bauer, Soldat, Intelligenzler.

Dutschke: Die Landwirtschaft können wir ganz abschaffen, auf die halbbäuerlichen Ansätze verzichten, sie beseitigen, um Land, viele Hektar in Lichterfelde, in Marienfelde etc. zu gewinnen für den Aufbau von Lebenszentren für die freie Zeit.

Rabehl: Wenn es je gelingen sollte, die Arbeitszeiten so weit zu reduzieren, dann wird natürlich auch ein jeder zum Politiker werden. Es ist tendenziell auch ein jeder Künstler, wenn man sich erst einmal vom bürgerlichen Kunstbegriff befreit. Es ist ja wohl nicht jeder, der in einen Beatschuppen geht, ein Musiker; trotzdem steckt darin ein Überschuß, an dem jeder teilhat. Ich weiß nicht, ob die möglichen neuen Berufe alle schon Namen haben. [...]

Dutschke: Die verschiedenen Räteschulen könnten dann die ausgebildeten Leute austauschen, rotieren, also einen Lernprozeß durch die verschiedenen Produktionssphären hindurch in Gang setzen, um sie kennenzulernen, zu begreifen, sich anzueignen. Das heißt, ganz Berlin wäre eine Universität, es gäbe keine Fakultäten mehr, wir hätten eine lernende Gesellschaft. [...]

Enzensberger: Jede bürokratische Funktion muß so aussehen, daß sie in drei Wochen erlernbar ist. Wie verhält es sich aber mit hochqualifizierten technischen und wissenschaftlichen Funktionen? Es gibt Schlüsselfunktionen in der hochindustrialisierten Gesellschaft, an denen sich Macht ansammelt. Wenn diese Spezialisten eine feindliche Elite darstellen, wenn sie sich dazu entwickeln, dann haben sie ganz starke Erpressungsmöglichkeiten bei der Hand, weil man auf sie angewiesen ist.

Dutschke: Die Dezentralisierung der Kommune-Projekte wird dem entgegenwirken. Auszuschließen sind solche Gefahren nicht. [...] Die dezentralisierten Kommune-Einheiten werden „kriminell"-abweichendes Verhalten viel leichter integrieren, den „Täter" viel eher in das Kollektiv zurückbringen können als jede traditionelle Juristerei.

Semler: Mit der Proklamation der Pariser Commune am 18. März ist die Kriminalität schlagartig zurückgegangen.

Dutschke: Man fand keine Toten mehr auf den Straßen. Die Prostituierten verschwanden nach Versailles. [...] Nun aber noch etwas zur Frage der Rechtsprechung. Ich gehe davon aus, daß die Juristerei und die Polizei abgeschafft werden. Die einzelnen Kommune-Projekte werden also, besonders in der ersten Periode, Selbstverteidigungsorgane bilden müssen. Wie kann die Kommune ihre Probleme mit bestimmten Menschen lösen – ohne Gefängnisse?

Rabehl: Wo es ganz klar ist, daß eine Umerziehung unmöglich ist, etwa bei älteren Leuten und bei bestimmten Verbrechen, da sollte man den betreffenden die Möglichkeiten geben auszuwandern.

Dutschke: Was meinst du mit Umerziehung?

Rabehl: Zunächst, daß die Ursachen des Verbrechens genau erforscht, psychoanalytisch erforscht werden, aus dem Milieu des Täters heraus, aus seinen Erfahrungen, aus seiner Verzweiflung. [...]

Semler: Welche Probleme wird die stark reduzierte Arbeitszeit aufwerfen? Sicherlich dürfen sich die einzelnen Kollektive nicht abschließen im Sinne einer zur Fabrik gewordenen Gartenstadt.

Dutschke: Die verkürzte Arbeitszeit kann zur völligen Beseitigung von Schichtarbeit, von Nachtarbeit führen.

Enzensberger: Das geht nicht, weil es Service-Funktionen gibt, die 24 Stunden am Tag nötig sind. Verkehrs-, Versorgungs- und Nothilfefunktionen werden 24 Stunden am Tag gebraucht.

Dutschke: Das stimmt. Wir brauchen zum Beispiel Großküchen, die sich nicht durch Einfachheit auszeichnen, sondern hochentwickelte Bedürfnisse entfalten.

Enzensberger: Die Kochkunst ist leider keine revolutionäre Kunst.

Semler: In einer Zeitschrift aus den Jahren 1918/19, dem *Arbeiterrat,* gibt es einen Artikel über die Einführung des Rätesystems in der Großküche. Das wurde strikt zurückgewiesen, und zwar von der Räteredaktion selber.

Blowin' in the wind (1967)

Der Eingeborene der Dritten Welt ist in jener, der solche Numerierung einfiel, stets ein gerngesehener Gast. Bereitwillig wird ihm demonstriert, daß der Anspruch, die erste Welt zu sein, zu Recht besteht. Kein Reiseführer wird dem Gast aufgedrängt, kein Weg wird ihm verboten: Die Großartigkeit des Vorrangs bedarf keiner Anstrengung zu ihrem Aufweis, sie trägt die Evidenz in sich selbst. Ihr schlagend Augenscheinliches ist die Freiheit. Der wohlwollende Blick des Gastgebers gilt einem Erschöpften, der der Wüste entfloh und nun ermutigt werden muß zu dem Bewußtsein, sich als Gleicher unter Gleichen fühlen zu dürfen. Dieser Blick führt den Gast ein, indem er ihm die Hand um die Schulter legt. Der leichte, gewährende Gestus verbirgt erfolgreich die einzige geringe Anstrengung, die Befriedigung über solches Entgegenkommen nicht auszudrücken: denn die Freiheit ist hier das Selbstverständliche. Sie wird nicht eigens hervorgekehrt, denn sie ist überall da. Die Hand auf der Schulter des Gastes erzählt diesem die Geschichte des Abendlandes, das heißt die Geschichte der Humanität. Das farbige und das weiße Gesicht auf gleicher Höhe, man spricht zu seinesgleichen. „Wir leben in einer Welt, in der es keine Ideologie mehr gibt." Dem Gast werden Lebensraum, Geldmittel und Beziehungen zur Verfügung gestellt. Er wird aufgefordert, Kritik zu üben: „Sagen Sie alles, was Ihnen nicht gefällt."

Dieses Land kann es sich leisten, alles in Frage zu stellen: Studenten kritisieren ihre Professoren, Laien die Kirche, Arbeiter ihre Vorgesetzten, die Regierten die Regierenden, die Opposition ist parlamentarisch instituiert, die Kommunikationsmedien sind frei. Das Gesetz garantiert alle Freiheiten, die andere nicht in ihrer Freiheit einschränken, und die Polizei agiert als Wächter solcher Freiheit. Kein Tag ohne

Demonstrationszüge, Flugblätter und öffentliche Streitgespräche über alle anstehenden Themen. Man weiß hier kaum noch, was man tun soll vor lauter Freiheit! [...]

Deutschland, besonders in seinen Großstädten, ist vollgestopft von Nonkonformisten. Die Masse derer, die nicht mitmachen wollen in dem Zirkus einer überdressierten Zivilisation, ist unübersehbar. Ihr spezifisches Proletariat trägt sich vor in fleckiger Kleidung, leerem Blick, Bedürfnislosigkeit und unmittelbarer Fühlung mit dem „Urgrund des Seins".

„Kalle Marx war auch schon gegen diese Eigentumsscheiße."

„No politics, only love."

Eine Stufe darunter: die gepflegt-bärtigen, die Jazzfreunde, die Meinungs-Individualisten, zur Nachtzeit in verräucherten Kellern, mit Diskussionen über „Letztes Jahr in Marienbad" oder die Phrasierungskunst von Coltrane. Politik ist hier die Idiotie der Politiker, das Grau in Grau der Parteien, die Bürgerlichkeit der Deutschen. Man hat auch gern ein Buch dabei: Heine, Brecht, Tucholsky, Villon oder auch *Die Zeit*. Die Pfeife wird zum unentbehrlichen Attribut der Gesinnung.

Die Elite bilden die Happening-Leute, die Anti-Künstler, Anti-Philosophen, Fetischisten des Konkreten als Schlußpunkt der Abstraktion, laut, sensibel, over-educated. Sie kennen ihren Marx und ihren Adorno, Winnie, Zen und Superman. Die kapitalistische Gesellschaft ist ihnen so ein Graus, daß sie es nur zwischen Bruchstücken ihrer ins Ästhetische verwandelten Unkultur aushalten. Hier wird Revolution gemacht, indem das Eigentum aufgehoben wird in die Funktionslosigkeit der Kunst. Kapitalismus und Metaphysik werden überwunden im Sprung in die reine Farbe, ins reine Geräusch, in den überdimensionalen Sandwich.

Diese Spielarten der Opposition zur verachteten Gesellschaft würden leicht ihres Konformismus inne, ließen sie sich einmal zur Reflexion ihrer Voraussetzungen herbei. Allen gleich ist die Ästhetisierung aller Lebensbezüge und ihre Verfügbarkeit, garantiert durch die mit Selbstbewußtsein vorgetragene Entpolitisierung.

Eine andere Mentalität schreibt den Protest auf ihre Fahnen und Plakate, sie singt ihn heraus, läßt sich gar prügeln und einsperren. [...]

Einige Stufen tiefer treibt der Protestsong sein Wesen. Er gehört bis auf wenige Ausnahmen zu den abscheulichsten Erscheinungen in der neueren Kultur. Hier verbindet Lautenklang die Maximen der Vernunft gereimt mit einer wunderlichen, halbintellektuellen Unmittelbarkeit. Intendiert wird entweder die Selbstversicherung der Individualität, oder schlichter das Geschäft. Die Wahrheit ist die große Mode, Engagement wird zu klingender Münze. So weit ist hier die Affirmation schon gediehen, daß sie die Redlichkeit als Kitzel braucht. Die Schamlosigkeit der Sing-out-Puppen kehrt potenziert wieder in der Guitarre als Fetisch der verlogenen Rebellion.

In welcher Form auch immer zur Veränderung *innerhalb* des Systems gedrängt wird: Es haftet an jeder Aktion der Schatten der Harmlosigkeit. Er begleitet indessen nicht nur die Proteste einer folgenlos aufmuckenden Jugend, sondern auch Ideen höheren Ortes.

Kommune 2

Bewußter wohnen (1969)

Wir waren uns darüber einig, daß wir neue Formen des Zusammenlebens und -arbeitens nur entwickeln konnten, wenn wir nicht unsere finanzielle Existenzgrundlage in einer entfremdeten Arbeit isoliert beschaffen mußten. Deshalb beschlossen wir, uns die nötigen Finanzmittel – über die genannten Quellen hinaus – in einer kollektiven Arbeit zu beschaffen, die unserer Produktivkraft „Intelligenz" mehr entsprechen würde und deren Inhalt, Ablauf und Einteilung wir selbst bestimmen könnten. Wodurch sich eine solche kollektive Arbeit von der üblichen isolierten Arbeitsform unterscheidet, werden wir in anderem Zusammenhang genauer darstellen.

Wir haben deshalb alte, verschollene Texte, die wir für die linke Bewegung für wichtig hielten (vor allem aus der Sex-Pol-Bewegung), ausgegraben, auf einer eigenen Maschine gedruckt, an Genossen verkauft und vertrieben. Diese „Raubdrucke" wurden ergänzt durch eigene Broschüren, Referate und dergl.

Im Jahre 1969 ist es allerdings eine berechtigte Frage, wie die Genossen, die ihr Geld mit Raubdrucken verdienen, dies politisch rechtfertigen. Denn inzwischen hat sich gerade im Bereich politischer Literatur („linke" Drucker, Buchladen, Clubs) ein Heer von Leuten eingeschlichen, die allein in ihre private Tasche wirtschaften und die ihre politische Mission darin sehen, linke Literatur zu verbreiten und den Profit für ihre privaten Bedürfnisse zu verwenden. Es wird Zeit, daß alle, die in diesem Bereich eine politische Zielsetzung vorgeben, öffentlich Rechenschaft ablegen und den Profit zur Finanzierung anderer Projekte zur Verfügung stellen. Wir müssen dafür sorgen, daß den kleinkapitalistischen Schmarotzern der linken Bewegung endlich das Handwerk gelegt wird!

Unsere speziellen Reproduktionsbedingungen waren historisch gerechtfertigt, solange die Alternative hieß: vereinzelt in der Produktion oder in Institutionen arbeiten zu müssen. Heute erscheint zunehmend die Möglichkeit, sich kollektiv am jeweiligen Arbeitsplatz zu organisieren. Damit erst wird es sinnvoll, aber auch notwendig, die Art, wie die Genossen ihren Lebensunterhalt verdienen, in die politische Diskussion miteinzubeziehen.

Für den gemeinsamen Konsum können Kommunen nach unserer Erfahrung die Widersprüche der Warenverwertung auf dem kapitalistischen Markt bei der Befriedigung ihrer Bedürfnisse ausnutzen. Wir haben die Gegenstände, die wir zum Wohnen, zum Lebensunterhalt, für Arbeit und Spiel brauchten, mehr von ihrem Gebrauchswert, als von Tauschwert und Prestige (neuestes Modell usw.) her ausgewählt. Das ist nicht unsere eigene Idee, denn im linken Gegenmilieu werden ganz allgemein alte, noch gebrauchsfähige Sachen geschätzt, die für den geplanten Verschleiß des Vergeudungskapitalismus nur noch Ramsch sind, egal ob es sich dabei um Auto, Kühlschrank, Möbel oder Kleidungsstücke handelt.

Außerdem konnten wir mit relativ wenig Geld auskommen. Ein altes Auto für sieben Leute ist natürlich ökonomischer. Das gleiche gilt für den Einkauf von Lebensmitteln usw. Im Vergleich zur Einzelexistenz brauchten wir relativ wenig Geld (durchschnittlich etwa 250,– DM pro Person im Monat), wobei wir auf keine der notwendigen Luxusgüter verzichten mußten (Auto, Telefon, Kühlschrank, Toaster, Plattenspieler, Fernheizung, mehrere Tageszeitungen usw.). Denn alle diese Bedürfnisse können in der Gruppe rationaler befriedigt werden.

Wir waren den Konsumzwängen nicht so ausgeliefert wie in der bürgerlichen Existenz. Kleidung, Haushalts- und Gebrauchsgegenstände konnten wir – wie andere Typen des Gegenmilieus auch – billig oder umsonst von den Umschlagplätzen gebrauchter Waren (Trödler, Wohnungsauflösungen, Versteigerungen usw.) besorgen. Das schlägt sich in der Kleidung und Wohnungseinrichtung nieder. Wir waren nicht auf den neuesten Chic, den Stil des „Schöner wohnen“ angewiesen, sondern konnten aus der Konformität ausbrechen, indem wir differenzierte Formen, uns zu kleiden und zu wohnen, an der Phantasie alter Modelle entwickelten.

Die gemeinsame Organisation des Alltags hat bei uns nur funktioniert auf der Grundlage der kollektiven Beschaffung der Mittel für den Lebensunterhalt. Daraus ergab sich die Notwendigkeit, das eingebrachte Geld gemeinsam zu verwalten, nach gemeinsam aufgestellten Prinzipien für unsere

Bedürfnisse auszugeben. Die gemeinsame Kasse hat sich schon in der SDS-Wohnung als feste und eine der besten Kommuneeinrichtungen bewährt: Alles Geld, das gemeinsam oder einzeln eingebracht wurde, mußte hier abgeliefert werden. Es wurde auf zwei Kassetten verteilt; in die eine kam das Geld für im voraus feststehende Ausgaben wie Miete, Versicherung usw.; in die andere kamen die Gelder für den unmittelbaren Konsum. Hierfür wurde bei allgemeinen Finanzdiskussionen nach den vorhandenen Mitteln ein Satz für Essen und Trinken festgelegt (durchschnittlich 25,– DM pro Tag), der als Orientierung beim Einkaufen diente. Außerdem wurden bestimmte Anschaffungen für die Gruppe oder einen von uns beschlossen. Dabei kamen wir oft mit kollektiver Phantasie auf bessere Lösungen, als sich der einzelne vorstellen konnte (z. B. daß man ein Paar Schuhe nicht da oder dort zu kaufen brauchte, sondern anderswo besorgen konnte). Zur Kontrolle über die Einnahmen und Ausgaben führten wir ein Kassenbuch, in das jeder, der Geld aus der Kasse nahm, seine Ausgaben eintragen mußte. [...]

Einen Kassenwart gab es bei uns natürlich nicht. Alle notwendige bürokratische Arbeit haben wir, soweit es ging, für eine bestimmte Zeit abwechselnd gemacht, Telefonrechnungen, Kindergartenbeiträge usw.; dazu gehörte auch die Kontrolle des Kassenbuchs, ob die Ausgaben den Beschlüssen entsprachen und ob „alles eingetragen war".

Zu unserem eigenen Erstaunen hat die fehlende Verfügungsgewalt über eigenes Geld keine sichtbaren nachteiligen Wirkungen auf uns gehabt. Wir liefen buchstäblich immer mit leeren Taschen herum. Es genügte uns, das nötige Geld für Fahrtkosten, Einkauf usw. mitzunehmen. Die Sicherheit, die darauf beruht, immer eine bestimmte Summe Geld bei sich zu haben, mit der man sich dann etwas Wichtiges kaufen konnte, war für uns überflüssig geworden. Als wir diese Tatsache bei uns näher untersucht haben, sind wir auf den Grund dafür gestoßen: Das mit dem „Taschengeld" verbundene Gefühl persönlicher Freiheit beruht auf einem falschen kleinbürgerlichen Bewußtsein, das der Vergeudungskapitalismus erzeugt. [...]

Im Laufe unseres Zusammenlebens haben wir einen Zusammenhang entdeckt zwischen der Art, wie die Organisation des Alltags funktioniert hat und dem Zustand der Gruppe. Das wollen wir am Beispiel des äußeren Bildes, das die Wohnung jeweils bot, klarmachen. Periodisch wiederkehrend herrschte bei uns ein durchaus unproduktives Chaos. Überall war es schmutzig. Man hatte z.B. keine Lust zum Baden, weil es im Bad stank, wenn tausend schmutzige Handtücher herumlagen, im Wohn- und Arbeitszimmer war es so unordentlich, daß man nichts mehr finden konnte. Die Küche war in einem chaotischen Zustand und voller Müll, so daß man dort kein Brot mehr essen mochte. (Dieser Zustand ist dem Leser sicher aus allen Zeitungsberichten über Kommune-Wohnungen bekannt. Nicht immer beruht also das Schwelgen in der Darstellung von Schmutz und Unordnung allein auf den Vorurteilen der bürgerlichen Journalisten.) In einer solchen Situation hatte keiner Lust, etwas an dem Chaos zu ändern. Jeder machte den anderen Vorwürfe, daß sie nicht mehr täten.

Wenn wir gemeinsam darüber sprachen, kamen wir meist sehr schnell auf die Ursache dieser Situation: Jeder erwartete von den anderen, bzw. von der Gruppe, daß sich etwas änderte. Diese Passivität war das Resultat irgendeines Konflikts in der Gruppe, der bis dahin meist unbewußt geblieben war. In solchen Fällen war es zwecklos, in einer Haushaltsdebatte nur die nötigen Arbeiten regeln zu wollen; denn das wuchs sich meistens nur in völlig fruchtlose, gegenseitige Vorwürfe und Aggressionen aus, die den zugrundeliegenden Konflikt verschleierten.

Wir wissen, daß einige Wohngemeinschaften in Berlin daran gescheitert sind. Ihre Mitglieder haben sich über Küchenprobleme so irrsinnig zerstritten, daß die Gruppen im gegenseitigen Terror oder durch Auflösung auseinanderfielen. An diesen Beispielen läßt sich nachweisen, daß Kollektive, die allein durch das Zusammenwohnen einen Teil der Privatsphäre mit einbeziehen, scheitern müssen, wenn sie die auftauchenden Konflikte nicht als Ergebnis der mitgebrachten bürgerlichen Struktur erkennen und geeignete Methoden entwickeln, sie aufzulösen.

So hat sich im Laufe unserer Entwicklung immer wieder bestätigt, daß die eigentlichen Schwierigkeiten nicht da lagen, wo man sie aufgrund individueller Gewohnheiten erwartet. Viel eher da, wo jeder, der das Wort Kommune in den Mund nimmt, wegen seiner eigenen Schwierigkeiten am ehesten Abhilfe erhofft: auf dem Gebiet der Sexualität oder dem der gemeinsamen schöpferischen Arbeit. Unsere Erfahrungen über die Alltagsorganisation können wir dahin verallgemeinern, daß wir unsere Konsumbedürfnisse im Laufe der Zeit ohne besonderen Zwang relativ weit aneinander angepaßt haben. Sonderwünsche von einzelnen wurden entweder zu allgemeinen gemacht (z. B. Vorlieben beim Essen), oder wir haben versucht, demjenigen seine Extrawurst zu ermöglichen.

Robert Hepp

Im Reich der Freiheit werkeln (1971)

Ein Kenner des Do it yourself in den USA hat darauf aufmerksam gemacht, daß die Geburtsstunde dieser „Bewegung" dort mit dem Übergang zur 40-Stunden-Woche nach dem Kriege zusammenfiel. Daraus hat man etwas voreilig den Schluß gezogen, sie sei ein typisches Massenhobby. Wie Louis XVI. zum Spaß schlosserte und Uhren reparierte und wie der Präsident Thomas Jefferson sich einen stummen Kellner bastelte, so seien durch die Arbeitsverkürzung nach dem Kriege Millionen amerikanischer Bürger zu einer Tätigkeit übergegangen, „die sich nicht notwendig aus zentralen funktionalen Rollen“ ergibt, vom einzelnen frei gewählt wird und ihm „unmittelbare Befriedigung gewährt“. So nämlich wird von Soziologen das „Hobby“ definiert. [...]

Eben weil unser „business“ nicht unser „hobby“ sein kann, wollen viele Ideologen der Freizeit das „hobby“ zum „business“ umstilisieren. Im Steckenpferd könne der Mensch, so behaupten sie, seine Persönlichkeit entfalten! Hier, nicht in seinem Amt oder Beruf, liege seine eigentliche Berufung! Wenigstens am Feierabend soll jedermann von sich sagen können: „My business is my hobby.“ [...]

Dabei ist natürlich zu beachten, daß das Do it yourself und erst recht die Einstellung dazu auch schichtspezifisch fixiert ist. Bei einer Kölner Untersuchung über Freizeitbeschäftigung von 1954 stellte sich heraus, daß von den Befragten, die „Basteln“ als „Lieblingsbeschäftigung“ angaben, die Majorität der oberen Unterschicht sowie der unteren und mittleren Mittelschicht angehörten, während die Oberschicht nicht vertreten war. Eine Aufbereitung der Frage nach Einkommenshöhe erwies gleichfalls, daß 1954 Einkommen von DM 100 bis 399 dem Basteln als „Lieblingsbeschäftigung“ am meisten zuträglich waren, während Einkommen über 399 DM damals offenbar noch andere Hobbys erschlossen. Die Einkommensgrenze hat sich seither freilich erheblich verschoben, aber die Motive dürften dieselben geblieben sein. [...]

Wenn im Jahre 1965, mitten in der schönsten Hochkonjunktur, nach einer Umfrage des Allensbacher Instituts für Demoskopie jeder zweite westdeutsche Bürger seine Freizeit mit Do-it-yourself-Arbeiten verbringt, wenn etwa 8,8 Millionen Maler- und Tapezierarbeiten, 3,8 Millionen Elektroreparaturen und 2,5 Millionen Tischlerarbeiten selbst erledigen, liegt es nahe, den Grund für dieses seltsame Verhalten weniger in einer irrationalen Sportsbegeisterung als in den wirtschaftlichen Verhältnissen zu suchen.

Die wirtschaftliche Hochkonjunktur Westdeutschlands hat es mit sich gebracht, daß Dienstleistungen, allen voran die von

Handwerkern, ständig teurer geworden sind. Da das Lohnniveau allgemein sehr gestiegen ist, in den Handwerksleistungen Lohnkosten den wesentlichen Anteil ausmachen, Automatisierung aber gerade auf diesem Sektor eine sehr geringe Rolle spielt, sind die Preise für handwerkliche Dienste unverhältnismäßig hoch. [...]

Die hohen Handwerkerpreise allein sind freilich noch keine zureichende Begründung für den Boom des Do it yourself. Man hat beobachtet, daß das Interesse für die Heimwerkerei in dem Tempo zunahm, „wie die Gewerkschaften die Fünf-Tage-Woche durchsetzten und die Bausparer ihre Eigenheime bauten". Neben dem System der sozialen Sicherung markieren diese beiden Daten die Haupterrungenschaft der bundesrepublikanischen Sozialpolitik. Wenn nach der hier vertretenen These jeder Fortschritt der „Emanzipation" eine vermehrte Belastung durch Selbstbedienung mit sich bringt, ist diese Beobachtung von grundsätzlicher Bedeutung. Für Millionen Deutscher ist das kleine Eigenheim mit Rasen zum Symbol ihrer Selbstherrlichkeit und Libertät geworden. Es ist das Gehäuse jenes „demokratischen Selbstbewußtseins", das Helms von Max Stirner abstammen läßt. Die Vertreter der „sozialen Marktwirtschaft" haben stets mit Stolz darauf hingewiesen, daß 15 Jahre nach Begründung der Bundesrepublik die Besitzer von Eigenheimen unter den Arbeitnehmern um das Doppelte angewachsen seien. Die Eigenheimbewegung war die deutsche Nachkriegsform der Emanzipation, zugleich sozial und liberal, konservativ und revolutionär. [...]

Daß aber Eigentum nicht unter allen Umständen freimacht, sondern auch belastet, mußte sich spätestens zeigen, als die ersten nicht mehr steuerbegünstigten Ausgaben am mühsam ersparten Eigenheim fällig wurden. Der Etat vieler Familien, der durch die Rückzahlung von Darlehen schon voll ausgelastet war, reichte zur Bestreitung teuerer Handwerkerrechnungen nicht mehr aus. So wurden sie notgedrungen Mitglieder einer „Bewegung", in der auch Zwangsarbeit noch als Hobby, als freie Beschäftigung, gilt. Die Axt im Haus mußte den Zimmermann ersparen. Die „Werkstatt im Koffer" wurde zum notwendigen Inventarstück eines jeden Eigenheims. 1962 waren in deutschen Häusern 50 000 Heimwerkermaschinen im Betrieb, 1965 wurden schon 1,5 Millionen gezählt. Aber schließlich machte eine Vielzweckmaschine den Besitzer eines Eigenheims noch nicht zu souveränen, unabhängigen, „allseitig-vollsinnigen" Virtuosen à la Karl Marx.

Auf die Schichten, die Do it yourself als „freiwillige Zwangsarbeit" betreiben, und nicht auf bastelnde Bankiers, hat der Do-it-yourself-Markt sein Sortiment eingestellt. Kunststoffirmen zum Beispiel bieten den Eigenheimbesitzern witterungsbeständige Rinnen und Rohre aus genormtem Plastikmaterial an, das keines Anstrichs bedarf und sich leicht ineinanderschieben und verklammern läßt. Die Keramikindustrie liefert Wandfliesen mit Fugenabstandhaltern zum Selbstverlegen in Bädern; die Platten werden mit einem Universalkitt befestigt und verfugt. Thixotrope Anstrichmittel und die Lammfellrolle ersetzen den Anstreicher. Noch gibt es in Deutschland keine selbstklebenden Tapeten zu kaufen (wie in den USA, wo 80% aller Wohnungsinhaber ihre Wände selbst tapezieren sollen), aber immerhin bietet die deutsche Industrie perforierte Papierbahnen an, deren Schutzkanten man nicht mehr mühsam abschneiden muß. Und schon ließen sich Tausende von Bastlern von einem Tapeziermeister, der Tapeziergeräte an Laienhandwerker verleiht, die Grundbegriffe seines Handwerks beibringen. [...]

Die Handwerkerinnungen halten übrigens das Do it yourself nicht für ein abendfüllendes Hobby, sondern für eine ernstzunehmende Konkurrenz. [...]

Fabrikanten, die tropffreie Farben herstellen, wurden von den Malermeistern massiv unter Druck gesetzt. Und selbst das Fachjournal des Kraftfahrzeuggewerbes, das sich über Unterbeschäftigung nicht zu beklagen hat, polemisierte gegen die Ausbildung von Do-it-yourself-Mechanikern. In den

USA hat der Kampf der Berufshandwerker gegen die Freizeithandwerker zum Teil sehr dramatische Formen angenommen. Seit zwei Drittel aller Amerikanerinnen sich mit Hilfe von Lockenwicklern und Ammonium-Thioglycolate ihre Dauerwellen selbst applizieren, fühlte sich das heimische Friseurgewerbe bedroht. Nachbarn, die sich gegenseitig beim Frisieren halfen, wurden wegen unerlaubter Gewerbeausübung angezeigt, und in verschiedenen Staaten versuchte man sogar ein Gesetz durchzubringen, das die „kalte Welle" schlechthin verbot. In der Tat droht das Do it yourself das Handwerk auf vielen Gebieten zu verdrängen. Es ist aus der Krise des Handwerks hervorgegangen und hat diese Krise zum Teil weiter verschärft. [...]

Mit dem Do it yourself dringt die Arbeit massiv in den Bezirk der „Muße" vor. Paradoxerweise geschieht dies gerade zu einer Zeit, in der angeblich „die Arbeitszeit" immer mehr verkürzt wird. Sollte etwa die Verlängerung der Freizeit und die Verkürzung der Arbeitszeit, auf die unsere Zeit so stolz ist, ein Spiel mit Worten sein, hinter dem sich die banale Tatsache verbirgt, daß die Arbeit nur verschoben und neu verteilt worden ist? Wenigstens die Entwicklung des Do it yourself scheint diesen Verdacht zu bestätigen. Durch einen eigenartigen „dialektischen Umschlag" im Fortschritt der Emanzipation hat sich ergeben, daß just Marxens „Reich der Freiheit" zum „Reich der Notwendigkeit" geworden ist. Das Do it yourself als „Freizeitbeschäftigung" ist das unübersehbare Signal einer gesellschaftlichen Mutation, die ohne Emanzipationsbewegung nicht möglich gewesen wäre. Die Knechte sind dadurch nicht zu Herren geworden, wohl aber einige Herren zu Knechten.

Die paradoxe Entwicklung, die sich unter unseren Augen im „Reich der Freiheit" vollzieht, ist denn auch anderen Beobachtern nicht verborgen geblieben. In einem Aufsatz über den ‚Preis der Prosperität' schrieb Wilhelm Röpke 1956: „Wir mögen uns oder anderen wie Tom Sawyer einreden, daß die Anstreicherarbeit im Hause ein köstliches Vergnügen sei, und soweit diese Rückkehr zur Selbstgenügsamkeit nicht zur Fron wird, ist sie ein reiner Gewinn und Fortschritt. Andernfalls aber ergibt sich das reizvolle Faktum, daß wir jetzt zwei verschiedene Lohnbereiche nebeneinander haben: den offenen ‚amerikanischen' der hohen Geldlöhne und den versteckten ‚japanischen' unserer häuslichen Fronarbeit mit der notwendigerweise geringen Bewertung unseres Arbeits- und Zeitaufwands."

3. Frauenkämpfe

Frühe Forderungen (1905)

Das Programm des Allgemeinen Deutschen Frauenvereins 1905

Die Frauenbewegung setzt sich somit das Ziel: *den Kultureinfluß der Frau zu voller innerer Entfaltung und freier sozialer Wirksamkeit zu bringen...*

I. Bildung. Im einzelnen stellt sie folgende Forderungen:

a) obligatorische Fortbildungsschulen für alle aus der Volksschule entlassenen Mädchen;

b) eine Reorganisation der höheren Mädchenschule, durch welche diese, unbeschadet ihrer dem Wirkungskreise der Frau entsprechenden Besonderheit, den höheren Knabenschulen gleichwertig wird. Den Mädchen muß sowohl innerhalb des Rahmens der höheren Mädchenschule als auch durch Zulassung zu den höheren Knabenschulen die Möglichkeit gegeben werden, an den Berechtigungen der höheren Lehranstalten teilzunehmen,

c) unbeschränkte Zulassung ordnungsmäßig vorgebildeter Frauen zu allen wissenschaftlichen, technischen und künstlerischen Hochschulen.

II. Berufstätigkeit. Die Frauenbewegung betrachtet für die verheiratete Frau den in der Ehe und Mutterschaft beschlossenen Pflichtenkreis als ersten und nächstliegenden Beruf. Die befriedigende Erfüllung dieses Berufs muß im Interesse der Gesamtheit mit allen Mitteln der Bildung, der wirtschaftlichen Reform, des staatlichen Schutzes gesichert werden. Die Arbeit der Frau in der Erfüllung dieses Berufs ist wirtschaftlich und rechtlich als vollgültige Kulturleistung zu bewerten.

In Anbetracht der großen Zahl von Frauen, die unverheiratet bleiben, und der weiteren Zahl derer, die in der Ehe keine ausreichende wirtschaftliche Versorgung finden können, ist die Berufsarbeit der Frau eine wirtschaftliche und sittliche Notwendigkeit. Die Frauenbewegung betrachtet die berufliche Frauenarbeit aber auch in weiterem Sinne und unabhängig von jeder äußeren Notwendigkeit als Kulturwert, da auch die Frau Träger hervorragender spezifischer Begabung sein kann und bei vollkommen freier Entfaltung ihrer Fähigkeiten auf vielen Gebieten geistiger und materieller Tätigkeit Aufgaben finden wird, die sie ihrer Natur nach besser lösen kann als der Mann. – In bezug auf die wirtschaftliche Bewertung der beruflichen Frauenarbeit vertritt die Frauenbewegung den Grundsatz: Gleicher Lohn für gleiche Leistung...

III. Ehe und Familie. Die Frauenbewegung sieht in der Heilighaltung der Ehe die wesentlichste Bürgschaft für das körperliche und geistige Wohl der Nachkommenschaft und die Grundbedingung sozialer Gesundheit. Sie legt in bezug auf die sexuelle Sittlichkeit Männern und Frauen die gleichen Pflichten auf und bekämpft die doppelte Moral, die einerseits dem Manne eine in jeder Hinsicht verhängnisvolle sexuelle Freiheit gewährt, andererseits die Frau mit ungerechter Härte trifft. Sie fordert für die Frau als Leiterin des Hauses und Erzieherin der Kinder, daß sie im Einklang mit der Höhe ihrer Verpflichtung und dem Wert ihrer Leistungen auch rechtlich die gleiche Verantwortung in allen Angelegenheiten der Ehe und der Familie trage wie der Mann.

Daraus ergeben sich im einzelnen folgende Ziele:

a) Die Frauenbewegung bekämpft mit allen ihr zu Gebote stehenden Mitteln die Prostitution und sieht in der mit der bestehenden Reglementierung ausgesprochenen staatlichen Sanktion des Lasters eine schwere gesundheitliche, soziale und sittliche Gefahr.

b) Sie verlangt eine Reform der Ehegesetze, durch welche beiden Ehegatten das gleiche Verfügungsrecht in allen gemeinsamen Angelegenheiten, insbesondere der gleiche Anteil an der elterlichen Gewalt gesichert wird.

c) Sie verlangt gesetzliche Reformen betreffend die Rechte der unehelichen Kinder, Reformen, durch welche dem unehelichen Vater größere Verpflichtungen gegen Mutter und Kind auferlegt werden.

IV. Öffentliches Leben, Gemeinde und Staat ... Im einzelnen erstrebt die Frauenbewegung nach Maßgabe der durch den Stand der sozialen Entwicklung gegebenen Möglichkeiten folgende Ziele:

a) Zulassung der Frauen zu verantwortlichen Ämtern in Gemeinde und Staat, vor allem solchen, die zu den Interessen der Frauen in besonders naher Beziehung stehen (Mädchenschulwesen, staatliche und kommunale Sozialpolitik, Arbeiterinnenfrage, Rechtspflege usw.).

b) Zuziehung der Frauen zur Vertretung der Laien bei der Rechtspflege (weibliche Schöffen und Geschworene).

c) Beseitigung der vereinsrechtlichen Beschränkungen der Frau.

d) Teilnahme der Frauen am kirchlichen Wahlrecht.

e) Teilnahme der Frauen am kommunalen Wahlrecht.

f) Teilnahme der Frauen am politischen Wahlrecht.

Franz Kafka

Auf der Galerie (1917)

Wenn irgendeine hinfällige, lungensüchtige Kunstreiterin in der Manege auf schwankendem Pferd vor einem unermüdlichen Publikum vom peitschenschwingenden erbarmungslosen Chef monatelang ohne Unterbrechung im Kreis rundum getrieben würde, auf dem Pferde schwirrend, Küsse werfend, in der Taille sich wiegend, und wenn dieses Spiel unter dem nichtaussetzenden Brausen des Orchesters und der Ventilatoren in die immerfort weiter sich öffnende graue Zukunft sich fortsetzte, begleitet vom vergehenden und neu anschwellenden Beifallsklatschen der Hände, die eigentlich Dampfhämmer sind – vielleicht eilte dann ein junger Galeriebesucher die lange Treppe durch alle Ränge hinab, stürzte in die Manege, riefe das: Halt! durch die Fanfaren des sich immer anpassenden Orchesters.

Da es aber nicht so ist; eine schöne Dame, weiß und rot, hereinfliegt, zwischen den Vorhängen, welche die stolzen Livrierten vor ihr öffnen; der Direktor, hingebungsvoll ihre Augen suchend, in Tierhaltung ihr entgegenatmet; vorsorglich sie auf den Apfelschimmel hebt, als wäre sie seine über alles geliebte Enkelin, die sich auf gefährliche Fahrt begibt; sich nicht entschließen kann, das Peitschenzeichen zu geben; schließlich in Selbstüberwindung es knallend gibt; neben dem Pferde mit offenem Munde einherläuft; die Sprünge der Reiterin scharfen Blickes verfolgt; ihre Kunstfertigkeit kaum begreifen kann; mit englischen Ausrufen zu warnen versucht; die reifenhaltenden Reitknechte wütend zu peinlichster Achtsamkeit ermahnt; vor dem großen Salto mortale das Orchester mit aufgehobenen Händen beschwört, es möge schweigen; schließlich die Kleine vom zitternden Pferde hebt, auf beide Backen küßt und keine Huldigung des Publikums für genügend erachtet; während sie selbst, von ihm gestützt, hoch auf den Fußspitzen, vom Staub umweht, mit ausgebreiteten Armen, zurückgelehntem Köpfchen ihr Glück mit dem ganzen Zirkus teilen will – da dies so ist, legt der Galeriebesucher das Gesicht auf die Brüstung und, im Schlußmarsch wie in einem schweren Traum versinkend, weint er, ohne es zu wissen.

Sibylle Meyer/Eva Schulze

Heimkehr der Männer

Die verschiedenen Probleme, mit denen die Ehepartner bei ihrem Wiedersehen konfrontiert wurden, führten zu einem beträchtlichen Anstieg der Scheidungsraten in der Nachkriegszeit. Zwischen 1946 und 1948 verdoppelte sich die Scheidungsrate im Vergleich zur Vorkriegszeit. Vorrangig waren es die sogenannten Kriegstrauungen der Jahre 1942–1945, die aufgelöst wurden, da sich die Paare kaum kannten. Aber auch viele Ehen, die länger bestanden hatten, wurden geschieden, weil die Spannungen und Konflikte der Eheleute nicht lösbar schienen. Frauen war es nur dann möglich, sich scheiden zu lassen, wenn sie ein eigenes Einkommen hatten, wie es Frau Wilke in ihrer Familiengeschichte schildert. Denn auf der Grundlage des damaligen Scheidungsrechts war ein Ehemann nur dann zur Unterhaltszahlung an seine Frau verpflichtet, wenn ihm die Schuld am Scheitern der Ehe nachgewiesen werden konnte. Langjährige Zerrüttungen infolge des Kriegs oder „schlichtes" Auseinanderleben boten hierfür keine Rechtsgrundlage. Für Männer war der Entschluß, sich zu trennen oder scheiden zu lassen, meist leichter.

Gerd Knobloch (Jahrgang 1910) war zehn Jahre von seiner Frau getrennt:

„Meine Frau hatte sich überhaupt durch den Krieg sehr verändert gehabt. Wir hatten sehr jung damals geheiratet. Ich war ihr erster Mann gewesen. Im Bildungsstand war ich etwas weiter als sie, so daß sie zu mir aufblickte, wie das so schön heißt ... Aber das hatte sich nach den vielen Jahren alleine natürlich sehr geändert. Sie hatte sich durchboxen müssen und war selbständig geworden, sie nahm nicht mehr alles so hin ...

Und es wurde ja dann auch gleich tragisch zwischen uns,

gleich in der ersten Nacht. Meine Frau teilte mir mit, daß sie seit zwei Jahren einen Freund hatte. Der Mann, mit dem sie mich betrogen hat, war Fleischer. Das ist dann schön ... Was wollen Sie denn machen? Und da hab' ich mir meine beiden Jungs angesehen und hab' mir gesagt, na ja, du hast ja auch kein Töpfchen anbrennen lassen, solange du weg warst...

Na ja, es war schlimm, aber meine Frau brach diese Geschichte dann auch gleich ab. Es tat ihr sehr leid. Aber wir hatten uns eben auseinandergelebt, irgendwie. Wir haben es miteinander versucht, trotzdem, aber es war schwierig ... Es ist einfach ein Bruch gewesen. Sie hat sich eben – wie man heute so schön sagt – verselbständigt. Sie ist mehr Persönlichkeit geworden..."

Auguste Otts Ehemann Max kam Weihnachten 1946 aus englischer Gefangenschaft nach Hause.

„Da mein Mann praktisch illegal über die grüne Grenze nach Berlin gekommen war, gingen die Probleme los. Er kriegte nur Wohnerlaubnis und Lebensmittelkarten, wenn er Arbeit hatte. Arbeit kriegte er aber nur, wenn er Wohnerlaubnis hatte. Bis ich dann losgegangen bin und sich einer erbarmte, diesen Teufelskreis zu durchbrechen. So lange, von Weihnachten bis Februar, mußte ich diesen verhungerten Mann nun noch mit meinen Karten durchfüttern. Im Winter saßen wir in der Küche. Die Kohlen waren knapp, das Essen war knapp, und immer der Ärger. Also, die Zeit war sehr, sehr schwer. Ich ging dann immer zwischendurch hamstern, weil das unser Budget ein bißchen auffrischte. Er holte mich dann vom Bahnhof ab, da brauchte ich nicht mehr soviel zu schleppen. Aber mitgefahren ist er nicht. Hat er sich nicht getraut."

Weiberrat des SDS

Emanzen und Eminenzen (1968)

Wir machen das Maul nicht auf!

Wenn wir es doch aufmachen, kommt nichts raus!

Wenn wir es auflassen, wird es uns gestopft: mit kleinbürgerlichen Schwänzen, sozialistischem Bumszwang, sozialistischen Kindern, Liebe, sozialistischer Geworfenheit, Schwulst, sozialistischer potenter Geilheit, sozialistischem intellektuellem Pathos, sozialistischen Lebenshilfen, revolutionärem Gefummel, sexualrevolutionären Argumenten, gesamtgesellschaftlichem Orgasmus, sozialistischem Emanzipationsgeseich – Gelaber!

Wenn's uns mal hochkommt, folgt: sozialistisches Schulterklopfen, väterliche Betulichkeit; dann werden wir ernst genommen, dann sind wir wundersam, erstaunlich, wir werden gelobt, dann dürfen wir an den Stammtisch, dann sind wir identisch; dann tippen wir, verteilen Flugblätter, malen Wandzeitungen, lecken Briefmarken: Wir werden theoretisch angeturnt!

Kotzen wir's aus: Wir sind penisneidisch, frustriert, hysterisch, verklemmt, asexuell, lesbisch, frigid, zu kurz gekommen, irrational, penisneidisch, lustfeindlich, hart, viril, spitzig, zickig, wir kompensieren, wir überkompensieren, sind penisneidisch, penisneidisch, penisneidisch, penisneidisch, penisneidisch.

Frauen sind anders!

Befreit die sozialistischen Eminenzen von ihren bürgerlichen Schwänzen!

Ulla Fölsing

Karrierefrauen

Höchstleistungen in der Wissenschaft haben nach Meinung der Experten bisher offenbar nur neun Frauen erbracht und damit die wissenschaftsimmanenten Voraussetzungen erfüllt, die an einen Nobelpreis geknüpft sind. Lediglich neun Frauen waren bekannt und anerkannt genug, um nicht bloß diskutiert und nominiert, sondern auch ausgewählt zu werden. Daß es zu diesen persönlichen Erfolgen kam, lag vermutlich nicht zuletzt an den Sozialisationsvorteilen, die diese neun Frauen in ähnlicher Weise zu einer Karriere in einer Männerdomäne wie den Naturwissenschaften befähigten.

Auch die scheinbar natürlichsten aller beruflichen Determinanten des Naturwissenschaftlers, die Intelligenz und der Drang zum Forschen, müssen letztlich erst entwickelt werden, um zum Tragen zu kommen. Wo Eltern und Lehrer nur betont weibliche Leistungserwartungen an Schülerinnen haben, fehlen dazu Mut, Interesse und Ausdauer. Mathematik, Physik und Chemie bleiben geschlechtsfremde Territorien, die mit der eigenen Person kaum in Einklang zu bringen sind.

Die Ausgangslage der neun Nobel-Frauen und der vier weiteren, die im Zusammenhang mit einem Preis zu Recht ins Gespräch gekommen sind, unterschied sich vorteilhaft von dieser Situation: Alle kamen aus akademischem Mittelklasse-Milieu, die Väter waren Lehrer, Ärzte, Anwälte oder Professoren, und oft waren auch die Mütter gebildete Frauen. Ausnahmslos legten die Eltern auch bei ihren Töchtern Wert auf breitgefächertes, geschlechtsneutrales Lernen an guten Schulen. Wo solche fehlten, ließen sie die Mädchen nach ihren Vorstellungen zu Hause unterrichten. Zugleich waren sie bereit, Neigungen, Interessen und Vorlieben aller Art zu fördern und zu unterstützen.

Vor allem die Väter waren ständig präsent mit ihrer besonderen Zuneigung zu eben dieser Tochter, aber auch mit intellektuellen Angeboten und meist mit ebenso deutlicher Erwartungshaltung. So ist z. B. von Maria Göppert-Mayer bekannt, daß sie der ausgesprochene Liebling ihres Vaters war. Auch Irène Joliot-Curie war offenbar eine typische „fille à Papa", bevor ihr Großvater endgültig ihre Erziehung übernahm. Ihre Mutter, Marie Curie, schrieb dazu: „Unsere ältere Tochter wurde, als sie allmählich heranwuchs, immer mehr eine kleine Gefährtin für ihren Vater, der sich sehr für ihre Erziehung interessierte und in freien Stunden, vor allem in den Ferien, gerne mit ihr spazierenging. Er führte ganz ernste Gespräche mit ihr, beantwortete alle ihre Fragen und freute sich über die fortschreitende Entwicklung des jungen Geistes."

Die Mütter der späteren Nobelpreisträgerinnen scheinen das Gegenteil überprotektionistischer Glucken. Sie waren vielmehr liberale, weitblickende Frauen, unorthodox in ihrem Verhalten, im Denken meist ihrer Zeit weit voraus und nach Kräften mit eigenen Interessen beschäftigt. [...]

Keine der Nobel-Frauen scheint denn auch ein typisches kleines Mädchen geworden zu sein: Mit Koketterie oder gar gespielter Hilflosigkeit um die Gunst des anderen Geschlechts zu werben, war allen von Kindesbeinen an ein Greuel. Kaum eine von ihnen scheint je dauerhaft sonderlich viel Wert auf die äußeren Attribute weiblicher Schönheit gelegt zu haben, auch wenn nicht alle so spartanisch lebten wie Marie Curie in der ersten Hälfte ihres Lebens oder wie Barbara McClintock, die es von Jugend an ablehnte, das zu tun, was sie „den Torso dekorieren" nannte.

Sportlich waren fast alle Nobelpreisträgerinnen. Von Marie Curie wird berichtet, daß sie noch in hohem Alter begeistert schwamm. Irène Joliot-Curie und Gerty Cori liefen viel und gern Ski und kletterten im Gebirge. Barbara McClintock spielte ausgezeichnet Tennis.

Nicht zuletzt ihr meistenteils betont unauffälliges, eher sportliches äußeres Erscheinungsbild, das letztlich die Frau in ihnen vergessen machte, half ohne Zweifel den Elite-Wissenschaftlerinnen, sich auch im „Klub der Alten Herren" durchzusetzen. Ein jedes „Zuviel an Femininität" schadete dem Ruf als Wissenschaftlerin, wie z. B. die junge Gertrude Elion bei ihrem Einstellungsgespräch bei „Wellcome Research" um ein Haar erfahren hätte. Geschlechtsneutrales Äußeres dagegen erlaubte Verhaltensweisen, die man Frauen sonst nie verziehen hätte – beispielsweise den Mut zu riskanten Themen und wissenschaftlichen Alleingängen, den Biß beim Durchsetzen von Prioritäten, den Widerstand gegenüber niederen „Service"-Arbeiten in der Wissenschaft, die Wahl von Freunden und Ehemännern vor allem als Verlängerung der wissenschaftlichen Arbeit sowie der Verzicht auf sonstige Aktivitäten und Kontakte. Denn Maxime auch des weiblichen Forscherlebens ist, wie Gerty Cori es einst formuliert hat, „die Liebe zur Arbeit und die Hingabe daran".

Das Forscherleben wird dabei von den betreffenden Frauen kaum als eine nur ernste Sache empfunden. Auffallend ist vielmehr, wie oft die Worte „Vergnügen" und „Spaß" im Zusammenhang mit der wissenschaftlichen Arbeit und dem eigenen Fachgebiet auftauchen. Maria Göppert-Mayer zum Beispiel betonte immer wieder, daß sie sich – auch ohne feste Anstellung – freiwillig und unentgeltlich immer wieder mit der Physik beschäftigte, „einfach weil es Spaß machte", und Barbara McClintock stellte voller Erstaunen fest, es sei „eigentlich unfair, eine Person (mit dem Nobelpreis) dafür zu belohnen, daß sie alle die Jahre über so viel Spaß hatte, die Maispflanze zu bitten, bestimmte Probleme zu lesen und dann ihre Antwort zu beobachten". Selbst Jocelyn Bell Burnell, die sich immerhin um einen Nobelpreis geprellt fühlen könnte, spricht davon, daß sie im Zusammenhang mit der Entdeckung der Pulsare schon „mehr Spannung und Glück erlebt habe, als einem fürs ganze Leben zusteht". Auch für Rosalind Franklin, die gleichfalls im Wissenschaftsbetrieb einiges an Enttäuschungen einstecken mußte, war die Forschung selbst offenbar das pure Vergnügen. Von ihr wird die

Geschichte erzählt, daß sie bei der Formulierung eines Antrags auf Forschungsmittel einem Mitarbeiter mit leuchtenden Augen erklärte: „Auf keinen Fall dürfen wir ihnen sagen, daß es soviel Spaß macht!" [...]

Auffallend scheint die Distanz der meisten Nobelpreisträgerinnen gegenüber Frauenfragen. Alle scheinen für sich selbst akzeptiert zu haben, daß sie Gleichheit nur erreichen konnten, wenn sie selbst die Bedingungen schufen, unter denen sie mit den Männern im Wettbewerb mithalten konnten. Dazu gehörte, daß sie selbst von Vorurteilen frei waren und für ihre eigene Person keine Konzession und auch keinerlei weibliches Vorbild erwarteten. Alle gingen an die Probleme ihres Berufs heran, als gebe es zwischen ihnen und den anderen keinen Unterschied. Die anderen waren nur zufällig Männer.

Alle Nobel-Frauen, selbst die ganz frühen, repräsentieren in diesem Sinne durchaus den Typ der modernen Karrierefrau, die Selbstvertrauen genug hat, um ohne frauenspezifischen, emanzipatorischen Anspruch auftreten zu können. Ihr Verhalten hatte dabei vor allem mit ihrer Herkunft und Erziehung, ihren privilegierten Startbedingungen und ihrem Selbstverständnis zu tun. Der Mangel an Empfindsamkeit für geschlechtsspezifische Diskreminierungen half den späteren Nobelpreisträgerinnen bei ihren Karrieren ohne Zweifel sehr. Es wurden dadurch Energien gespart und Konfrontationen vermieden.

Alexander Kluge

Die Schwachstellenforscherin

Sie war jetzt im zwölften Jahr Physikerin. Sie arbeitete in der Grundlagenforschung. In einer Versuchsgruppe, die Elementarteilchen in gasförmiges Magnetfeld schoß. Diese Elementarteilchen hat sie nie gesehen, nur ihre Spur im Kleinstraum ist auf der Fotoplatte als rauchiges Feldchen sichtbar zu machen.

Bestraft dadurch, daß man alles, was man haben möchte, nicht für Geld kaufen kann. Fühlte große Unsicherheit.

Ein bestimmtes Problem, Forschungsthema, von ihr „entdeckt", beschäftigt sie. Sie wäre nicht darauf gekommen, wenn ihre Nerven nicht durch so unterschiedliche Tätigkeit wie „Forschung" und „Liebe" zu Meier durcheinandergerissen gewesen wären. Insofern konnte sie nicht sicher beurteilen, ob es richtig wäre, daß sie das Forschungsthema als „Spiegelung ihres Selbstverhältnisses" (Poesie) oder als astrophysikalische Hypothese, die sie zum Chef tragen konnte (Wissenschaft), ansprach. Es ging um drei Beobachtungen, die, wenn sie der Nachprüfung standhielten, ein physikalisches Gesetz waren:

„Die Elementarteilchen verstoßen manchmal gegen Verhaltensgesetze, aber sie tun das so unerhört schnell, daß sie fast gar nicht gegen sie verstoßen."

„Das, was für die Gesetze der Physik verboten ist, tun sie blitzschnell, als ob nichts geschähe, und sogleich ordnen sie sich wieder unter."

„So daß gewisse Erscheinungen im Kleinstmaßstab auf eine sozusagen kreditmäßige Art und Weise erfolgen."

So notierte sie es. Es ging um das Verhalten einzelner Partikel in einer Kleinheit von 10^{-18} cm, und gemessen war dieses kreditmäßige Anleihen an eine physikalisch andere Welt für einen Teil einer millionstel Sekunde. Die Natur, schloß Frau Dr. Beate G., macht also Schulden an ihren Gesetzen oder sie beteiligt sich innerhalb dieses Gesetzes an ihrer eigenen Gegen-Natur oder aber: Die „Natur“ selbst ist ein Kredit an einer eigentlich wirklichen „Gegennatur“? Subversiv. Frau Dr. G. rechnet dies auf insgesamt 80 DIN-A4-Seiten – von ihrer kleinsten Zahlenschrift gefüllt – radikal hoch, z. B. auf 13 Milliarden Jahre und die im Kosmos enthaltene Masse, es mußte sich nämlich der Kosmos entsprechend länger auf jene verbotene Weise verhalten.

Sie zweifelte wohl an der Objektivität dieser aussichtsreichen Hypothese, die zur negativen Bestimmung der Kosmogonie oder zu allem andern verwendbar schien: Sie zweifelte aber, denn sie meinte, die Hypothese sei allzusehr Abbild des Doppelprogramms ihrer eigenen Lage: der Trauerarbeit um Meier, der „sachlichen“ Institutsarbeit, deren Energie sie von der Trauerarbeit ausborgte.

Andererseits fühlte sie eine tiefe Zuneigung zu dieser Hypothese. Durch die von ihr entdeckten Schwachstellen der Natur hindurch konnte ja alles mögliche passieren!

Alles wackelt. Es steht auf der Kippe. Es kann einen gigantischen Blitzschlag geben, oder eine Liebesgeschichte, einen Berufswechsel, eine Umwälzung, Weltende, oder sie erobert Meier doch. „Sie war in ihren Gefühlen nie wissenschaftlich.“ Sie sind in Ihren Gefühlen, liebe Beate, nie wissenschaftlich, sagte der Institutschef, der gewissermaßen an ihrem Erleben durch kurze Fragesätze, Hinweise teilnahm. Andererseits war sie als Schwachstellenforscherin überzeugt, daß diese Gefühle, „das, was durch die Gesetze verboten ist, blitzschnell tun, als ob gar nichts geschähe, und sogleich ordnen sie sich wieder unter“. Ihre Erscheinungen erfolgen „auf eine sozusagen kreditmäßige Art und Weise“.

1. Kennt dann der Institutschef meine Gefühle gar nicht. 2. Was ist, wenn man nicht die blitzschnelle Abweichung von den Gesetzen, sondern die Gesetze selber als kreditmäßig abhängig von einer ganz andern Physikwelt auffaßt? Dann ist alle Wirklichkeit nur geliehen. Und das jetzt hochrechnen. Der Passus gefiel ihr.

Helen Epstein

Die Expertin

Mutter war in den praktischen Dingen die Expertin; sie konnte auf einen einzigen Blick sagen, ob eine Feuerstelle gut oder schlecht gelegen war, und sie verstand sich darauf, den Wind zu nutzen. Alle ihre Schmerzen, das Rückenleiden, die Migräne, die Muskelkrämpfe schienen zu verschwinden, wenn sie sich daran machte, Asche auszuräumen und uns Anweisungen zu erteilen. „Tommy, hol ein paar Zweige. Kleine. Los mit dir! Helen, bring mir die Kohle." Vater stellte die Klappstühle auf und knabberte am Proviant im Picknickkorb oder schlug den Sportteil der *New York Times* auf, während Mutter sich ganz auf das Feuer konzentrierte.

Mutter kennt sich aus, wie man Dinge zum Funktionieren bringt, dachte ich oft, während ich ihr zusah. Im Gegensatz zu anderen Müttern, die anscheinend immerzu Mechaniker oder Klempner brauchten, wenn bei ihnen etwas kaputt ging, machte Mutter solche Sachen selbst. Sie wußte, wie man einen Reifen wechselte, wenn das Auto einen Plattfuß hatte; sie reparierte alte Lampen und ausgefranste elektrische Drähte; verstopfte Rohre und Abflüsse, leck gewordene Kühlschränke konnten sie nicht erschüttern. Sie kniete sich einfach hin und begann die Dinge methodisch auseinanderzunehmen, bis sie die Fehlerquelle entdeckt hatte. Dann setzte sie alles wieder zusammen. Das, sagte sie, habe sie im Lager gelernt.

„Wir waren der erste Transport, der Auschwitz verließ", hatte sie mir erzählt. „Erst wollte es niemand glauben, aber es ging das Gerücht um, daß die Deutschen die jungen Leute, zwischen fünfzehn und fünfundvierzig, die arbeitsfähig waren, aussondern und uns ins eigentliche Deutschland, ins Reich, schaffen wollten, weil dort Arbeitskräfte knapp waren. Wir sollten tatsächlich lebend aus Auschwitz herauskommen.

Und siehe da, der Befehl kam, im Lager eine Selektion durchzuführen. Die Männer und Frauen aus dieser Altersgruppe wurden alle in eine Baracke getrieben. Wir mußten uns ausziehen. Bis auf die Haut. Die Kleider über den linken Arm nehmen. Dann mußten wir zu Dr. Mengele hingehen, der der ranghöchste SS-Arzt in Auschwitz war, und standen stundenlang in einer Schlange da. Ich beobachtete, was sich vor mir abspielte, und habe bemerkt, daß die Schwachen, die Brillenträger und diejenigen, die alt aussahen, auf die eine Seite gewiesen wurden, die anderen wurden zu einem Tisch geschickt, wo man die Nummern an ihren Armen aufschrieb. Das war offensichtlich die bessere Seite. Als ich bei ihm ankam, war ich ein bißchen nervös, weil ich eine Narbe von einer Blinddarmoperation und Mengele etwas gegen Leute mit Narben hatte.

Man mußte ihm Namen, Alter und Beruf angeben", hatte Mutter mir berichtet. „Ich hatte mitgehört, was vor mir gesprochen wurde, wobei sich herausstellte, daß von diesen Tausenden von Frauen jede zweite mit einem Mal Schneiderin war. Und ich war *wirklich* Schneiderin, aber plötzlich ist mir durch den Kopf gegangen: Das ist nicht originell genug, und obendrein hast du auch noch die Narbe von deiner Blinddarmoperation! Als ich vor ihm stand, hatte ich mir zurechtgelegt, ich würde die Frage nach meinem Beruf mit *Elektrikerin* beantworten.

Er ist zusammengefahren und hat gesagt: ‚Sie machen wohl Witze.' Ich habe gesagt: ‚Nein, Herr Hauptscharführer, ich bin wirklich Elektrikerin.' Er darauf: ‚Wollen Sie damit sagen, daß Sie Drähte einziehen können und solche Sachen?' Ich habe gesagt: ‚Ja.' Darauf er: ‚Dort hinüber!' Das war die Seite, wo sie die Nummern notiert haben. Ich habe mir nicht viele Gedanken über die Sache mit der Elektrikerin gemacht. Ich habe mir gesagt: Weiß Gott, wohin sie uns schicken. Niemand wird dahinterkommen, daß ich durch die Selektion kam, weil ich mich als das ausgegeben habe. Mein Vater war Elektroingenieur. Warum sollte ich nichts von Elektrizität verstehen?"

Jedesmal, wenn ich diese Geschichte hörte, ergriff mich solcher Stolz, daß ich am liebsten zugleich gelächelt und geweint hätte. Ich wollte Mutter umarmen, sie berühren, ihr sagen, wie schlau und tapfer sie gewesen sei. Doch dann wurde mein Körper immer starr, der Deckel meines eisernen Kastens wölbte sich hoch und wurde wieder flach. Jedesmal ging der Augenblick vorüber.

4. Der Nachwuchs

Kommune 2

Kindliche Sexualität (1969)

Eine positive Einstellung zur kindlichen Sexualität bedeutet für uns nicht nur, daß man den Kindern offen die Sexualfunktionen erklärt, sondern daß man die von den Genitalien ausgehenden Lustempfindungen der Kinder affektiv bejaht. [...]

Wie bedeutsam die kindliche Sexualität für die Auffassung von sozialen Rollen und sozialen Fähigkeiten ist, geht aus dem folgenden Protokoll von Christel hervor:

25. Februar 1968, abends, die Kinder liegen im Bett, unterhalten sich mit Christel und Petra. Ausgangspunkt: Babies (interessierte Nessim schon häufiger).

Nessim: „Wie klein sind Babies?“ (zeigt dabei mit den Händen, die er immer weiter zusammenführt)

Christel: „So groß sind sie ungefähr, wenn sie geboren sind.“ (zeigt es mit den Händen)

Nessim: „Was ist das, geboren werden?“

Christel: „Die Babies sind erst ganz klein (zeigt) und wachsen dann im Bauch von der Frau – du hast doch sicher schon mal eine junge Frau auf der Straße gesehen, die einen sehr dicken Bauch hatte. Die hatte ein Baby im Bauch, und wenn es groß ist, dann kommt es da raus.“ (zeigt wie groß)

Nessim: „Wie denn?“

Christel: „Durch die Vagina.“

Nessim: „Und wie kommt es in die Vagina? – Ich war aber nicht in der Vagina.“

Christel: „Nein, die Babies wachsen im Bauch von der Frau.“

Nessim: „Ich hatte auch ein Baby.“

Petra: „Nein, aber du warst selbst ein Baby…"

Christel: „Nur Frauen können Babies bekommen. Du weißt doch, daß Grischa eine Vagina hat und du einen Penis. Wenn sich ein Junge und ein Mädchen lieb haben, dann tut der Junge seinen Penis in die Vagina vom Mädchen. Wenn ihr größer seid, könnt ihr das auch machen. Dann fließen lauter Samenkörner aus dem Penis in die Vagina rein, und dann wird da ein Baby draus. Das dauert aber eine ganze Weile, bis das Baby so groß ist, daß es da raus kommt."

Nessim: „Die Grischa hat eine Vagina (zu Petra:), du auch?"

Petra: „Ja."

Nessim: „Ich habe einen Penis, ich kann auch Auto fahren."

Petra: „Kann man denn nur Auto fahren, wenn man einen Penis hat?"

Nessim: „Nur Jungen können Auto fahren."

Petra: „Aber ich kann doch auch Auto fahren und bin ein Mädchen."

Nessim: „Die Christel aber nicht!"

Petra: „Das kann sie aber doch lernen, wie du, da gibt es Schulen."

Nessim: „Die Grischa kann das auch lernen?"

Petra: „Ja." (erklärt ihm, wie man es lernt, daß es Lehrer gibt usw.)

Grischa war unterdessen sehr unbeteiligt, hört zwar zu, aber offensichtlich nicht so interessiert wie Nessim.

Christel: „Grischa, hast du eben gehört, was ich erzählt habe?"

Grischa: „Ja, aber jetzt erzähle ich mal was, ja? Aber erst müssen die ruhig sein." (sagt irgend etwas vollkommen Beziehungsloses)

Christel: „So, legt euch mal wieder hin, soll ich noch was erzählen?"

Nessim: „Ja, von Lehrern und Autofahren."

Christel: „Soll ich nicht mehr von den Babies erzählen, hast du alles verstanden?"

Nessim: „Nein, nur von Lehrern und Autofahren..."

Nessim zeigt uns hier deutlich, wie die Besetzung von Dingen mit sexueller Energie vor sich geht. Die mit dem Autofahren verbundene Autonomie, das Gefühl von Stärke und Überlegenheit verknüpft Nessim in seiner Phantasie mit dem Besitz des männlichen Genitals. Wir erleben hier, wie die angebliche soziale Unterlegenheit der Frau, ihr Mangel an Autonomie und Aktivität psychisch motiviert wird durch die kindliche Minderbewertung des weiblichen Genitals.

Jean Liedloff

Kinderglück... (1977)

Das Baby beginnt nun, indem es schon die eigene Reaktion vorwegnimmt, vor Erregung bereits zu glucksen und zu quietschen, wenn der freudenspendende Mund sich nähert. Der Mann, die Frau oder das Kind, dem der Mund gehört, stellt fest, daß die belohnenden Babytöne sich durch Necken noch vermehren lassen, d.h. durch ein Hinauszögern der Annäherung bis zu dem Punkt, an dem die größte Wirkung aufrechterhalten wird – nicht zu lange für die Aufmerksamkeit des Babies, doch lange genug, um ein Höchstmaß an Vorfreude zu erzielen. [...]

Die Anblicke und Geräusche, die Gerüche, Stoffe und Geschmacksempfindungen sind anfänglich überwiegend die des schutzspendenden Körpers und schließen später, mit der Entwicklung größerer Fähigkeiten, eine wachsende Vielzahl von Ereignissen und Objekten ein. Verknüpfungen werden hergestellt. Das Dunkel der Hütte ist immer gegenwärtig beim Geruch von Essenkochen und fast immer, wenn der Geruch eines Holzfeuers in der Luft ist. Ein helles Licht herrscht beim Baden und beim Durchschütteltwerden auf

Wanderungen. Die Lufttemperatur ist nach Anbruch der Dunkelheit gewöhnlich angenehmer als tags im Freien, wenn es oft glutheiß ist oder kühl von Wind und Regen. Jede einzelne dieser Veränderungen jedoch ist annehmbar, und die Unterschiede werden erwartet, da es in der Erfahrung des Babies stets Vielfalt gab. Die Grundbedingung des Getragenwerdens ist erfüllt worden, daher ist das Kleinkind offen dafür, sich von allem, was es fühlt, anregen und bereichern zu lassen. Ereignisse, die einen unvorbereiteten Erwachsenen erschrecken würden, werden von einem Säugling, der getragen wird, kaum bemerkt. Gestalten ragen plötzlich dicht über seinen Augen auf, Baumspitzen drehen sich hoch über seinem Kopf. Ganz unerwartet wird alles dunkel oder hell. Donner und Blitz, bellende Hunde, das ohrenbetäubende Tosen von Wasserfällen, das Bersten von Bäumen, lodernde Feuer, Regen- oder Flußwassergüsse, denen er überraschend ausgesetzt wird: nichts davon bringt ihn aus der Ruhe. So wie die Bedingungen sind, unter denen seine Gattung sich entwickelte, wirken nur völlige Stille oder ein länger andauernder *Mangel* an Veränderung in den Sinnesreizen beunruhigend.

Christiane Grefe/Ilona Jerger-Bachmann

...und Kindesleid (1991)

Jessica, Andreas, Markus und die anderen haben Angst. Keine altklugen Einzelfälle: Schmutzige Luft, chemieverseuchte Nahrung, Müllberge, verbaute Städte und sterbende Wälder gehören längst zur alltäglichen Erfahrung aller Jungen und Mädchen. Kindheit: Die arglosen, heiteren, unbeschwerten Jahre im ruhigen Vertrauen auf das, was kommen wird – nichts stimmt mehr an diesem schönen Schein. Die Idylle, fragwürdig schon immer angesichts frühen Leistungsdrucks und hoher Scheidungs- und Mißhandlungsraten, ist restlos vorbei.

Die Zitate stammen aus Gesprächen mit Kindern in Schulklassen, auf der Straße und bei einer städtischen Ferienbetreuung – also mit Kindern aus den verschiedensten gesellschaftlichen Umfeldern und Schichten, mit jungen Ausländern und Deutschen aus Grundschule, Hauptschule und Gymnasium. Gewiß gibt es graduelle Unterschiede in der Intensität und Leidenschaft, mit der sie ihre Einschätzungen und Visionen schildern: manche ein bißchen albern, andere nüchtern und sachlich, viele offensichtlich stark verängstigt, die meisten nachdenklich-ambivalent. Doch ausnahmslos alle formulieren eine pessimistische Vorstellung von ihrer eigenen Zukunft – zumindest aber von der dieser Erde, auf der sie leben.

Das ist ein ganz neues Phänomen: daß Kinder sich nicht mehr unsterblich fühlen. „In zwanzig Jahren können die Menschen die Erde nicht mehr benutzen", meint etwa der kleine Türke Ugur, „den ganzen Müll und das Gift hält sie nicht mehr aus. Und die Menschen fliegen dann zu einer Raumstation." – „Und Du, Ugur, was machst Du?" – „Ich bleib' hier." Auch sein Mitschüler Özgür schätzt, daß die Menschen „auf einen anderen Planeten umziehen" müssen.

Sie wissen alles, schon mit sieben Jahren. Und sie beklagen keineswegs nur die betonierten Spielplätze, die zugebauten Wiesen und den Autolärm in ihrer unmittelbaren Lebens- und Erfahrungswelt: „Auf dem Land möchte ich lieber leben, in der Stadt sind so viele Abgase", schimpft die siebenjährige Judith. „Wir wollen auch lieber aufs Land!" jubeln Andreas und Markus, „aufs Land, ja! Da gibt es Wiesen, die Luft ist besser, da kann man besser spielen, und es ist nicht so stickig! Unsere ist die wildeste Straße! Die hupen am meisten beim Einschlafen!" Oder Florian: „Auf dem Land, da ist es wie eine Art große Spielstraße, ohne Autos und Leute."

„Das blöde Ozonloch ist jetzt auch schon ausgebrochen",

grollt Florian weiter, der kleine, sieben Jahre alte Wichtigtuer mit der schlauen Nickelbrille. „Durch das Loch geht die ganze Luft raus“, ergänzt ein Mädchen aus der zweiten Grundschulklasse, „und dann können wir sterben.“ Jessica stellt sich „so eine ganz, ganz helle Schicht“ vor, „die sehr heiß ist und alles zum Sterben bringt. Manche Menschen kriegen dann Krebs, und die Tiere auch.“

Florians neunjährige Schwester Andrea findet es „schade, daß schon ein ganz anderes Klima geworden ist“, während ihr Bruder kräftig auf „die Bauern“ schimpft: „Die denken sich: Jetzt ist wieder Montag, da muß ich wieder Gift spritzen. Und dann: Jetzt ist Dienstag, da muß ich wieder Dünger ausfahren. Und Mittwoch auch wieder ein Gift. Damit vergiften sie sich doch eigentlich auch selber!“ Florian lebt auf dem Land. Wenn die Bauern spritzen, macht er das Fenster zu. Er sehnt sich nach alten Zeiten: „Früher gab es Pferde auf dem Acker und keine Bulldozer.“

Jessica, die im industriellen Norden Münchens wohnt, hat „manchmal Vögel tot in den Ästen gesehen“. Sie glaubt: „Weil bei uns so viele Fabriken sind.“ Alexandra ist sicher: „Unser kleines Pony ist an der schlechten Luft gestorben.“ Und Manuela hat Angst, „weil manchmal mein Wellensittich so niest. Dann denke ich, er könnte an den Abgasen sterben.“

Clemens ist von einem Mann beeindruckt, den er einmal beobachtet hat: „Der hatte so einen Apparat am Hals, weil er sonst nicht mehr sprechen konnte“ – offenbar ein Kehlkopfkrebskranker. Clemens phantasiert: „Ich habe große Angst“, so der Elfjährige verschreckt, „daß wir später auch mit so etwas herumlaufen müssen. Wegen der Lungenvergiftung. Wir sind noch so jung. Wir wollen nicht jung sterben.“

Kinder mußten sich schon immer mit der Wirklichkeit auseinandersetzen, die sie vorfanden. Im Mittelalter und in den frühen Jahren der Industrialisierung lebten sie inmitten von Hunger, Säuglingssterblichkeit und Armut – so wie noch immer in vielen Staaten der südlichen Halbkugel. Während der Industriellen Revolution wurden sie brutal als Arbeitskräfte ausgebeutet. Vor fünfzig Jahren peinigte sie der Krieg – und Krieg ist in vielen Teilen der Welt auch heute Realität. Doch, so ein Münchner Kinder- und Familientherapeut: „Neu ist die endzeitliche Dimension einer Angst vor dem Unsichtbaren. Sie hat mit der Atombombe begonnen. Sie verstärkt sich von Jahr zu Jahr und rückt mit den ökologischen Problemen immer näher an den eigenen Körper heran."

Elisabeth Beck-Gernsheim

Das Kind als Wille und Vorstellung (1989)

So wird aus dem, was Entscheidungssituation genannt wird, in Wirklichkeit oft ein langer Entscheidungsprozeß; und dies insbesondere wieder bei den „neuen Frauen", die – mit vielen Einsichten aus Psychologie, Pädagogik, Selbsterfahrung im Kopf – nun alles sehr bewußt machen wollen. Denn auch das gehört ja zu den Kennzeichen einer Gesellschaft, in der die traditionellen Vorgaben von Klasse, Stand, Geschlechtszugehörigkeit nicht mehr in starr vorgezeichnete Bahnen einweisen: In wachsendem Maß wird nun ein Herstellen und Selbstarrangieren des Lebenslaufs nötig, ein Planen der kurzfristigen und langfristigen Lebensstationen in vielen Bereichen, von Schultyp bis Ausbildungsplatz, von Wohnort bis Partnerwahl. Wie die einschlägige Frauenliteratur zeigt, greift dieser neue Planungsdruck immer spürbarer auch in das Verhältnis von Frauenleben und Mutterschaft ein. Die Devise für potentielle Mütter heißt heute, im Frauenhandbuch programmatisch vorformuliert: erst „alles sorgfältig durchdenken" und dann einen „wirklich sicheren Entschluß fassen". Und schaut man die Untersuchungen und Erfahrungsberichte an, so zeigt sich: Die Devise wird auch befolgt.

Eine empirische Untersuchung über nicht-eheliche Lebensgemeinschaften stellt fest: „Viele der befragten Frauen klagen über einen Verlust an Spontaneität. Sie haben den Eindruck, daß Kinder früher selbstverständlicher zur Welt gebracht wurden, während sie heute eine bewußte Entscheidung treffen müssen." In endlosen Versuchen der Seelenforschung, in Tagebuchblättern, in Gesprächen mit Freundinnen und erst recht mit dem Partner versuchen viele der neuen Frauen, ihrem Kinderwunsch auf die Spur zu kommen, die Möglichkeiten und die Barrieren zu prüfen. Sie fragen die, die schon Mütter sind, um sich „aufklären" und „unterrichten" zu lassen, um „vorzubeugen", sich zu „rüsten" und gegebenenfalls auch zu „wehren", kurz, weil sie es „genau wissen" wollen. Und nicht zuletzt deshalb schreiben sie auch: Erfahrungsberichte, um aus den eigenen Ambivalenzen herauszufinden, oder Beratungsbücher, um anderen durch den langen Weg der Entscheidung zu helfen. [...]

Dabei lesen sich manche Erfahrungsberichte ähnlich wie Rechenschaftsberichte: eine Inquisition, um die inneren Gründe und Abgründe zu prüfen. Und dies nicht von ungefähr, sondern aufgrund eben jener Verantwortung, die mit der Herauslösung aus selbstverständlichen Vorgaben entsteht, und die ja nun eine doppelte ist: einerseits gegenüber dem „eigenen Leben", andererseits gegenüber der „Persönlichkeit Kind". Der Kinderwunsch muß bei manchen der neuen Frauen eine Zensurbehörde durchlaufen, und die kritischen Fragen reichen von der Partnerbeziehung bis zur persönlichen Entwicklung und den verdrängten Gefühlen. [...]

Was einst die natürlichste Sache der Welt war, ist nun in manchen Gruppen zu einer sehr komplizierten geworden. Nichts geht mehr spontan, alles läuft über den Kopf: Die neue Frau „hinterfragt" und „problematisiert". Es sollen (wenn überhaupt) Wunschkinder sein. Aber da der Wunsch heute nicht mehr spontan ist, sondern durch viele Fragen gebremst, werden es immer mehr Planungskinder, oder um es mit Grass zu sagen: „Kopfgeburten". Symptomatisch dafür sind allein schon die Stichworte, die in Interviews und Erfahrungsberichten auftauchen. In Zusammenhang mit dem Kinderwunsch ist da die Rede von „Argumenten“, von „Selbstbeobachtung und Selbstdiagnose“, vom „Durchschauen der eigenen Verwirrstrategie“, vom „Alles-Durchdenken bis zur Perfektion“. Und werdenden Zwillingseltern fällt „natürlich sofort“ ein, „daß es bei Zwillingen eine erhöhte Schizophrenierate geben soll“. Das letztere mag ein Extrembeispiel sein, aber vergessen wir nicht: Auch im Ehedialog zwischen einem Facharbeiter und einer Verkäuferin werden jetzt schon die „Argumente“ eingesetzt, die gegen die Einzelkindsituation sprechen. Und eine andere Verkäuferin berichtet, in den ersten Monaten der Schwangerschaft „hat sie fast alles gelesen“, was sie über das Thema Schwangerschaft auftreiben konnte, und hat sich dabei „insbesondere... mit den verschiedenen Gebärmethoden beschäftigt“. Über den Kinderwunsch und seine Folgen wird immer mehr ein Netz von Thesen und Theorien geworfen.

Und der Kopf allein reicht auch nicht mehr aus, um zur Entscheidung zu finden. Wo Mutterwerden herausgelöst wird aus den einst selbstverständlichen Vorgaben und Zwängen, da entsteht eine Lücke, ein Orientierungsbedürfnis. Auch die Erfahrung der unmittelbar vorangehenden Frauengeneration kann nur wenig mehr nutzen, weil ihre Situation an entscheidenden Punkten anders war. Also müssen die jungen Frauen heute ihren Weg, ihre Entscheidung selber finden. Sie wollen es richtig machen, und wissen nicht wie, also greifen sie zunehmend zu dem, was in der modernen Gesellschaft Religion und Tradition in gewissem Sinne ersetzt: die Anweisungen der Experten. Das, was eine ganz persönliche Entscheidung ist, wird immer mehr beeinflußt von der modernen Psychologie und den diversen Spielarten der Ratgeber-Literatur, die inzwischen massenhafte Verbreitung finden. Es ist ein Produkt von Bücherwissen, einschlägigen Zeitschriftenartikeln und Ratgeber-Büchern. Denn auch das Nachdenken muß jetzt angeleitet werden, durch entsprechende Medienhilfe: „Kinderkriegen, ein Nachdenkbuch", wie ein einschlägiger Titel heißt. Überspitzt zusammengefaßt: Das einzige, was noch spontan einfällt, sind die Anweisungen in der wissenschaftlichen bis populärwissenschaftlichen Literatur, die den „richtigen" Kinderwunsch definieren.

5. Beziehungsweisen

Paarungen 28./29. April 1945

Befehl Nr. 1 des Chefs der sowjetischen Besatzung der Stadt Berlin, 28. April 1945

Heute bin ich zum Chef der Besatzung und zum Stadtkommandanten von Berlin ernannt worden.

Die gesamte administrative und politische Macht geht laut Bevollmächtigung des Kommandos der Roten Armee in meine Hände über.

In jedem Stadtbezirk werden gemäß der früher existierenden administrativen Einteilung militärische Bezirks- und Revierkommandanturen eingesetzt...

Chef der Besatzung und Stadtkommandant von Berlin
Oberbefehlshaber der N-ten Armee
Generaloberst N. Bersarin
Stabschef der Besatzung
Generalmajor Kuschtschow

Gerhard Boldt

Die letzten Tage der Reichskanzlei

Als der Morgen des 29. April anbrach, weckte mich Bernd. Er saß bereits an seinem Schreibtisch und arbeitete. Nach einer Weile blickte er auf und sagte so ganz beiläufig: „Du, unser Führer hat heute nacht geheiratet." Ich muß wohl ein sehr dummes Gesicht gemacht haben – wir lachten beide lauthals. Da ertönte aus dem abgetrennten Raumteil hinter dem Vorhang die resolute Stimme unseres Chefs, des Generals Krebs: „Sind Sie wahnsinnig geworden, über Ihren obersten Landesherren so respektlos zu lachen!“ Als Krebs etwas später vorübergehend den Raum verließ, erklärte mir Bernd die Vorgänge der vergangenen Nacht.

Hitler hatte Eva Braun geheiratet, beide verband eine etwa dreizehnjährige Freundschaft miteinander. Als sie sich kennenlernten, war sie noch Fotoassistentin bei Hitlers Leibfotografen Hoffmann gewesen. Von dieser langjährigen Freundschaft hatten in Deutschland nur wenige gewußt. Als jetzt der Endkampf begann, war sie aus Bayern am 15. April zu Hitler in die Reichskanzlei gekommen.

Es war kaum zu glauben, aber es hatte heute nacht noch eine richtige Hochzeit, mit Standesbeamten, einem lauten und deutlichen Ja, mit Trauzeugen und einem Hochzeitsmahl gegeben. Die bekannten Formalitäten der standesamtlichen Trauung vollzog ein Beamter des Propagandaministeriums – Zeugen waren Goebbels und Martin Bormann. Bei dem sich anschließenden Essen und einer kleinen Feier waren General Krebs, General Burgdorf, Goebbels und seine Frau, Bormann, Hitlers Sekretärinnen und seine Diätköchin Fräulein Manzialy als Gäste zugegen.

Anonym

Eine Frau in Berlin

Ich trank an diesem Abend viel, wollte viel trinken, betrunken werden, was mir auch gelang. Daher Erinnerungslücken. Den Anatol finde ich neben mir wieder, seine Waffen und Sachen rings um das Bett gebreitet ... Die vielen Knöpfe und Taschen, und was er alles drin hat ... Freundlich, zutunlich, kindlich ... Aber Mai geboren, Stier, Stier ... Ich glaubte eine fühllose Puppe zu sein, geschüttelt, herumgeschoben, ein Ding aus Holz... Plötzlich steht jemand in dem dunklen Zimmer, läßt eine Taschenlampe aufblitzen. Und Anatol schreit den mit der Lampe rauh an, droht mit Fäusten, und der andere verschwindet... Oder hab ich das geträumt?

Sehe beim Morgengrauen Anatol am Fenster stehen und hinausblicken, während es rot ins Zimmer flammt und gelb über die Tapete zuckt. Höre die Kartjuschas heulen, indes Anatol die Arme reckt und spricht: „Petuch paiot", der Hahn singt. Und wirklich hört man in einer Feuerpause den Hahn unten krähen.

Als Anatol weg war, stand ich sogleich auf, wusch mich im Bad mit dem kärglichen Wasserrest, schrubbte den Tisch ab, fegte Stummel, Heringsschwänze, Roßdreck auf, rollte den Teppich zusammen und beförderte ihn hinauf auf den Schrank. Schaute ins Nebenzimmer, wo sich die Witwe im Schutze ihres Untermieters eine Lagerstatt auf dem Sofa gerichtet hat, fand beide schnarchend. Es pfiff eiskalt durch die Pappdekkelfetzen vor den Fenstern. Ich fühlte mich erquickt und ausgeruht nach fünf Stunden brunnentiefen Schlafes. Etwas Haarweh; aber nicht mehr. Wieder eine Nacht überstanden.

Ich rechnete mir aus, daß Sonntag war, der 29. April. Aber Sonntag ist so ein Zivilistenwort, zur Zeit sinnlos. Die Front hat keinen Sonntag.

Ursula von Kardoff

Die Befreiung

Sie sind da. Die Hauptstraße dröhnt von ihren Panzern. Überall sieht man die khakibraunen Gestalten. Manche lächeln ganz freundlich. Aber auch kalte Blicke gibt es. Sind es die Feinde? Die neuen? [...]

28. April 1945
Morgens erschien Dusi, ganz vergnügt. Nichts war ihr passiert; sie hatte oben in der Klingenburg übernachtet, der Capitaine hielt seine schützende Hand über alle. Neue Plünderer sind nicht mehr gekommen.

Habe soeben eine Handvoll Parteiabzeichen, die mir Messerschmittleute verstohlen gaben, in die Mindel versenkt. Ich empfand es als einen feierlichen Akt – seit Jahren habe ich mir etwas Derartiges heiß ersehnt.

Von den Nazis sind wir nun befreit, keine Gestapo kann uns mehr vorladen, beunruhigen, verhaften, quälen oder verfolgen. Man kann gar nicht glücklich genug darüber sein. Und doch, auch jetzt sind wir nicht frei, müssen wieder gehorchen, auf Sperrstunden achten, Befehle, die angeschlagen sind, befolgen. Alle mußten zum Beispiel ihre Radios abliefern. Wir haben unseres einfach behalten.

Die amerikanischen Soldaten sind freundlich. Ab und zu lugen einige bei uns über den Zaun. Wir unterhalten uns gern mit ihnen. Vor allem Bürklins wegen, und damit kein Verdacht gegen ihn aufkommt, bitten wir sie sogar in Wetzels gute Stube. Sie bringen Schokolade mit, und wir sprechen – in sagenhaft schlechtem Englisch – so sachlich wie möglich über Politik. Willi Bürklin liegt stumm dabei, auf dem Sofa. Bärchen wusch einem Sergeant die Uniformjacke und bekam dafür ein Paket herrlichen Tees und Seife.

Ich traf den französischen Capitaine bei Dusi im Schloß. Da die Sperrstunde schon begonnen hatte, als ich aufbrach, begleitete er mich höflich bis hinunter zu Wetzels Haus. Wir unterhielten uns völlig ungezwungen miteinander. Er soll bei der Spionageabwehr sein. Wenn du wüßtest, dachte ich im stillen, als wir uns verabschiedeten, wer da oben im Kämmerchen bei Kerzenlicht hockt. Ein deutscher Generalstäbler. Bärchens junge Soldaten sind mit zwei gestohlenen Rädern auf und davon.

Wir haben uns jetzt ganz gemütlich eingerichtet. Meine Kammer ist nur zwei zu vier Meter groß, aber ein Herd steht darin, auf dem Bärchen und ich für Bürklin und seinen Fahrer kochen und der auch gut heizt – zum Glück, denn es ist wieder sehr kalt geworden. Wir sitzen bei Kerzenlicht auf dem als Sofa getarnten Bett, es gibt sogar Wein, den Bärchen organisiert hat, und mit Bürklins Radio, dessen Batterie noch kurz vor Toresschluß neu aufgeladen wurde, hören wir Nachrichten. Eine kleine warme Insel im Chaos. [...]

29. April 1945
Aus unserem Radio ertönten die seltsamsten Nachrichten. Ein Teil der Sender ist noch in Nazihand, ein Teil macht schon alliierte Propaganda. So können wir ein Stück Historie drahtlos miterleben. In München scheint Revolution zu sein. Sie haben jetzt zwei Sender. Ein Hauptmann Gerngroß gibt aufregende Befehle durch, dann wieder ertönt die Stimme des Gauleiters. Wir sind verdammt froh, „in Feindeshand" zu sein.

Julia Onken

Paare

Alpha und Bertrand waren ein ungleiches Paar. Sie war vor ihrer Heirat ein Top-Sekretär gewesen. Sie betonte ausdrücklich, daß sie keine „Sekretär*in*" gewesen sei; die weibliche Form lasse unweigerlich Assoziationen an dienende Funktionen entstehen, nämlich einen männlichen Chef mit Terminen und gutem Kaffee zu bedienen und optisch zu erfreuen. Ein Sekretär hingegen habe damit nichts zu schaffen, habe Kompetenz und Entscheidungsvollmacht. Und so einer sei sie gewesen. Und wer sie kennt, glaubt es ihr aufs Wort. Als sie gerade im Begriff war, eine aufregende Karriere zu starten, da lernte sie Bertrand kennen. Sozialarbeiter bei einer Drogenberatungsstelle. Bald wurde sie schwanger. Sie heirateten. Sie hatten es damals beinahe nicht übers Herz gebracht, mit ihrer Arbeit aufzuhören. Zumal gerade ein halbjähriger Amerika-Aufenthalt bevorstand, bei dem sie ihre Firma hätte vertreten können. „Weshalb müssen denn wir Frauen immer die Kinder kriegen?!" Bertrand beruhigte sie, nach der Geburt könne sie doch weiterarbeiten, selbstverständlich würden sie sich Kinderbetreuung und Haushalt teilen. Unmittelbar nach der Geburt von Zwillingen wurde Bertrand damit beauftragt, ein neues, großangelegtes Drogenrehabilitationszentrum mit umfassendem Psychotherapiekonzept aufzubauen und es nach Fertigstellung auch zu leiten. Gleichzeitig machte er noch verschiedene Weiterbildungskurse in diversen Therapiemethoden. Alpha rotierte zu Hause mit zwei schreienden Säuglingen und fühlte sich im Stich gelassen. Nun wartet sie immer noch darauf, daß Bertrand beruflich reduziert und sie wieder aktiv werden kann. Der denkt jedoch nicht daran, ausgerechnet jetzt, wo sich ihm unerwartet eine derart steile Laufbahn aufgetan hat. Das müsse sie doch verstehen! Sie profitiere doch auch von seinem Erfolg. Er wolle doch nicht seine berufliche Position freiwillig schmälern, um wieder in irgendeiner sozialen Institution in Lohnklasse 15 abgestellt zu werden. Alpha begann sich zu Hause mit Astrologie zu beschäftigen. Jedes Wochenende, an dem Bertrand nicht in Weiterbildungsprogrammen steckte, übergab sie ihm seine väterliche Doppelpflicht und besuchte fleißig Kurse: „Jetzt bist du dran." Und weil sie alles, was sie tut, gründlich und gewissenhaft betreibt, sammelte sie nach relativ kurzer Zeit ein beachtliches Wissen an. Sie war bald in der Lage, Bertrand anhand komplizierter Erklärungen aufzuzeigen, daß seine therapeutischen Konzepte zwangsläufig danebengehen müßten, wenn in der Bearbeitung eines Grundproblems die planetarische Situation nicht mitberücksichtigt werde. Sie stritten fast täglich, wer eigentlich denn nun recht habe. [...]

Max, 58, zum zweiten Mal verheiratet, drei erwachsene Söhne aus erster Ehe. Als Geschäftsmann oft auf Reisen, hatte er die 26jährige Stewardeß Kathi kennengelernt. Zuerst blühte Max auf, war wie verjüngt, die graue Geschäftshülle lockerte er mit bunten Krawatten auf, kaufte sich einen schnittigen Sportwagen und ließ sogar sein ganzes Haus verändern. Seine damalige Frau wußte nicht, was da nun plötzlich vor sich ging. Irgendwann bekam sie eine seltsame Krankheit, von der niemand so genau wußte, was es war. Max brachte sie in einer teuren Klinik unter, mehr könne er auch nicht tun. Während der zwei Monate, die sie dort verbrachte, richtete er ihr eine nette Wohnung ein, wo er sie einquartieren wollte, sagte ihr aber nichts davon, um sie nicht unnötig zu beunruhigen. So fuhr er dann mit ihr statt nach Hause in die neue Wohnung, wo sie nun allein leben sollte. Sie bekam im Treppenhaus einen Schreikrampf, er rief seinen Hausarzt, der gab ihr eine Beruhigungsspritze und wies sie dann in die Psychiatrische Klinik ein, wo sie nochmals dreizehn Wochen blieb. In der Zwischenzeit wurde Kathi schwanger. Die Scheidung ging unter den gegebenen Umständen nicht so schnell voran. Kathi aber wollte kein uneheliches Kind zur Welt bringen, sie setzte Max unter Druck: entweder noch vor der Geburt heiraten, oder er könne sie vergessen (außer den Alimenten). Der Traum war schön, doch kurz: vom alten Mann, der nochmals die Schöpfungskraft in seinen Lenden pulsieren fühlte und eine Frau nach seiner Lust formte; und von der jungen Frau, die aus diesem „netten, aber doch recht braven Stewardeß-Dasein" herauskam und sich zur verwöhnten Luxusgeliebten mit einem Schuß Verruchtheit stylte. [...]

Franz und Vroni begannen jeweils hinterher in einer Ecke zu schmusen und aneinander herumzuknabbern: „Ganz unverbindlich!", wie beide versicherten. Rolf, der Ehegatte von Vroni, litt stumm vor sich hin und wurde von allen bemitleidet. Lisa, die Angetraute von Franz, war es bereits gewöhnt, daß er noch mit aushäusigen Liebschaften beschäftigt war: mit Brigitte 6 Monate, mit Erika 1 Jahr und 4 Monate, mit

Laurette 1 Jahr und 9 Monate, mit Marion 1 Jahr und 11 Monate und mit Rosalie 3 Monate.

Im Alltag geschah alles klammheimlich; die rote Kleidung war nur symbolisch an irgendeinem Zipfel zu erkennen, vielleicht an einem roten Taschentuch, roten Socken, roten Unterhosen, rotem Unterhemd usw., auch die Holzkette trug er diskret unter seinem Hemd. Als Gymnasiallehrer konnte er sich das öffentliche Bekenntnis nicht leisten, so sehr er das bedauerte. Seinen Schülern hingegen versuchte er die große Philosophie von der Freiheit, der totalen Offenheit und absoluten Ehrlichkeit nahezubringen. Lisa war ganz sicher, daß er sie niemals verlassen würde und niemals wagen würde, sein wahres Gesicht nach außen zu zeigen. Obwohl Lisa dadurch leidvolle Zeiten hatte, versuchte sie, die ganze Angelegenheit im Griff zu behalten und sich mit dieser Situation zu arrangieren. Strikt durchgeführte Turnübungen sollten ihre Eifersucht zügeln.

Was teilweise gelang. Inzwischen hatte sie begonnen, sich mit Bach-Blüten zu beschäftigen, und nahm regelmäßig Anti-Eifersuchtstropfen ein. Sie gab Rolf ebenfalls täglich ein paar Tropfen davon. [...]

„Als dann Otto, Franz und Vroni nach Indien fuhren, wollte Markus ebenfalls mit. Warum nicht?, dachte ich. Als sie dann in diesen roten Klamotten nach sechs Wochen zurückkamen, mit neuen Namen, da dachte ich wieder, warum eigentlich nicht? Ich dachte die ganze Zeit: Warum eigentlich nicht? Markus bestand dann darauf, daß ich ihn bei seinem neuen Namen nenne, es sei für ihn überaus wichtig, das sei seine neue befreite Identität. Wer ihn nicht mit seinem neuen Namen anspreche, der respektiere ihn nicht in seiner neuen Identität. Nun, ihr wißt ja, dieser unmögliche Name ‚Purjalanyam', ich brachte ihn anfangs kaum über die Lippen. Er war ein anderer Mensch geworden. Wie von Sinnen! Die Kinder waren nicht mehr wichtig für ihn. Er lebte nur noch nach seinen Bedürfnissen. Manchmal saß er stundenlang da und überlegte, was denn nun sein Bedürfnis sei. Er sei eben schon so kaputt, daß er nicht mal genau spüren könne, was er eigentlich wolle. In unserer Familie ging dann alles drunter und drüber. Ich hatte damals gerade begonnen, an einer Privatschule zu unterrichten. Früher konnten wir uns bestens miteinander die Zeit einteilen: Wenn ich Unterricht gab, es waren 6 Stunden pro Woche, übernahm er gerne die Betreuung der Kinder. Dann aber, nach Indien, war keine Verabredung mehr mit ihm möglich. Er könne doch nicht heute schon wissen, was er morgen für ein Bedürfnis habe! Aber das Schlimmste waren die sexuellen Aktivitäten! Manchmal konnte ich nicht mehr reagieren, mir blieb einfach die Sprache im Hals stecken. Einmal kam ich von der Schule nach Hause, er sollte sich um die Kinder kümmern. Der 8jährige Sascha sprang mir entgegen, bleich, mit starren Augen: ‚Mami, der Papi liegt im Garten auf einer nackten Frau.‘ Ich ging in den Garten, das Herz blieb mir beinahe stehen. Ich ging zu den beiden hin und bat sie, ins Haus zu gehen. Markus herrschte mich an, ich sei eben einfach verklemmt und ohnehin gestört, und die lieben Nachbarn könnten sich mal ein Beispiel an ihm nehmen, ihre verdammten blockierten sexuellen Energien lösen und zu ihren Bedürfnissen stehen. Sascha weigerte sich dann, weiterhin die Schule zu besuchen. Er wurde einem schulpsychologischen Test unterzogen – über all das konnte ich nicht mit Markus sprechen. Er pendelte dann zwischen verschiedenen Frauen hin und her, schlief bei irgendeiner oder brachte eine mit nach Hause. Ich weiß nicht, ob ihr das verstehen könnt, die größte Enttäuschung war, daß er einfach unsere Familie so mir nichts dir nichts zerfallen ließ. Ich hielt noch eine Weile daran fest, wollte die Familie noch irgendwie zusammenhalten, die Kinder zeigten verschiedene Symptome, mit denen ich alleine zurechtkommen mußte. Ganz schlimm wurde es dann aber, als er Ma prem Pampelmusa oder so ähnlich kennenlernte. Die setzte ihn ganz schön unter Druck. Er sei noch immer ein ganz kleinkarierter Spießer, wenn er sich gelegentlich um seine Familie kümmere. Was heiße denn schon Familie! Und Ehe! Alles völlig veraltete Begriffe, um in irgendwelchen Symbiosen herumzutümpeln. Das habe doch nichts mit der wahren Liebe zu tun. Diese sei viel größeren Gesetzmäßigkeiten unterworfen. Sie schnitt ihm Bart und Haare ab als Zeichen seiner neuen Identität. Die Kinder erschraken und erkannten ihren Vater nicht mehr. Als er dann noch ankündigte, er wolle seine Anwaltskanzlei schließen und künftig gemeinsam mit Otto Männchen aus Wurzeln schnitzen und sie auf dem Markt verkaufen, da habe ich die Forderung der Stunde verstanden und bin mit den Kindern schweren Herzens ausgezogen. Ende der Tragödie erster Teil." Sie lachte laut, etwas zu laut.

III. Das Jahrhundert der Bilder

1. Von der Imagination zum Medium

Sigmund Freud

Ein abnormes psychisches Gebilde (1900)

Indem ich hier die Darstellung der Traumdeutung versuche, glaube ich den Umkreis neuropathologischer Interessen nicht überschritten zu haben. Denn der Traum erweist sich bei der psychologischen Prüfung als das erste Glied in der Reihe abnormer psychischer Gebilde, von deren weiteren Gliedern die hysterische Phobie, die Zwangs- und die Wahnvorstellung den Arzt aus praktischen Gründen beschäftigen müssen. Auf eine ähnliche praktische Bedeutung kann der Traum – wie sich zeigen wird – Anspruch nicht erheben; um so größer ist aber sein theoretischer Wert als Paradigma, und wer sich die Entstehung der Traumbilder nicht zu erklären weiß, wird sich auch um das Verständnis der Phobien, Zwangs- und Wahnideen, eventuell um deren therapeutische Beeinflussung, vergeblich bemühen.

Derselbe Zusammenhang aber, dem unser Thema seine Wichtigkeit verdankt, ist auch für die Mängel der vorliegenden Arbeit verantwortlich zu machen. Die Bruchflächen, welche man in dieser Darstellung so reichlich finden wird, entsprechen ebenso vielen Kontaktstellen, an denen das Problem der Traumbildung in umfassendere Probleme der Psychopathologie eingreift, die hier nicht behandelt werden konnten, und denen, wenn Zeit und Kraft ausreichen und weiteres Material sich einstellt, spätere Bearbeitungen gewidmet werden sollen.

Eigentümlichkeiten des Materials, an dem ich die Traumdeutung erläutere, haben mir auch diese Veröffentlichung schwer gemacht. Es wird sich aus der Arbeit selbst ergeben, warum alle in der Literatur erzählten oder von Unbekannten zu sammelnden Träume für meine Zwecke unbrauchbar sein mußten; ich hatte nur die Wahl zwischen den eigenen Träumen und denen meiner in psychoanalytischer Behandlung stehenden Patienten. Die Verwendung des letzteren Materials wurde mir durch den Umstand verwehrt, daß hier die Traumvorgänge einer unerwünschten Komplikation durch die Einmengung neurotischer Charaktere unterlagen. Mit der Mitteilung meiner eigenen Träume aber erwies sich als untrennbar verbunden, daß ich von den Intimitäten meines psychischen Lebens fremden Einblicken mehr eröffnete, als mir lieb sein konnte und als sonst einem Autor, der nicht Poet, sondern Naturforscher ist, zur Aufgabe fällt. Das war peinlich, aber unvermeidlich; ich habe mich also darein gefügt, um nicht auf die Beweisführung für meine psychologischen Ergebnisse überhaupt verzichten zu müssen. Natürlich habe ich doch der Versuchung nicht widerstehen können, durch Auslassungen und Ersetzungen manchen Indiskretionen die Spitze abzubrechen; sooft dies geschah, gereichte es dem Werte der von mir verwendeten Beispiele zum entschiedensten Nachteile. Ich kann nur die Erwartung aussprechen, daß die Leser dieser Arbeit sich in meine schwierige Lage versetzen werden, um Nachsicht mit mir zu üben, und ferner, daß alle Personen, die sich in den mitgeteilten Träumen irgendwie betroffen finden, wenigstens dem Traumleben Gedankenfreiheit nicht werden versagen wollen.

(Vorwort zur ersten Auflage der „Traumdeutung")

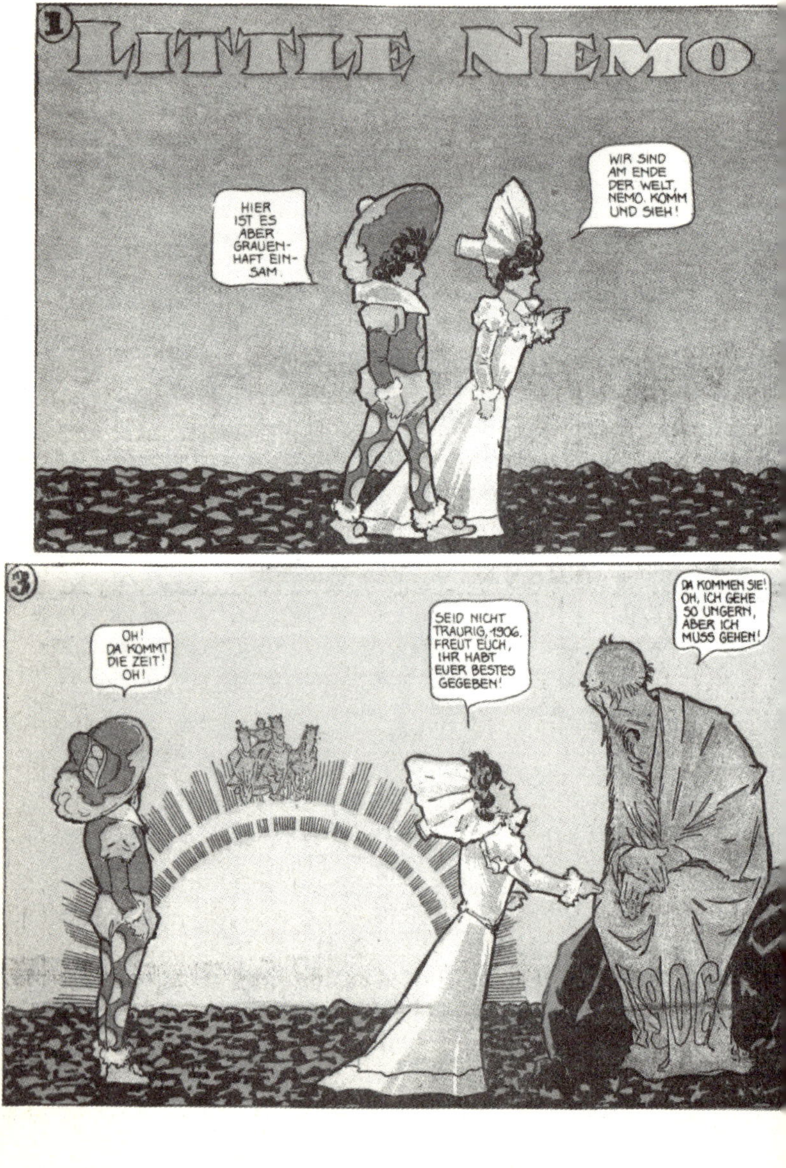
1
LITTLE NEMO
HIER IST ES ABER GRAUEN-HAFT EIN-SAM.
WIR SIND AM ENDE DER WELT, NEMO. KOMM UND SIEH!
3
OH! DA KOMMT DIE ZEIT! OH!
SEID NICHT TRAURIG, 1906. FREUT EUCH, IHR HABT EUER BESTES GEGEBEN!
DA KOMMEN SIE! OH, ICH GEHE SO UNGERN, ABER ICH MUSS GEHEN!
1906

Das Jahr 1907

HIER IST DAS NEUE JAHR, KLEIN 1907. NEHMT ES!
OH, WIE SÜSS! SCHAU, NEMO! DAS NEUE JAHR!
WAS TUN WIR DAMIT. IST DAS 1907? HM!

NICHT, FLIP! GEH WEG! DU ERSCHRECKST ES!
ACH, ERSCHRECK ES DOCH NICHT GLEICH!
BEST WISHES
BEST WISHES
BEST WISHES
(COPYRIGHT, 1906, BY THE NEW YORK HERALD CO.)

WOHIN BRINGST DU ES? NIEDLICHES KLEINES GESCHÖPF, NICHT?
WIR BRINGEN ES ZUM PALAST UND ZEIGEN ES GLEICH PAPA!
BEST WISHES
8
GUTES NEUES JAHR, NEMO! ICH BIN DOCH WACHGEBLIE-BEN! WACH AUF! GUTES NEUES JAHR!
WINSOR MCCAY

Sigmund Freud

Wissenschaft ohne Echo? (1908)

Daß von diesem schwer lesbaren Buche noch vor Vollendung des ersten Jahrzehntes eine zweite Auflage notwendig geworden ist, verdanke ich nicht dem Interesse der Fachkreise, an die ich mich in den vorstehenden Sätzen gewendet hatte. Meine Kollegen von der Psychiatrie scheinen sich keine Mühe gegeben zu haben, über das anfängliche Befremden hinauszukommen, welches meine neuartige Auffassung des Traumes erwecken konnte, und die Philosophen von Beruf, die nun einmal gewohnt sind, die Probleme des Traumlebens als Anhang zu den Bewußtseinszuständen mit einigen – meist den nämlichen – Sätzen abzuhandeln, haben offenbar nicht bemerkt, daß man gerade an diesem Ende allerlei hervorziehen könne, was zu einer gründlichen Umgestaltung unserer psychologischen Lehren führen muß. Das Verhalten der wissenschaftlichen Buchkritik konnte nur zur Erwartung berechtigen, daß Totgeschwiegenwerden das Schicksal dieses meines Werkes sein müsse; auch die kleine Schar von wackeren Anhängern, die meiner Führung in der ärztlichen Handhabung der Psychoanalyse folgen und nach meinem Beispiel Träume deuten, um diese Deutungen in der Behandlung von Neurotikern zu verwerten, hätte die erste Auflage des Buches nicht erschöpft. So fühle ich mich denn jenem weiteren Kreise von Gebildeten und Wißbegierigen verpflichtet, deren Teilnahme mir die Aufforderung verschafft hat, die schwierige und für so vieles grundlegende Arbeit nach neun Jahren von neuem vorzunehmen.

(Vorwort zur zweiten Auflage der „Traumdeutung)

Georg Lukács

Alles ist möglich! (1913)

Wir kommen aus dem Zustand der Begriffsverwirrungen nie heraus: etwas Neues und Schönes ist in unseren Tagen entstanden, doch statt es so zu nehmen, wie es ist, will man es mit allen möglichen Mitteln in alte, unpassende Kategorien einordnen, es seines wahren Sinnes und Wertes entkleiden. Man faßt heute das *„Kino"* bald als Instrument eines anschaulichen Unterrichts auf, bald als eine neue und billige Konkurrenz der Theater; einerseits also pädagogisch, andererseits ökonomisch. Daß aber eine neue *Schönheit*, eben eine Schönheit ist, daß ihr Bestimmen und Bewerten der *Ästhetik* zukommt, daran denken heute nur die wenigsten.

[...] *„Alles ist möglich":* das ist die Weltanschauung des „Kino", und weil seine Technik in jedem einzelnen Moment die absolute (wenn auch nur empirische) Wirklichkeit dieses Moments ausdrückt, wird das Gelten der „Möglichkeit" als einer der „Wirklichkeit" entgegengesetzten Kategorie aufgehoben; die beiden Kategorien werden einander gleichgesetzt, sie werden zu einer Identität. „Alles ist wahr und wirklich, alles ist gleich wahr und gleich wirklich": das lehren die Bilderfolgen des „Kino".

So entsteht im „Kino" eine neue, homogene und harmonische, einheitliche und abwechslungsreiche Welt, der in den Welten der Dichtkunst und des Lebens ungefähr das Märchen und der Traum entsprechen: größte Lebendigkeit ohne eine innere dritte Dimension; suggestive Verknüpfung durch bloße Folge; strenge, naturgebundene Wirklichkeit und äußerste Phantastik; das Dekorativwerden des unpathetischen, des gewöhnlichen Lebens. Im „Kino" kann sich alles realisieren, was die Romantik vom Theater – vergebens – erhoffte: äußerste, ungehemmteste Beweglichkeit der Gestalten, das völlige Lebendigwerden des Hintergrundes, der Natur und der Interieurs, der Pflanzen und der Tiere; eine Lebendigkeit aber, die keineswegs an Inhalt und Grenzen des gewöhnlichen Lebens gebunden ist. Die Romantiker versuchten darum das phantastisch Naturnahe ihres Weltgefühls der Bühne aufzuzwingen. Die Bühne ist aber das Reich der nackten Seelen und Schicksale; jede Bühne ist im innersten Wesen *griechisch:* abstrakt bekleidete Menschen betreten sie und führen vor abstrakt-großartigen, leeren Säulenhallen ihr Spiel vom Schicksal auf. Kostüm, Dekoration, Milieu, Reichtum und Abwechslung der äußeren Ereignisse sind für die Bühne ein bloßer Kompromiß: im wirklich entscheidenden Augenblick werden sie immer überflüssig und darum störend. Das „Kino" stellt bloß Handlungen dar, nicht aber deren Grund und Sinn, seine Gestalten haben bloß Bewegungen, aber keine Seelen, und was ihnen geschieht, ist bloß Ereignis, aber kein Schicksal. Deshalb – und bloß scheinbar wegen der heutigen Unvollkommenheit der Technik – sind die Szenen des „Kino" stumm: das gesprochene Wort, der tönende Begriff sind Vehikel des Schicksals; nur in ihnen und durch sie entsteht die bindende Kontinuität in der Psyche der dramatischen Menschen. Die *Entziehung* des *Wortes* und mit ihm des Gedächtnisses, der Pflicht und der Treue gegen sich selbst und gegen die Idee der eigenen Selbstheit macht, wenn das Wortlose sich zur Totalität rundet, alles leicht, beschwingt und beflügelt, frivol und tänzerisch. Was an den dargestellten Ereignissen von Belang ist, wird und muß ausschließlich durch Geschehnisse und Gebärden ausgedrückt werden; jedes Appellieren an das Wort ist ein Herausfallen aus dieser Welt, ein Zertrümmern ihres wesentlichen Werts. Dadurch aber erblüht alles, was die abstrakt-monumentale Wucht des Schicksals immer erdrückte, zu einem reichen und üppigen Leben: auf der Bühne ist nicht einmal das, was geschieht, wichtig, so überwältigend ist die Wirkung seines Schicksalswertes; im „Kino" hat das „Wie" der Geschehnisse eine alles andere beherrschende Kraft. Das Lebendige der Natur erhält hier zum ersten Male eine künstlerische Form:

das Rauschen des Wassers, der Wind in den Bäumen, die Stille des Sonnenunterganges und das Toben des Gewitters werden hier als Naturvorgänge zur Kunst (nicht, wie in der Malerei, durch ihre aus anderen Welten geholten, malerischen Werte). Der Mensch hat seine *Seele* verloren, er gewinnt aber dafür seinen *Körper;* seine Größe und Poesie liegt hier in der Art, mit der seine Kraft oder seine Geschicklichkeit physische Hindernisse überwältigt, und die Komik besteht in seinem Erliegen ihnen gegenüber. Die für jede große Kunst völlig gleichgültigen Errungenschaften der modernen Technik werden hier phantastisch und poetisch packend wirken. Erst im „Kino" ist – um nur ein Beispiel zu bringen – das Automobil poetisch geworden, etwa im romantisch Spannenden einer Verfolgung auf sausenden Autos. So erhält hier auch das gewöhnliche Treiben der Straßen und Märkte einen starken Humor und eine urkräftige Poesie: das naiv-animalische Glücksgefühl des Kindes über einen gelungenen Streich, über das hilflose Nichtzurechtfinden eines Unglücklichen wird in unvergeßlicher Weise gestaltet. Im Theater, vor der großen Bühne des großen Dramas sammeln wir uns und erreichen unsere höchsten Augenblicke; im „Kino" sollen wir diese unsere Höhepunkte vergessen und verantwortungslos werden: das *Kind,* das in jedem Menschen lebendig ist, wird hier freigelassen und zum Herrn über die Psyche des Zuschauers.

Kurt Pinthus

Das Kinostück (1914)

Das erste Ausdrucksmittel des Kinostücks ist das unbegrenzte Milieu. Das Geschehnis kann sich abspielen im Paradies, auf den Schneefeldern des Himalaya, in einer Spelunke, auf dem orkanzerwühlten Ozean. Das Milieu macht das Geschehnis „interessant“, entrückt uns aus der grauhaften Gewöhnlichkeit des Alltags in die Buntheit der Welt. Einfachstes Geschehen in die fremden Gassen, die üppige Natur, die Stierkampfarena Sevillas oder ins uralte Ninive verpflanzt, reißt unsere Herzen auf.

Das zweite Ausdrucksmittel des Kinostücks ist Bewegung. Bewegung in doppelter Bedeutung: Bewegung als Geste und als Tempo. Die diabolische Mimik des Verbrechers, das zarte Hinschmelzen des verliebten Mädchens, die katzenschlanken, langfingrigen Bewegungen der erlebensgierigen Frau mit dem Knabenkörper ergreifen uns ebenso, wie uns im Tiefsten entzücken jene Horden heransprengender Pferde, der Spaziergang an den stürzenden Wassern des Niagara, der Alpenflug im Aeroplan. Und wir lachen, wenn auf einer Verfolgungsjagd die Menschen plötzlich so schnell zu rennen anfangen, wie wir noch niemals Menschen haben rennen sehen – so schnell, als würden sie auf einer Rollbahn in rasendem Tempo vorübergezogen.

Des Kinostücks dritte Ausdrucksmöglichkeit ist die Situation, der Trick. Wir fallen in Erregung, wenn wir eine Verknüpfung der Geschehnisse sehen, die wir bisher noch niemals erlebt haben. Und diese Erregung, das Wunderbare, Ungewöhnliche, Unerhörte, sucht der Mensch im Kino (weil es ihm im Leben zu selten geschieht). Deshalb will der Mensch vor jener Zündschnur zittern, die, vom Rachsüchtigen angezündet, ein Bergwerk zu Schutt zersprengt, deshalb will er das auf dem Seil zwischen zwei Häusern turmhoch balancierende Paar beobachten, deshalb wartet er darauf, daß der Eisenbahnzug ohne Führer ziellos in die Welt rast oder plötzlich zu fliegen beginnt.

Und das Bindende dieser drei Ausdrucksmittel ist der Mensch und sein Geschick. Der handelnde Mensch, das Menschenschicksal, knüpft aus Milieu, Bewegung und Situation das Kinostück. Stärksten Anteil nimmt der Mensch erst am Film, wenn er seinesgleichen, den, welchen er liebt oder haßt, in den Landschaften, in den Stuben, in den gefährlichen und grotesken Situationen und Bewegungen erblickt. Denn die Abenteuer des Menschen auf dem Film werden seine eigenen Abenteuer. Und so muß das Kinostück die in allen Menschen niedergedrückte Gier zum Erlebenwollen, zum Umfassenwollen alles Menschenschicksals und alles Erdengeschehens aufstacheln – und zu befriedigen suchen …

Knut Hickethier

Arbeitertheater

Mit der politischen Zersplitterung der Arbeiterbewegung während des Ersten Weltkriegs und der zunehmenden Konfrontation ihrer Flügel gegeneinander polarisierten sich auch die Positionen innerhalb des Arbeitertheaters und des Arbeiterfilms. Die Neuansätze nach 1918 erhalten ihre wesentlichen Impulse zunächst von außerhalb. Zwar bestanden die Arbeitertheatervereine (einschließlich ihres 1908 gegründeten Dachverbands, dem deutschen Arbeitertheater-Bund) auch weiterhin. Doch spielten sie in ihrer Mehrzahl bürgerliche Unterhaltungsstücke, Schwänke, Possen und nur vereinzelt die „Tendenzstücke" der sozialdemokratischen Autoren.

Gegen das Dilettantentheater nicht nur proletarischer Herkunft richteten sich unmittelbar nach dem Ersten Weltkrieg innerhalb der Jugendbewegungen eine Reihe von Intellektuellen, Pädagogen wie z. B. Martin Luserke oder Leo Weismantel. Sie grenzten sich deutlich vom Berufstheater und jedem Versuch, es von Amateuren insgeheim zu kopieren, ab und propagierten eine neue Form des „Laienspiels". Sie griffen auf einfache Formen, auf Mysterienspiele und Puppenspiele zurück und schufen ein neues, stark von Gesang, Pantomime und Tanz bestimmtes, in der Ausstattung einfaches und von der Körpersprache der Spieler geprägtes Theater. Im Mittelpunkt stand der Gemeinschaftscharakter des Spiels. Dieses neue Jugendtheater ging quer durch alle politischen Richtungen und führte je nach politischem Standort zu einer religiösen, völkischen, faschistischen und nicht zuletzt zu einer proletarisch-sozialistischen Laienspielpraxis.

Wichtig war das Bewußtsein der Eigenständigkeit. Das proletarische Laientheater, das sich sowohl in der kommunistischen als auch in der sozialdemokratischen Jugend ausbildete, entwickelte sich aus dem Bedürfnis nach eigener schöpferischer Tätigkeit und aus dem Wunsch nach theatraler Darstellung innerhalb von Festen und Veranstaltungen. Aus dem chorischen Vortragen von Gedichten entstand die theatrale Form des Sprechchors. Der Sprechchor, zwischen zwanzig und hundert Mitglieder stark, brauchte keinen besonderen Raum, keine Kulissen und nur minimale Requisiten, er konnte überall auftreten und verursachte kaum Kosten. [...]

Sprechchöre formulierten Appelle, forderten Kampfgeist und Solidarität in plakativer Form und waren gerade wegen des chorisch rhythmischen Sprechens wenig differenziert und argumentativ. In ihrem expressiv-pathetischen Gestus waren sie an die auch in anderen Medien entwickelten expressionistischen Darstellungsformen angelehnt, jedoch insgesamt statischer und weniger flexibel. In Berlin traten vor allem Gustav von Wangenheim mit dem „zentralen Sprechchor der KPD" und dem „Chor der Arbeit" sowie Arthur Pieck mit dem Sprechchor „7000" hervor. Die Sprechchöre hatten vor allem eine bestärkende Funktion für Gleichgesinnte, die in ihrer Position noch schwankenden Zuhörer oder Angehörige anderer Klassen überzeugten sie weniger. Auch die häufig erwähnte aktivierende Funktion beschränkte sich auf das theatrale Ereignis. Arthur Pieck berichtete vom Sprechchor der „7000", daß zu Beginn der Aufführung „ein Spieler in der Uniform eines Sicherheitspolizisten zwei gefesselte Arbeiter durch den Saal auf die Bühne führen (mußte).

Die schwache Beleuchtung ließ nicht sofort erkennen, daß der Polizist unecht war.“ So kam es bei einzelnen Aufführungen vor, „daß die empörten Zuschauer sich auf den ‚Polizisten‘ stürzten und ihn zum Saal hinausprügelten“. Schließlich mußten Ordner eingesetzt werden, die die Spieler vor den Fäusten der Zuschauer schützten. Diese Reaktion der Zuschauer schien die These von der Aktivierung des Proletariats durch das Theater zu bestätigen. Dennoch bleibt die Frage nach der Übertragbarkeit der hier provozierten Aktivität in das Alltagshandeln der Zuschauer offen.

Berta Lask

Das Proletariat fordert die 7000
Zum Empfang Erich Mühsams in Berlin (1924)

Einer der siebentausend ist frei. –
Wann kommen die andern?
Noch warten vieltausend Mütter auf den Sohn,
Noch warten vieltausend Frauen auf den Gatten.
Noch warten vieltausend hungernde Kinder auf ihren Vater.

Einer ist frei. –
Aus Bayerns fluchbeladenen Kerkern kommt er nach Berlin.
Es geht wie ein Flammensignal durch die Stadt.
Feuchter Abend. Verschleiert leuchten die Laternen.
Dunkelheit frißt um sich.
Am Anhalter Bahnhof sammeln sich Proletarier.
Rote Fahnen tauchen auf.
Wartend wogt die Menge um den Bahnhof.
Stürmisch brausen Züge der Jugend
Liedbeflügelt heran.

Doch schon riegelt Sipo feindlich den Bahnhof ab.

Denn es kommt keiner der Herrschenden,
Kein schwarz-weiß-roter General,
Kein Kohlenfürst, kein Eisenkönig,
Kein Dawesvogt von Gottes Gnaden.
Es kommt nur ein
Proletarierkämpfer,
Ein im Kerker Gemarterter.

Ihn grüßt
Schwarz-rot-goldne Freiheit
Mit einem Maschinengewehr vor der Bahnhofshalle,
Drei Autos mit Bewaffneten,
Und stampfenden Polizeipferden.

Der Zug läuft ein. Proletarier tragen
Den ersten der siebentausend
Auf ihren Schultern aus der Bahnhofshalle.
Mit brausendem Jubel stürmt die Menge heran!
Da reiten die grünen Hüter des Kapitals
Attacke in den Menschenknäuel,
stampfen über liegende Greise,
Mißhandeln Männer, Frauen, Kinder.
Doch Schmerz und Gewalt trotzend
Sammeln sich die Scharen.
Durch die Straßen marschieren in gewaltigen Zügen,
Rot überweht, Berlins Proletarier;
Fordern mit donnerndem Ruf
Die Siebentausend!

Egon Friedell

Der Turmbau zu Babel (1931)

Wir haben bereits den Kinematographen als Korrelat des Expressionismus erwähnt. Er wurde schon gegen Ende des neunzehnten Jahrhunderts erfunden, gelangte aber erst ein Jahrzehnt später zur Weltherrschaft. Er hat für unser Leben dieselbe Bedeutung wie der Scherenschnitt für das Spätrokoko und das Panorama für das second empire. Anfangs sah es so aus, als ob sich in ihm eine neue Kunstform ankündige, wozu er aber lediglich durch seine Stummheit verleitete. Die Phantasie auch des nüchternsten und beschränktesten Menschen ist nämlich immer noch hundertmal packender und pittoresker als alle gesprochenen Worte der Welt; die schönsten und tiefsten Verse können nicht annähernd ausdrücken, was der einfachste Galeriebesucher unartikuliert empfindet. Solange der Kinematograph stumm war, hatte er außerfilmische, nämlich seelische Möglichkeiten. Der Tonfilm hat ihn entlarvt; und vor aller Augen und Ohren breitet sich die Tatsache, daß wir es mit einer rohen toten Maschine zu tun haben. Das Bioskop tötet nur die menschliche Gebärde, der Tonfilm auch die menschliche Stimme, dasselbe tut das Radio; zugleich befreit es vom Zwang zur Konzentration, und es ist jetzt möglich, gleichzeitig Mozart und Sauerkraut, Sonntagspredigt und Skatspiel zu genießen. Kino wie Radio eliminieren jenes geheimnisvolle Fluidum, das sowohl vom Künstler wie vom Publikum ausgeht und jede Theatervorstellung, jedes Konzert, jeden Vortrag zu einem einmaligen seelischen Ereignis macht. Die menschliche Stimme hat Allgegenwart, die menschliche Gebärde Ewigkeit erlangt, aber um den Preis der Seele. Es ist der Turmbau zu Babel: „und der Herr sprach: wohlauf, laßt uns herniederfahren und ihre Sprache verwirren, daß keiner des andern Sprache vernähme.“ Es werden durch Rundfunk bereits Nachtigallenkonzerte und Papstreden übertragen. Das ist der Untergang des Abendlandes.

Es gibt keine Realitäten mehr, sondern nur noch Apparate: eine Welt von Automaten, ersonnen im Gehirn eines boshaften und wahnsinnigen Doktor Mirakel. Es gibt auch keine Ware mehr, sondern nur noch Reklame, der wertvollste Artikel ist der am wirksamsten angepriesene: in dessen Reklame das meiste Kapital investiert wurde. Man bezeichnet all dies als Amerikanismus. Man könnte es ebensogut Bolschewismus nennen, denn auf politischem und sozialem Gebiet kennzeichnet sich die planetarische Situation als doppelseitig bedroht von einem medusenhaften Vernichtungswillen, dessen Vollstreckungsmächte bloß im Osten und im Westen verschiedene Namen tragen: beide Verkörperungen desselben materialistischen Nihilismus, beide durch die Nemesis der Selbstverzehrung zum Untergang bestimmt.

Bertolt Brecht

Gedanken eines Grammophonbesitzers

Ich habe es 1904 erworben, es war nicht vergebens
Seitdem halte ich es am Tag versteckt
Es ist ein rührendes Stück Holz für die dunklen Stunden des Lebens
Darin ist die Stimme der Adeline Patti eingeweckt.

Die Sängerin Adeline Patti ist 1911 gestorben
Die Erde werde ihr leicht, ihre Stimme habe ich
Das ist so im Leben, ich habe es auf dem Papier noch, das käuflich erworben.
Ihre Stimme ist noch ganz gut, sie genügt noch lange für mich.

Wahrscheinlich wird es auch noch meinen Enkeln vorsingen
eines Tages
Es hat frühzeitig auf den Namen Adeline gehört
Seit einem Sturz anläßlich eines Branntweingelages
Ist die Stimme meiner lieben Adeline etwas gestört.

Aber es ist doch merkwürdig und hat schon Klügere wunder-
genommen
Was das Leben alles so mit sich bringt
Freilich sind wir auch schon sehr weit in der Technik gekom-
men.
Daß sie immer noch aus dem Holz ihre Traviata singt.

So etwas wäre noch zur Zeit unserer Großeltern nicht mög-
lich gewesen
Eine ganze Anzahl von Künsten war einfach dem Untergan-
ge geweiht
Wir sind eben doch etwas weiter im Guten sowie im Bösen
So eine Maschine bedeutet doch auch eine Art Unsterblich-
keit.

Orge sagt zu mir oft, bring heut abend Tabak und Adeline
Ich bin mit den Nerven jetzt so herunter, und dann kommt
sie mit Haut und Haaren
Und spielt die Traviata, und er macht seine anständigste Mie-
ne –
Sie spielt übrigens immer nur Traviata seit 18 Jahren.

Ich hätte wohl schon öfters andere Platten bekommen
Und meine Frau hätte von jeher gern einige Shimmies ge-
wollt
Aber ich habe davon im letzten Augenblick immer wieder
Abstand genommen
Ich denke nämlich, multum non multa, und ich habe Adeline
immer meinen vollen Beifall gezollt.

Robert Walser

Radio

Gestern bediente ich mich zum erstenmal eines Radiohörers. Ich fand, es sei dies eine angenehme Art, überzeugt zu sein, man habe Unterhaltung. Ich hörte etwas Entferntes, und die, die dies Hörbare hervorbringen, sprechen gleichsam zu allen, das heißt, sie sind in vollkommener Unkenntnis über die Zahl und Besonderheit ihrer Zuhörer. Ich hörte unter anderem die Bekanntgabe von Sportergebnissen aus Berlin. Der, der sie mir mitteilte, hatte von meiner Zuhörerschaft oder überhaupt Existenz keine Ahnung. Ferner hörte ich schweizerdeutsche Gedichtvorträge, die ich zum Teil ungewöhnlich amüsant fand. Eine Gesellschaft von Radiohörern unterläßt naturgemäß, Gespräche zu führen. Indem sie mit Zuhören beschäftigt ist, wird die Kunst, Gesellschaft zu machen, sozusagen ein wenig vernachlässigt. Es ist dies eine ganz artige, selbstverständliche Folgeerscheinung. Ich und die, die neben mir saßen, hörten, wie in England Cello gespielt wurde. Das hatte etwas Seltsames, Wundervolles.

Es wäre unhöflich, den Siegeszug des technischen Erfindungsgeistes nicht schlankweg zuzugeben. Herrlich dünkte mich der Genuß eines aus zauberischer Distanz zu mir herübertanzenden Klavierspiels, dem eine gewisse beschwingte Trägheit eigen zu sein schien. Heute nun finde ich in einem bewährten Blatt eine Direktorstelle ausgeschrieben. Indem ich daran zurückdachte, wie mich einst jemand zu später Stunde eine Gelungenheit nannte, eine Charakterisierung, die mir keineswegs schmeichelhaft vorkam, fragte ich mich, ob ich mich für die ausgeschriebene Stellung anmelden solle? Ein führender Posten. Wie einem plötzlich längst vorübergegangene Lebensdetails einfallen, wie zum Beispiel dieser kleine Vorfall in bezug darauf, daß ich ein „gelungener Mensch“ sei! Wie ich damals sogleich vom Platz aufsprang und den

Austeiler der mir unpassend erscheinenden Redensart zur Rede stellte! „Sie sind mir eine Erklärung schuldig", rief ich ihm zu. Er entgegnete mir, er habe bloß äußern wollen, daß er mich für einen unbegreiflich netten Menschen halte. Mit dieser Auskunft gab ich mich zufrieden. Was die Direktorialität anbelangt, so wird von der Bewerberschaft Energie und Gewandtheit verlangt. Allgemeine Bildung, heißt es in der Annonce, sei die Hauptbedingung. Daß ich mich mit der Frage befasse, ob ich Gewünschtes in genügendem Grad aufwiese, möchte mich weiter nicht wundern.

Vor einigen Tagen hat mich, nebenbei gesagt, die Tochter eines Hauses, das im besten Stadtviertel steht, gefragt: „Ist es dir lieb, wenn ich dich in Zukunft ‚Röbi' tituliere?" Die Frage wurde an einem Gartengitter an mich gerichtet, und ich glaubte, sie mit Ja beantworten zu dürfen. Man wird verstehen, daß mir die Direktorstelleninserierung zu denken gibt, und man wird ferner keinen Augenblick unbegreiflich finden, daß ich im stillen stolz auf die Frage bin, die eine Angehörige der besseren Kreise an mich zu adressieren für gut fand. Daß ich gestern zum erstenmal Radio hörte, erfüllt mich mit einem Internationalitätsgefühl, womit ich übrigens keine unbescheidene Bemerkung gemacht haben möchte.

Ich wohne hier in einer Art Krankenzimmer, und als Schreibunterlage für diese Skizze dient mir eine Zeitschrift.

Günther Anders

Die Welt als Phantom und Matritze (1956)

Die Liebenden, die mit einem sprechenden „portable" am Ufer des Hudson, der Themse oder der Donau spazieren gehen, sprechen nicht zueinander, sondern hören einer dritten Person zu: der öffentlichen, zumeist anonymen Stimme des

Programms, die sie, einem Hündchen gleich, spazieren führen, richtiger: von der sie sich spazieren führen lassen. Ihre Promenade machen sie, da sie eben nur das Miniaturpublikum sind, das der Stimme des Programms folgt, nicht zu Zweien, sondern zu Dritt. Von einer intimen Sprechsituation kann also gar keine Rede sein, diese ist von vornherein aufgehoben; und wenn es zwischen den Zweien trotzdem zu Intimitäten kommt, so verdanken sie Anleitung und Anregung dazu, ja selbst die Erregung, nicht eigentlich einander, sondern eben der dritten Person: der heiser oder schwül sprechenden oder krähenden Stimme des Programms, die – denn was heißt „Programm" anderes? – den beiden vorschreibt, was und wie zu fühlen oder zu tun an der Tages- oder Nachtordnung ist. Da sie das Vorgeschriebene in Gegenwart der Dritten tun, tun sie es also in einer akustisch indiskreten Situation. Wie unterhaltend diese ihre Folgsamkeit den Zweien auch vorkommen mag, daß sie sich *miteinander* unterhalten, kann man nicht mehr behaupten. Viel mehr *werden* sie, eben von jener Dritten, die allein Stimme hat, unterhalten: Und diese unterhält sie nicht nur im Sinne von „converser"; auch nicht nur im Sinne von „amuser"; sondern auch, da sie ihnen, als Dritte im Bunde, jenen Halt und jene Stütze verleiht, die sie, nicht wissend, was sie miteinander anfangen sollen, einander nicht geben können, im Sinne von *„soutenir"*. Daß selbst das faire amour von heute zumeist bei Radiobegleitung vor sich geht (und nicht nur bei „swooning" erzeugender musikalischer), braucht ja einer Welt, die das nicht nur weiß, sondern als Selbstverständlichkeit praktiziert, nicht schamhaft verschwiegen zu werden. In der Tat entspricht das heute in jeder Situation zugelassene oder gewünschte Radio jener fackelhaltenden Schaffnerin, die die Alten als Zeugin ihrer Liebesfreuden in Anspruch nahmen; und der Unterschied zwischen den beiden besteht allein darin, daß die heutige Schaffnerin eine mechanisierte „public utility" ist; daß sie mit ihrer Fackel nicht nur leuchten, sondern auch erhitzen soll; und daß sie um Gottes willen nicht den

Mund halten, sondern im Gegenteil geschwätzig sein soll, damit sie als Geräuschhintergrund jenen horror vacui, von dem die Zwei selbst in actu nicht losgelassen werden, mit Songs übertöne oder mit Worten überrede. Dieser „background" ist so fundamental wichtig, daß man ihn sogar in den seit 1954 aufkommenden „voicepondences", d. h. den besprochenen Magnetophonbändern, die man einander zuschickt, übernommen hat. Spricht ein Liebender einen solchen Analphabetenliebesbrief, dann spricht er auf eine akustisch, nämlich musikalisch bereits vorbereitete Grundierung, weil „nichts als seine Stimme" für seine angebetete Empfängerin wahrscheinlich ein zu nacktes Geschenk bliebe. Was beim Empfang wirklich sprechen oder ansprechen soll, gewissermaßen als Ding gewordener Brautwerber, ist wiederum die dritte Stimme.

Aber die Liebessituation ist nur ein Beispiel, das krasseste. In ähnlichem Sinne unterhalten lassen sie sich in jeder Situation, ja bei jeder Beschäftigung; und selbst dann, wenn sie versehentlich miteinander reden, redet hinter ihnen, als Hauptperson, als Tenor, die Stimme des Rundfunks und gibt ihnen das tröstliche und sichere Gefühl, daß sie das auch dann noch tun wird, wenn sie selbst sich schon ausgeredet haben werden. Selbst nach ihrem Tode.

Eigentlich haben sie, da ihnen das Sprechen nun verbürgt ist und fertig ins Ohr geträufelt wird, aufgehört, ζῶα λόγον ἔχοντα zu sein; genau so wie sie aufgehört haben, als Brotesser noch homines fabri zu sein: Denn so wenig wie sie ihr Brot noch selbst backen, formen sie selbst ihre Wortnahrung. Worte sind für sie nicht mehr etwas, was man spricht, sondern etwas, was man nur hört; Sprechen ist für sie nicht mehr etwas, was man tut, sondern etwas, was man erhält. Daß sie dadurch den Logos in einem ganz anderen Sinne „haben", als Aristoteles es in seiner Definition gemeint hatte, liegt auf der Hand; und ebenso, daß sie dadurch, im etymologischen Sinne des Wortes, zu *infantilen:* eben unmündigen, nicht sprechenden, Wesen werden – [...]

Wenn die Welt zu uns kommt, statt wir zu ihr, so sind wir nicht mehr „in der Welt", sondern ausschließlich deren schlaraffenlandartige Konsumenten.

Wenn sie zu uns kommt, aber doch nur als Bild, ist sie halb an- und halb abwesend, also phantomhaft.

Wenn wir sie jederzeit zitieren (zwar nicht verwalten, aber an- und ausschalten können), sind wir Inhaber gottähnlicher Macht.

Wenn die Welt uns anspricht, ohne daß wir sie ansprechen können, sind wir dazu verurteilt, mundtot, also unfrei zu sein.

Wenn sie uns vernehmbar ist, aber nur das, also nicht behandelbar, sind wir in Lauscher und Voyeurs verwandelt.

Wenn ein an einem bestimmten Orte stattfindendes Ereignis versandt und als „Sendung" zum Auftreten an jedem anderen Orte veranlaßt werden kann, dann ist es in ein mobiles, ja in ein fast omnipräsentes Gut verwandelt und hat seine Raumstelle als principium individuationis eingebüßt.

Wenn es mobil ist und in virtuell zahllosen Exemplaren auftritt, dann gehört es, seiner Gegenstandsart nach, zu Serienprodukten; wenn für die Zusendung des Serienproduktes gezahlt wird, ist das Ereignis eine Ware.

Wenn es erst in seiner Reproduktionsform, also als Bild sozial wichtig wird, ist der Unterschied zwischen Sein und Schein, zwischen Wirklichkeit und Bild aufgehoben.

Wenn das Ereignis in seiner Reproduktionsform sozial wichtiger wird als in seiner Originalform, dann muß das Original sich nach seiner Reproduktion richten, das Ereignis also zur bloßen Matrize ihrer Reproduktion werden.

Wenn die dominierende Welterfahrung sich von solchen Serienprodukten nährt, dann ist (sofern man unter „Welt" noch dasjenige versteht, *worin* wir sind) der Begriff „Welt" abgeschafft, die Welt verspielt, und die durch die Sendungen hergestellte Haltung des Menschen „idealistisch" gemacht. – Daß es an philosophischen Problemen nicht mangelt, ist also wohl deutlich genug. Alle hier genannten werden nun im

Verlaufe der Untersuchung durchgesprochen. Bis auf den letzten Punkt: den befremdlichen Gebrauch des Ausdrucks „*idealistisch*". Der soll deshalb sofort aufgeklärt werden. Daß für uns als Radio- und Fernseh-Konsumenten die Welt nicht mehr als Außenwelt auftritt, *in* der wir sind, sondern als *unsere,* war schon in Punkt 1 formuliert worden. Tatsächlich ist die Welt ja auf eigentümliche Weise *umgesiedelt:* zwar befindet sie sich nicht, wie es in den Vulgärformeln des Idealismus heißt, „in unserem Bewußtsein" oder gar „in unserem Gehirn"; aber da sie doch *von außen nach innen verlegt* ist, da sie, statt draußen stattzufinden, nun in meinem Zimmer ihre Stätte gefunden hat, und zwar als zu konsumierendes Bild, als bloßes eidos, ähnelt die Verlegung der klassisch-idealistischen doch aufs frappanteste. Die Welt ist nun *meine* geworden, meine Vorstellung, ja sie hat sich, wenn man das Wort „Vorstellung" einmal im Doppelsinne: nicht nur im Schopenhauerschen, sondern im Theatersinne, zu verstehen bereit ist, in eine „Vorstellung für mich" verwandelt. In diesem „*für mich*" besteht nun das idealistische Element. Denn „*idealistisch*" im breitesten Sinne *ist jede Attitüde, die die Welt in Meines,* in Unseres, in etwas Verfügbares, kurz *in ein Possessivum verwandelt:* eben in meine „Vorstellung" oder in mein (Fichtesches) „Produkt des Setzens". Wenn der Terminus „idealistisch" hier überrascht, so nur deshalb, weil dieser gewöhnlich das Meinsein nur spekulativ beteuert, während er hier eine Situation bezeichnet, in der die *Metamorphose der Welt in etwas, worüber ich verfüge, wirklich technisch durchgeführt* ist. Daß auch schon die bloße Beteuerung einem maßlosen Freiheitsanspruch entspringt, da in ihr die Welt eben als Eigentum reklamiert ist, ist offensichtlich. – Hegel hat den Ausdruck „Idealismus" in diesem breitesten Sinne gebraucht und sich in seiner „Philosophie des Rechts" nicht gescheut, das fressende Tier, sofern es sich Welt in Form von Beute aneignet, einverleibt und sich einbildet, also über sie als „seinige" verfügt, einen „Idealisten" zu nennen. – Fichte war Idealist, weil er die Welt als etwas von ihm „Gesetztes", als

Produkt der Tathandlung seines Ichs, also als *sein* Produkt ansah. – Gemeinsam allen Idealismen im weitesten Sinne ist die Voraussetzung, daß die Welt *für* den Menschen, entweder als Gabe oder als in Freiheit Hergestelltes da sei – so daß der Mensch selbst nicht eigentlich zur Welt gehört; kein Weltstück, sondern den Gegenpol der Welt darstellt. Die Deutung dieser Gabe, dieses „Datums", als „Sinnesdatums" ist nur eine Spielart von Idealismus unter vielen, und wohl kaum dessen erheblichste.

Wenn es von allen Spielarten des Idealismus gilt, daß sie die Welt in ein Possessivum ummünzen: in einen Herrschaftsbereich (Genesis); in ein Wahrnehmungsbild (Sensualismus); in ein Konsumgut (Hegels Tier); in ein Produkt des Setzens oder der Herstellung (Fichte); in Eigentum (Stirner) – so darf in unserem Falle der Ausdruck tatsächlich mit bestem Gewissen verwandt werden, da alle nur möglichen Nuancen des Possessivs hier vereinigt sind.

Wie weit also die Geräte des Rundfunks und des Fernsehens die Fenster zur Welt auch aufreißen mögen, zugleich machen sie den Weltkonsumenten zum „Idealisten".

Roland Barthes

Das Gesicht der Garbo (1964)

Greta Garbo gehört noch zu jenem Augenblick in der Geschichte des Films, da das Erfassen des menschlichen Gesichts die Massen in die größte Verwirrung stürzte, da man sich buchstäblich in einem menschlichen Abbild verlor wie in einem Liebestrank, da das Gesicht eine Art von absolutem Zustand des Fleisches bildete, den man nicht erreichen und von dem man sich nicht lösen konnte. Ein paar Jahre früher bewirkte das Gesicht Valentinos Selbstmorde; das der Garbo gehört in denselben Bereich ritterlicher Lieben, in dem das Fleisch mystische Gefühle des Verdammtseins hervorruft.

Es ist gewiß ein bewunderungswürdiges Gesicht-Objekt. In *Königin Christine*, einem Film, der in den letzten Jahren wieder in Paris zu sehen war, hat die Schminke die schneeige Dichte einer Maske. Es ist kein gemaltes Gesicht, es ist ein gipsartiges Gesicht, an der Oberfläche verschlossen durch die Farbe und nicht durch seine Linien. In diesem zugleich verletzlichen und kompakten Schnee sind allein die Augen – schwarz wie seltsames Fruchtfleisch, doch keineswegs expressiv – zwei ein wenig zitternde Verletzungen. Selbst in seiner außerordentlichen Schönheit nähert sich dieses nicht gezeichnete, sondern eher aus dem Glatten und Mürben gearbeitete, das heißt gleichzeitig vollkommene und ephemere Gesicht dem mehligen Gesicht Chaplins, seinen Augen, die die eines dunklen Gewächses sind, seinem Totengesicht.

Nun impliziert die Versuchung der totalen Maske (die antike Maske zum Beispiel) möglicherweise weniger das Thema des Geheimnisses (wie es bei den italienischen Halbmasken der Fall ist) als das eines Archetypus des menschlichen Gesichts. Die Garbo offenbarte so etwas wie eine platonische Idee der Kreatur, und das erklärt, warum ihr Gesicht fast entsexualisiert ist, ohne deshalb zweifelhaft zu sein. Allerdings leistet der Film (die Königin Christine ist nacheinander Frau und junger Ritter) dieser Ungeteiltheit Vorschub. Doch die Garbo vollbringt keine Verkleidungsleistung, sie ist immer sie selbst und trägt ohne Vorspiegelung unter ihrer Krone oder ihren großen tiefen Filzhüten dasselbe Gesicht aus Schnee und Einsamkeit. Ihr Beiname (die *Göttliche*) sollte gewiß weniger einen höchsten Zustand der Schönheit wiedergeben als vielmehr das Wesen ihrer körperlichen Person. Sie selbst wußte es. Wie viele Schauspieler waren bereit, die Menge die beunruhigende Reifung ihrer Schönheit sehen zu lassen. Sie dagegen nicht: die Essenz durfte nicht verfallen, ihr Gesicht durfte niemals eine andere Wirklichkeit haben als die seiner mehr noch geistigen als plastischen Vollkommenheit. Die Essenz hat sich allmählich verdunkelt, hat sich nach und nach verschleiert durch Brille, Kapuze und Exile, niemals aber ist sie entstellt worden.

Und doch zeichnet sich in diesem vergöttlichten Gesicht etwas Eindringlicheres als eine Maske ab, etwas wie eine willentliche und also menschliche Beziehung zwischen der Krümmung der Nasenflügel und dem Bogen der Augenbrauen, ein seltener individueller Zusammenhang zwischen zwei Bereichen des Gesichts. Die Maske ist nur eine Addition von Linien, das Gesicht dagegen ist vor allem eine thematische Erinnerung der einen an die anderen. Das Gesicht der Garbo steht ein für jenen flüchtigen Augenblick, in dem der Film eine existentielle Schönheit aus einer essentiellen Schönheit gewinnt, in dem der Archetypus das Faszinierende vergänglicher Gesichter durchscheinen läßt; in dem die Klarheit des Fleisches einer Lyrik der Frau Platz macht.

Im Augenblick des Übergangs versöhnt das Gesicht der Garbo zwei ikonographische Zeitalter, es sichert den Übergang vom Schrecken zum Charme. Heute befinden wir uns bekanntlich am entgegengesetzten Pol der Entwicklung. Das Gesicht Audrey Hepburns zum Beispiel ist individualisiert, nicht nur wegen der besonderen Thematik (Kindfrau, Katzenfrau), sondern auch durch die Person, durch eine Spezifizierung des Gesichts, das nichts Essentielles mehr hat, sondern durch ein unendliches Gewebe morphologischer Funktionen gebildet wird. Als Sprache war die Einzigartigkeit der Garbo von begrifflicher Ordnung, die der Hepburn ist von substantieller Ordnung. Das Gesicht der Garbo ist Idee, das der Hepburn ist Ereignis.

Hans Magnus Enzensberger

Bewußtseinsindustrie (1962)

Die Bewußtseinsindustrie wird uns schon in der allernächsten Zukunft nötigen, von ihr als einer radikal neuen, mit den Maßen ihrer Anfänge nicht mehr zu bestimmenden, rapide zunehmenden Macht Notiz zu nehmen. Sie ist die eigentliche Schlüsselindustrie des zwanzigsten Jahrhunderts. Wo immer heute ein hochentwickeltes Land okkupiert oder befreit wird, wo immer es zu einem Staatsstreich, einer Revolution, einem Umsturz kommt, bemächtigt sich das neue Regime nicht mehr zuallererst der Straße und der schwerindustriellen Zentren, sondern der Sender, der Druckereien und der Fernmeldeämter. Während die Manager und Experten der Schwer- und der Konsumgüterindustrien sowie der öffentlichen Dienste ihre Positionen im allgemeinen behaupten können, werden die Funktionäre der Bewußtseinsindustrie unverzüglich ausgewechselt. In diesen extremen Lagen wird ihre Schlüsselstellung sichtbar.

Vier Bedingungen ihrer Existenz lassen sich auf den ersten Blick ausfindig und abgekürzt namhaft machen:

1. Aufklärung, im weitesten Sinn, ist die philosophische Voraussetzung aller Bewußtseinsindustrie. Sie ist auf den mündigen Menschen auch dort noch angewiesen, wo sie seine Entmündigung betreibt. Ihr Monopol kann sie erst errichten, wenn das der Theokratie gebrochen ist und mit ihr der Glaube an Offenbarung und Erleuchtung, an den durch die Priesterschaft vermittelten heiligen Geist. Diese philosophische Voraussetzung ist, seit dem Erlöschen der tibetanischen Theokratie, überall auf der Welt gegeben.

2. Die politische Voraussetzung der Bewußtseinsindustrie ist die Proklamation (nicht die Verwirklichung) der Menschenrechte, insbesondere der Gleichheit und der Freiheit. Der historische Modellfall ist, für Europa, die Französische

Revolution, für die kommunistischen Länder die Oktoberrevolution und für die amerikanischen, asiatischen und afrikanischen Länder die Befreiung vom Kolonialismus. Erst die Fiktion, als habe jeder Mensch das Recht, über die Geschicke des Gemeinwesens und über sein eigenes zu verfügen, macht das Bewußtsein, das der einzelne sowie die Gesellschaft von sich selber hat, zum Politikum und dessen industrielle Induktion zur Bedingung einer jeden künftigen Herrschaft.

3. Ökonomisch geht ihrer Entwicklung die primäre Akkumulation voraus. Unter frühkapitalistischen (oder analogen) Bedingungen, das heißt, solange Arbeiter und Bauern vom Ertrag ihrer Arbeit nur das nackte Dasein fristen können, ist Bewußtseinsindustrie nicht möglich, auch nicht erforderlich. In diesem Stadium setzt der unverhüllte ökonomische Zwang die Fiktion, als hätte das Proletariat über seine eigene Verfassung zu entscheiden, völlig außer Kraft; zur Unterhaltung der herrschenden Minorität genügen aber vorindustrielle Verfahren der Bewußtseinsvermittlung. Erst wenn die Grundstoffindustrie aufgebaut und die massenhafte Herstellung von Konsumgütern gesichert ist, kann sich die Bewußtseinsindustrie entfalten. Die Verfeinerung der Produktionsmethoden erzwingt einen immer höheren Ausbildungsgrad nicht nur der dirigierenden Schicht, sondern der Mehrheit aller Bürger. Ihr steigender Lebensstandard bei sinkender Arbeitszeit erlaubt ihnen erst, Bewußtsein in einem andern als dem dumpfsten Sinn zu haben. Dabei werden Energien frei, die für die Herrschenden nicht ungefährlich sind. Der Vorgang ist heute in manchen Entwicklungsländern zu beobachten, wo er lange Zeit künstlich retardiert worden war; über Nacht ist dort wohl die politische, nicht aber die ökonomische Voraussetzung der Bewußtseinsindustrie zu erfüllen.

4. Der ökonomische Prozeß der Industrialisierung bringt die letzten, nämlich die technologischen Voraussetzungen, ohne die Bewußtsein industriell nicht induziert werden kann, gleichsam von selber mit. Die Grundlagen der Funk-, Film-, Phono- und Fernsehtechnik wurden erst gegen Ende des

neunzehnten Jahrhunderts, also zu einem Zeitpunkt gelegt, da die Elektrotechnik in die industrielle Güterproduktion längst Eingang gefunden hatte. Dynamo und Elektromotor gingen der Verstärkerröhre und der Filmkamera voraus. Diese historische Verspätung entspricht der ökonomischen Entwicklung. Allerdings müssen die technischen Voraussetzungen der Bewußtseinsindustrie nicht überall von neuem erkämpft werden; sie sind überall und ein für allemal vorhanden.

Dagegen sind ihre politischen und ökonomischen Bedingungen bis heute nur in den mächtigsten Teilen der Welt voll erfüllt. Aber ihre Verwirklichung steht überall bevor. Es handelt sich um einen irreversiblen Prozeß. Daraus folgt: jede Kritik an der Bewußtseinsindustrie, die deren Abschaffung fordert, ist hilf- und sinnlos. Sie läuft auf den selbstmörderischen Vorschlag hinaus, Industrialisierung überhaupt rückgängig zu machen, zu liquidieren. Daß eine solche Liquidierung unserer Zivilisation durch sie selber technisch möglich ist, verhilft den Vorschlägen ihrer reaktionären Kritiker zu einer makabren Ironie. So hatten sie ihre Forderungen nicht gemeint: verschwinden sollten nur die Neuzeit, der Massenmensch und das Fernsehen. Ihre Kritiker gedachten übrigzubleiben. [...]

Die Zweideutigkeit, die darin liegt, daß die Bewußtseinsindustrie ihren Konsumenten immer erst einräumen muß, was sie ihnen abnehmen will, wiederholt und verschärft sich, wenn man ihre Produzenten, die Intellektuellen, ins Auge faßt. Zwar verfügen nicht sie über den industriellen Apparat, sondern der Apparat verfügt über die Intellektuellen; aber auch diese Beziehung ist keineswegs eindeutig. Oft genug hat man der Bewußtseinsindustrie vorgeworfen, sie betreibe den Ausverkauf von „Kulturwerten". Der Vorgang weist darauf hin, in welchem Maß sie auf die eigentlich produktiven Minoritäten angewiesen ist; soweit sie deren aktuelle Arbeit, als mit ihrem politischen Auftrag unvereinbar, zurückweist, sieht sie sich auf die Dienste opportunistischer Intellektueller und auf die Adaption des Alten verwiesen, das diesen freilich unter den Händen verrottet. Ihre primären Energien können der Bewußtseinsindustrie ihre Beherrscher, wer sie auch seien, nicht mitteilen; sie verdanken sie eben jenen Minderheiten, zu deren Elimination sie beauftragt ist: den Urhebern, die sie als Randfiguren verachtet oder als Stars petrifiziert und deren Ausbeutung die Ausbeutung der Konsumenten erst ermöglicht. Was für die Abnehmer der Industrie gilt, gilt erst recht für ihre Produzenten: sie sind ihr Partner und ihr Feind zugleich. Beschäftigt mit der Vervielfältigung von Bewußtsein, vervielfältigt sie ihre eigenen Widersprüche und vergrößert die Differenz zwischen dem, was ihr aufgetragen ist, und dem, was sie ausrichtet.

Jede Kritik an der Bewußtseinsindustrie ist unnütz oder gefährlich, die diese Zweideutigkeit nicht erkennt. Wieviel Torheit hier im Spiel ist, geht schon aus der Tatsache hervor, daß die meisten unter ihren Betrachtern auf ihre eigene Position gar nicht reflektieren: als wäre nicht Kulturkritik selbst ein Teil dessen, was sie kritisiert, als könnte sie sich überhaupt äußern, ohne der Bewußtseinsindustrie sich zu bedienen, oder vielmehr: ohne daß diese sich ihrer bediente.

Alles undialektische Denken hat hier sein Recht verloren, und jeder Rückzug ist ausgeschlossen. Verloren wäre auch, wer sich aus Widerwillen vor den industriellen Apparaten ins vermeintlich Exklusive zurückzöge, da die industriellen Muster längst bis in die Veranstaltungen der Konventikel durchschlagen. Überhaupt bleibt zwischen Unbestechlichkeit und Defaitismus zu unterscheiden. Es handelt sich nicht darum, die Bewußtseinsindustrie ohnmächtig zu verwerfen, sondern darum, sich auf ihr gefährliches Spiel einzulassen. Dazu gehören neue Kenntnisse, dazu gehört eine Wachsamkeit, die auf jegliche Form der Pression gefaßt ist.

Die rapide Entwicklung der Bewußtseinsindustrie, ihr Aufstieg zu einer Schlüsselinstanz der modernen Gesellschaft, verändert die soziale Rolle des Intellektuellen. Er sieht sich neuen Gefahren und neuen Möglichkeiten ausgesetzt. Er hat mit Bestechungs- und Erpressungsversuchen neuer und subtiler Art zu rechnen. Freiwillig oder unfreiwillig, bewußt oder unbewußt, wird er zum Komplizen einer Industrie, deren Los von ihm abhängt wie er von dem ihren, und deren heutiger Auftrag, die Zementierung der etablierten Herrschaft, mit dem seinen unvereinbar ist. Wie er sich auch verhält, er setzt auf dieses Spiel nicht nur, was ihm gehört.

2. Fromme Projektionen

Theodor W. Adorno

Aberglaube aus zweiter Hand (1962)

Das Tageshoroskop der Los Angeles Times bemüht sich, wie die Zeitung insgesamt, um Respektabilität. Man ist sparsam mit Äußerungen wilden Aberglaubens. Das irrational waltende Prinzip wird im Hintergrund gehalten. Ohne Erörterung ist supponiert, daß die Vorhersagen und Ratschläge den Sternen sich verdanken. Spezifisch astrologische Details aber, ausgenommen die zwölf Tierkreiszeichen, fehlen. Vermieden ist der astrologische Fachjargon ebenso wie sinistre Reden von bevorstehenden Katastrophen und drohendem Weltuntergang. Was immer vorgebracht wird, klingt solid und gesetzt. Geflissentlich wird Astrologie als etwas behandelt, das ein für allemal feststeht, gesellschaftlich anerkannt ist, als unbestrittener Bestandteil von Kultur. Kaum je gehen die praktischen Ratschläge über das hinaus, worauf man in den ähnlich beliebten Spalten stößt, die sich den sogenannten human relations, populärer Psychologie widmen. Von ihnen unterscheidet sich einzig der Gestus stillschweigend magischer Autorität, mit dem der Schreiber seine Weisheiten vorbringt. Beziehungslos sticht er vom hausbackenen Inhalt ab. Solche Diskrepanz hat ihren Grund. Die vernünftig sich gebärdenden Ratschläge wirken, ihres apokryphen Ursprungs wegen, nur, wenn sie mit Autorität sich unterstreichen; die Spalte scheint davon überzeugt zu sein, es müßten ihre Leser zur Vernünftigkeit gezwungen werden. Das autoritäre Moment begegnet auch in der Allerweltspsychologie der Zeitungen auf Schritt und Tritt. Nur ist Autorität dort die des Experten, nicht des Magiers, während dieser, im Horoskop, als Experte zu reden bemüßigt sich fühlt. Gleichwohl läßt er auf nichts so Tangibles sich ein wie theologische Dogmen. Das waltende Prinzip ist, wenn überhaupt, als Unpersönliches, dinghaft vorgestellt. Der Horizont ist der eines naturalistischen Supranaturalismus. Das unerbittlich Anonyme, kopflos Verhängte des abstrakten Schicksalsgrundes setzt in dem untergründig Drohenden sich fort, das dem dort geschöpften Rat anhaftet. Nach dem Zusammenhang beider und der Quelle selbst wird vom astrologischen Raisonnement nicht gefragt. Er bleibt ein namenloses Vakuum. Darin reflektiert sich gesellschaftliche Irrationalität: die Undurchsichtigkeit und Zufälligkeit des Ganzen fürs Einzelindividuum. Nicht nur naive Menschen trachten vergebens, die Konsequenzen der durchorganisierten und doch ihrer selbst unbewußten Gesamtverfassung für ihre eigene Existenz zu durchschauen; die objektiven Antagonismen als solche steigern sich bis zum Unbegreiflichen, zur Drohung der losgelassenen Technik, der alle Anstrengung der ratio galt. Aus dem Mittel, das Dasein zu verbessern, schickt jene sich an, in den Selbstzweck seiner absoluten Negation umzuschlagen. Wer unter der gegenwärtigen objektiven Unvernunft des Ganzen überleben will, gerät in Versuchung, es einfach hinzunehmen, ohne über Absurditäten wie das Verdikt der subjektlosen Sterne viel zu staunen. Die Verhältnisse trotz allem rational zu durchdringen, wäre unbequem nicht bloß der intellektuellen Anstrengung wegen. Astrologie zeigt sich wahrhaft verschworen mit den Verhältnissen selbst. Je mehr den Menschen das System ihres Lebens als Fatum erscheinen muß, das blind über ihnen waltet und gegen ihren Willen sich durchsetzt, um so lieber wird es mit den Sternen in Verbindung gebracht, als ob dadurch das Dasein Würde und Rechtfertigung erlangte. Zugleich setzt die Einbildung, die Sterne böten Rat, wenn man nur in ihnen zu lesen vermöchte, die Furcht vor der Unerbittlichkeit der sozialen Prozesse herab. Diese Furcht wird von den Sternkundigen gelenkt und ausgebeutet. Der Zuspruch, den die unerbittlichen Sterne auf ihr Geheiß spenden, läuft darauf hinaus, daß nur, wer vernünftig sich verhält: sein inneres wie äußeres Leben völliger Kontrolle unterwirft, irgend die Chance hat, den irrationalen und widersprüchlichen Forderungen des Daseins gerecht zu werden. Das heißt aber: durch Anpassung. Die Diskrepanz von rationalen und irrationalen Momenten in der Konstruktion des Horoskops ist Nachhall der Spannung in der gesellschaftlichen Realität selbst. Vernünftig sein heißt in ihr nicht: irrationale Bedingungen in Frage stellen, sondern aus ihnen das Beste machen. [...]

Genährt wird insbesondere der Narzißmus. Wenn der Zeitungsastrolog die Qualitäten und die Chancen seiner Leser rühmt, sie als außerordentliche Persönlichkeiten hinstellt, riskiert er Albernheiten, von denen es schwerfällt, sich vorzustellen, daß sie vom Dümmsten für bare Münze genommen werden könnten; aber der Schreiber spekuliert auf die mächtigen libidinösen Ressourcen der Eitelkeit. Ihr ist jedes Mittel der Befriedigung recht. An nächster Stelle steht die Angst, die er dem Leser mehr oder minder versteckt suggeriert. Daß jeder stets von etwas bedroht werde, muß aufrechterhalten werden: sonst verkümmert das Hilfsbedürfnis. Drohung und Beistand sind dabei so ineinander verflochten wie bei manchen Geisteskrankheiten. Das Moment der Drohung findet sich freilich bloß angedeutet: sonst empfinge der Leser einen Stoß, den er am wenigsten vom Horoskop wünscht. Die lauernde Gefahr etwa, die Stellung zu verlieren, findet im Horoskop zum lösbaren Konflikt mit Vorgesetzten oder zum kleinen Ärger im Beruf sich abgeschwächt. Kündigung oder Entlassung werden in dem analysierten Material nicht ein einziges Mal erwähnt. Beliebt dagegen sind Verkehrsunfälle. Sie beeinträchtigen den Narzißmus des Lesers nicht, sind ein ihm Äußerliches, dem er fast ohne sein Zutun verfällt, unbeseeltes Unglück. Verkehrssünder werden denn auch von der öffentlichen Meinung nur selten als Verbrecher gebrandmarkt. Zugleich fügen Verkehrsunfälle einer zentralen Intention des Horoskops sich ein: eben der, angeblich irrationale Vorgefühle in den Ratschlag zu übersetzen, man solle vernünftig sein. Die Sterne werden aufgeboten, um harmlosen, wohlgemeinten aber höchst trivialen Ermahnungen wie der, bedächtig zu fahren, Glanz und Gewicht zu verleihen. In vereinzelten, ernsthaften Drohungen wie der, daß man an einem bestimmten Tag besonders vorsichtig sich verhalten müsse, wolle man nicht in Gefahr geraten, knallt die Peitsche, aber nur wie zur erinnernden Mahnung. Der psychische Gewinn, den der Leser aus alldem ziehen soll, liegt, abgesehen von der Möglichkeit unbewußter Befriedigung des Destruktionstriebes durch die angedeutete Drohung selber, in dem Versprechen von Hilfe und Linderung durch eine übermenschliche Instanz. Der Gehorsam ihr gegenüber erspart ihm, wie ein autonomes Wesen sich zu verhalten: er kann dabei sich beruhigen, daß ihm das Schicksal alles abnimmt. Betrogen wird er um die eigene Verantwortlichkeit. Das Horoskop meint Leser, die abhängig sind oder abhängig sich fühlen. Es setzt Ichschwäche voraus und reale gesellschaftliche Ohnmacht. [...]

Zum Gefühl, erfaßt zu sein und nichts über das eigene Schicksal zu vermögen, tritt das hinzu, das System treibe ungeachtet seiner funktionalen Rationalität der Zerstörung durch sich selbst entgegen. Seit dem Ersten Weltkrieg ist das Bewußtsein der permanenten Krise nicht geschwunden. Weder die Reproduktion der Gesamtgesellschaft noch die des Einzelnen gelingt mehr durch die nach traditioneller Theorie normalen ökonomischen Prozesse, sondern durch die versteckte und widerrufliche Zuwendung, wenn nicht durch allseitige Aufrüstung. Die Aussicht ist um so verzweifelter, je weniger am Horizont eine höhere Form der Gesellschaft sich abzeichnet. Darauf spricht Astrologie an. Ihre Leistung ist es, das wachsende Grauen in pseudorationale Formen zu kanalisieren, die flutende Angst in festen Mustern zu binden, sie sozusagen selbst noch zu institutionalisieren. Das sinnlos Unausweichliche wird zum leer grandiosen Sinn überhöht, dessen Leere die Trostlosigkeit ausdrückt, Parodie von Transzendenz. Die Substanz von Astrologie erschöpft sich in der Spiegelung der empirischen Welt, deren Undurchsichtigkeit sie trifft, wo sie Transzendenz vorgaukelt. Zugeschnitten ist sie gerade auf Typen, die sich in illusionsloser Skepsis gefallen. Den religiösen Kult erniedrigt sie zu einem der Tatsachen, ganz wie die schicksalsträchtigen Entitäten der Astrologie, die Sterne selber, in ihrer Tatsächlichkeit berufen werden: als Dinge, die mathematisch-mechanischen Gesetzen unterstehen. Astrologie fällt nicht einfach auf ältere Stufen der Metaphysik zurück. Vielmehr verklärt sie die aller metaphysischen Qualitäten entkleideten Dinge zu quasimetaphysischen Wesenheiten wie die science fiction. Nie wird der Boden der entzauberten Welt unter den Füßen verloren. Die hypostasierte Wissenschaft behält das letzte Wort. Comtes Postulat, der Positivismus solle sich selbst zur Religion werden, hat hämisch sich erfüllt. Spiegelbild der undurchsichtigen, verdinglichten Objektivität, bildet Astrologie zugleich die sie transzendierenden Bedürfnisse der Subjekte zurechtgestutzt, perspektivisch ab. Die Menschen, längst unfähig, irgend zu denken oder zu begreifen, was der Wirklichkeit, wie sie ist, nicht gliche, streben zugleich verzweifelt von dieser weg. Statt der leidvollen Anstrengung, bewußt zu durchdringen, was sie so trübselig macht, suchen sie im Kurzschluß der dumpfen Ahnung Herr zu werden, verstehend halb und halb flüchtend in vorgebliche höhere Bereiche. Darin ist Astrologie eines Sinnes mit Massenmedien wie dem Film: sie drapiert als Bedeutung und leuchtend Einmaliges, spontan das Leben Wiederherstellendes die gleichen verdinglichten Beziehungen, über die sie täuscht. Denn die Bewegung der Sterne, aus der angeblich alles erklärt werden könne, erklärt selber gar nichts. Die Sterne lügen nicht, aber sie sagen auch nicht die Wahrheit. Dafür lügen die Menschen. Bis heute blieb Astrologie schuldig zu sagen, warum und wie die Sterne ins Leben der Einzelnen eingreifen. Der Fragende wird abgespeist mit wissenschaftlichem Brimborium, unbeweisbare oder unsinnige Behauptungen werden geschickt mit Elementen von Faktizität und astronomischer Gesetzlichkeit gespickt. Das Konglomerat aus Rationalem und Irrationalem, das den Namen Astrologie trägt, reflektiert in solchem Zugleichsein des Unvereinbaren den kardinalen gesellschaftlichen Antagonismus. Hier geht es so rational zu wie dort – bei den Sternen nach der Mathematik, im empirischen Dasein nach dem Tauschprinzip. Irrational ist die Unverbundenheit. Soweit die Feststellungen der Astrologen stellare Vorgänge betreffen, sind sie sichtlich bemüht um Übereinstimmung mit den astronomisch kontrollierbaren Sternbewegungen. Vom gegenwärtigen gesellschaftlichen Dasein wissen sie genug: ihrer Einschätzung der Opfer ist keine Spur wahnhafter Vorstellungen beigemischt. Geheimnis und Trick der Astrologie ist lediglich die Art, wie sie die unter sich beziehungslosen, isoliert rational behandelten Sphären der Sozialpsychologie und der Astronomie vereint.

Ulrich Magin

Zeichen am Himmel (1992)

Die soziale Rolle, die der Entführte in der Ufo-Welt einnimmt, läßt sich mit der des Sehers oder Schamanen vergleichen. Entführungsopfer sind von den Außerirdischen auserwählt und werden oft das ganze Leben hindurch immer wieder kontaktiert. Sie geben ihre Botschaft an die Welt weiter, finden Anerkennung jedoch nur unter denen, die ohnehin schon an die Sternenbrüder glauben. Während sie bei den Ufo-Gläubigen zu Prestigepersonen aufsteigen, werden sie von der Außenwelt verspottet. Der Entführte beharrt auf seiner Aufrichtigkeit, der Glaube an seine Ehrlichkeit stärkt und bindet die Gruppe der Gläubigen.

So gleicht die Funktion des Entführten der des Schamanen oder Seherkindes. Er vermittelt zwischen Überirdischem und

Irdischem. Er zieht Bewunderung auf sich und erträgt stoisch den Spott der Ungläubigen. Doch während hinter dem Schamanen die ganze Gemeinschaft und hinter dem Seherkind die gesamte Konfession steht, findet der Entführte einzig bei den Ufo-Fanatikern Gehör, die selbst nur eine Randgruppe der Gesellschaft darstellen. Das scheint sich allmählich zu ändern, denn eine New Yorker Entführte berichtet, sie werde in Intellektuellenkreisen wegen ihrer Erfahrung wie eine Heilige behandelt.

So fehlt dem Entführten vor allem die Unterstützung seiner Mitmenschen – ein Problem, das der Seher nicht kennt. Es scheint, daß nur Seher in sehr puritanisch-protestantischer Umgebung unter einer ähnlichen Intoleranz leiden müssen, wie der Fall des Lynchmordes an dem Gründer der Mormonenkirche, Joseph Smith, zeigt.

Die Entführung ist nur eine von vielen visionären Erfahrungen, allerdings ist sie auch die in ihrer Interpretation eingeschränkteste Form. Da die Opfer glauben, von realen Raumschiffbesatzungen untersucht worden zu sein, erschließt sich ihnen die tiefere Bedeutung ihres Erlebnisses nicht. Zudem können Skeptiker die Realität der Erfahrung einfach mit der Forderung nach materiellen Beweisen vom Tisch wischen. Marienerscheinungen wurden nie eindimensional physikalisch interpretiert, kaum ein Wissenschaftler würde es wagen, die Seher mit Spott und Ironie abzukanzeln. Weil unsere Gesellschaft verlernt hat, religiös-visionäre Erfahrung in ihr Weltbild zu integrieren, muß es zwangsläufig zu Konflikten zwischen dem Entführten und seiner Alltagsumgebung kommen.

Diese strenge Abweisung liegt wohl in der simplizistischen Interpretation des Erlebten als reales Ereignis begründet. Kein Physiker muß nachweisen, daß eine leiblich in den Himmel aufgenommene Mutter Gottes nicht auf einer Wolke zur Erde schweben kann, um auf die subjektive Natur dieser Erfahrung aufmerksam zu machen.

Ähnlich liegt der Fall bei Nahtoderlebnissen und außerkörperlichen Erfahrungen. Obwohl auch sie häufig stark interpretiert berichtet werden (im Sinne der jeweiligen Religion des Wahrnehmers), bestreitet kaum jemand ihre subjektive Natur oder den Nutzen ihrer wissenschaftlichen Erforschung. Die Medizinerin Susan Blackmore, die Nahtoderfahrungen untersucht hat, denkt, daß sie konventionell medizinisch erklärt werden können. Was aber wirklich von Bedeutung sei, sei die psychologische Wirkung der Erfahrung, es handle sich um „lebensverwandelnde und wichtige Halluzinationen". Der Vergleich mit den einschneidenden Erlebnissen der Entführten liegt auf der Hand. [...]

Neben dieser konkret erlebten transzendenten Erfahrung hat der Post-Freudianer Abraham Maslow das Konzept der „peak experience", der Grenzerfahrung, in die Diskussion gebracht. Es handelt sich dabei um eine vage Form des religiösen Empfindens, „Momente großer Ergriffenheit, Augenblicke des intensivsten Glückes, sogar Benommenheit und Ekstase". Maslow schreibt: „Offensichtlich ist die akute mystische oder Grenzerfahrung eine ungeheure Intensivierung aller Erfahrungen, in denen es einen Ich-Verlust oder eine Ich-Transzendenz gibt." Er plädiert dafür, „diese Erfahrung von jedem theologischen oder übernatürlichen" Bezug zu lösen und dann wissenschaftlich zu untersuchen. Was jedoch bei Nahtoderfahrungen und „akuten mystischen Erfahrungen" möglich ist, scheint bei diesen Erlebnissen unmöglich.

Die Grenzerfahrung, die sekundenlange Einsicht in Sinn und Ordnung des Lebens, hat Maslow vor allem bei gesunden, tüchtigen Menschen vorgefunden. Er hält sie für wichtig und heilsam und versucht, Methoden zu entwickeln, durch die Grenzerfahrungen nach Wunsch erlebt werden können.

Der britische Biologe Hardy zitiert eine Umfrage, nach der 62 Prozent der befragten Briten bereits Grenzerfahrungen erlebt hatten, davon drückten sich 41 Prozent in traditionell-religiöser Terminologie aus. Es handle sich um eine abstrakte Erfahrung, „weit entfernt vom Klischee der Vision à la ‚Saulus auf dem Weg nach Damaskus'". Aber eben dieses spontane, bildhafte transzendente Erlebnis der Entführung läßt sich nicht so einfach mit wissenschaftlicher Terminologie beschreiben und bleibt daher weiterhin tabuisiert.

Wir leben in einer säkularisierten, entmythologisierten Gesellschaft. Sakrale und magische Handlungen sind bis zur Unkenntlichkeit trivialisiert worden. Jung spricht daher auch vom „Heiligen in der Verkleidung". Die westliche Gesellschaft ist die erste Zivilisation, die ohne Bezug auf ein zentrales Heiliges geschaffen wurde.

Der Soziologe Peter L. Berger meint dazu: „Wahrscheinlich zum ersten Mal in der Geschichte sind die religiösen Legitimierungen der Welt nicht mehr plausibel – und das nicht nur für eine Handvoll Intellektueller, sondern für große Teile der gesamten Gesellschaft. Das hat nicht nur die Institutionen, sondern auch das persönliche Leben jedes einzelnen in eine Krise gestürzt. In anderen Worten: Es stellt sich das Problem des ‚Sinn und Zweckes' der Alltagsroutine." Die Notwendigkeit der Sinnfindung äußert sich spontan in den Entführungsberichten. Jung spricht davon, daß die Ufo-„Epidemie in einem kompensatorischen Gegensatz zu unserer naturwissenschaftlichen Weltanschauung steht".

In einer säkularisierten, industrialisierten Gesellschaft muß die visionäre Erfahrung im Gewand der technischen Sage auftreten (Entführung durch Außerirdische), so wie sie im Mittelalter im ländlichen Gewand der Koboldbegegnung erlebt wurde und in der von Religionskriegen erschütterten frühen Neuzeit als teuflische Anfechtung von Hexen. Das bedeutet, daß diese Erfahrung jeweils in der Terminologie der betreffenden Zeit berichtet und dem herrschenden Weltbild angeglichen wurde.

In seinem Aufsatz „UFO Abductions as Religious Folklore" (Ufo-Entführungen als religiöse Sage, 1987) erklärte Méheust, warum Ufo-Entführungen so umstritten sind. Das liege daran, daß sie spontan, nicht wie früher nach langem Initiationstraining, erlebt werden und daher nicht richtig verarbeitet werden können. Daher sei der Ufo-Zeuge unfähig, die fremde Welt, die sich vor ihm auftut, zu erschließen und zu seinem Vorteil zu nutzen. Dazu kommt, daß die Gesellschaft den Wahrnehmer auf seinem Weg nicht mehr länger unterstütze: „Die Entführung durch Ufos wird heute nicht mehr als religiöse Erfahrung begriffen und als solche autorisiert, sie wird nur als Mythos des Raumfahrtzeitalters toleriert. Nur Verrückte nehmen sie ernst. Sie ist zu einer illegitimen Erfahrung geworden."

In der modernen Gesellschaft ist das erlebbare Heilige so weit vom Alltäglichen entfernt, daß sowohl das Opfer der Entführung wie auch seine Umwelt offenbar nur eine platte technologische Interpretation des Erlebten verstehen können (es drängt sich der Vergleich zu Dänikens Methode der Mytheninterpretation als Reportagen über vergessene Technologie auf). Niemand hilft dem Zeugen, seine Erlebnisse zu verstehen. Das verbissene Festhalten der Ufo-Gläubigen am außerirdischen Experiment als Erklärung macht es den Kritikern und Spöttern einfach, das Erlebte als irrelevant zu ignorieren. Peter Berger spricht von „der Unfähigkeit des modernen Menschen, mythologisch zu denken". Der plötzliche Einbruch der fremden Welt der Visionen in die entmythologisierte Welt läßt Zeugen und Gesellschaft hilflos zurück.

Diese Hilflosigkeit ist bei Marienerscheinungen kaum festzustellen. Das Seherkind steht im Mittelpunkt des Interesses, wird (manchmal) von erwachsenen Autoritätspersonen ernstgenommen und in seiner Mittlerrolle bestärkt. Die Erscheinungen kehren in regelmäßigen Abständen zurück, die zusammenströmende Menge der Gläubigen gibt dem Seher Kraft und Sicherheit. Er lernt, mit seiner Erfahrung umzugehen. Viele Seherkinder hatten am Anfang ihres Kontaktes nur ein geringes Interesse an Religion, erhielten aber durch ihre Kontakte einen festen Platz in der religiösen Gemeinschaft, ein hoher Prozentsatz trat später in ein Kloster ein oder übernahm geistliche Aufgaben.

Diese Art der Bestätigung und langsamen Initiation, wie auch das feste Weltbild, vor dessen Hintergrund die Erfahrung mit Gewinn interpretiert werden kann, fehlen dem Entführten. Seine gewohnte Welt geht in Trümmer, ohne daß sich ihm eine vergleichbar wichtige neue erschließt. Daher ist die Konversion der Entführten, auch wenn sie einen tiefgreifenden Einschnitt in ihrem Leben darstellt, für die Opfer selten von dauerndem Wert. In ihrer Unfähigkeit, mit der Entführung zurechtzukommen, wenden sie sich an Randgruppen, die aus gleichfalls orientierungslosen Menschen bestehen.

In gewissem Sinne ist die Entführungsdebatte mit den Diskussionen um die Legitimität halluzinogener Drogen in den sechziger Jahren vergleichbar. Damals wie heute ging die Debatte zwischen jubelnden, unkritischen Verfechtern und rechthaberischen Ablehnern an dem Thema, dem Einbruch irrationaler Erfahrungen in die wohlgeordnete, rationale Welt, vorbei; damals wie heute kann weder von einer sachlichen Diskussion noch von sachlichen Argumenten die Rede sein. Die pauschale Abqualifizierung aller Ufo-Berichte als Märchen, Lügen und Halluzinationen geistig labiler Menschen zeugt von der gleichen Hilflosigkeit wie die Verteufelung halluzinogener Drogen und ein generelles Forschungsverbot.

Die Suche nach transzendenter Erfahrung sieht Peter Berger als Resultat der Säkularisierung: „Der heutige Mensch ist sehr allein in der Welt, das ist eine Folge des Verschwindens und Verneinens religiöser Erfahrungen... Die Geschichte der Säkularisierung ist die Geschichte des Ersetzens und Wiederauftauchens heiliger Symbole... Das Heilige hat von übernatürlichen auf profane Bezugspunkte gewechselt... Aber es gab auch immer gewaltsame Revolten gegen die Säkularität der modernen Welt."

Jung war ähnlicher Ansicht. Für ihn stellte die Ankunft der „fliegenden Untertassen" eine Rückkehr verdrängter Symbole des kollektiven Unbewußten in das Leben des modernen Westens dar. Der Autor Sergius Golowin nennt die Außerirdischen die „Götter der Atomzeit".

Méheust spricht davon, daß sich die Grenzen des Heiligen ständig verschieben. So könne heute die medizinische Untersuchung an Bord einer fliegenden Untertasse die Funktion des heiligen Handauflegens oder der Verstümmelung vor der Wiedergeburt des Schamanen übernehmen. „Es ist interessant zu sehen", schreibt Berger, „wie diese Remythologisierungen sich den Anschein der ‚Wissenschaftlichkeit' geben."

Berichte über Ufo-Kontakte sind Märchen, durch die der Entführte mit der Gesellschaft kommuniziert. Doch während Kinder Märchen intuitiv begreifen und die wichtigen darin verschlüsselten Informationen verwerten können, stellen Ufo-Geschichten für unsere Gesellschaft einen Fremdkörper dar. Mit der Physik wird man das Problem, warum solche Berichte so sprunghaft auftauchen, nicht lösen können; und es ist nur zu verständlich, daß die Naturwissenschaft nach der erfolgreichen Verdrängung des Mythos aus ihrer Domäne so aggressiv auf diesen Einbruch des Irrationalen in ihre exakte, geregelte Welt reagiert.

Daß aber der starke Wunsch nach einer Überwindung dieser säkularisierten, entmythologisierten Welt besteht, das zeigen nicht nur die Ufo-Sichtungen, sondern auch der erneute Ausbruch des Okkultismus, die Erfolge des New Age, die Bestseller sensationalistischer Autoren und der Eifer, mit dem an diese neuen Kulte geglaubt wird, weil schließlich etwas geglaubt werden muß.

3. Vom Bild zur Technik

Franz Marc

Kriegsziele (1914)

Lieber Kandinsky,
ich hab das traurige Gefühl, daß dieser Krieg wie eine große Flut zwischen uns beiden strömt, die uns trennt; der eine sieht den anderen kaum am fernen Ufer. Alles Rufen ist vergeblich, – vielleicht auch das Schreiben. In solcher Zeit wird jeder, er mag wollen oder nicht, in seine Nation zurückgerissen. Ich kämpfe in mir sehr dagegen an; das gute Europäertum liegt meinem Herzen näher als das Deutschtum; was Sie jetzt fühlen, weiß ich nicht. Ich selbst *lebe in diesem* Kriege. Ich sehe in ihm sogar den heilsamen wenn auch grausamen Durchgang zu unsern Zielen; er wird die Menschen nicht zurückwerfen, sondern Europa *reinigen,* „bereit" machen. Nach den ersten 4 Wochen unsäglicher Strapazen, die ich in den Vogesen durchzumachen hatte, nach allen Schrecknissen und Schreckbildern des Krieges bin ich seit Anfang Oktober in große Ruhe gekommen. Erst erkrankte ich an der Ruhr und lag 16 Tage im Lazarett in Schlettstadt still wie ein Knabe, dann reiste ich wieder meiner Truppe nach, die jetzt zwischen Metz und Toul steht, ohne Gefecht. Unsre ganze Division ist von den Vogesenkämpfen so dezimirt und auch durch Krankheit erschöpft, daß man ihr jetzt Ruhe gönnt und sie vorderhand überhaupt nicht wieder in's Gefecht läßt. So liegen wir in einem armseligen stillen Dörfchen Hageville, führen friedlich unsre armen Pferde zur Tränke, rauchen und kochen, spielen Schach und schlafen soviel wir können; ich hab mir ein stilles Zimmerchen gesichert, in dem ich tagsüber arbeite wie wenn ich in Ried wäre, – allerdings nicht male, – aber nachdenke und an einer langen Sache schreibe, – *das*

schreibe, das ich immer in Ried schreiben wollte und nicht konnte; der Krieg hat mir meine Gedanken gelöst. Ich bin nur leider von meiner Krankheit noch müde und arbeite langsam, mit Lücken der Ermüdung. Die Fenster klirren oft stundenlang von dem Bombardement vor Toul; die armen, braven Menschen, die dort kämpfen, auf beiden Seiten! Um ein Ziel, das sie nicht wissen und das doch ist. Europa thut heute dasselbe an seinem Leibe, was Frankreich in der großen Revolution an sich that. Hoffentlich bleibt uns der Napoleon des Empire erspart! Davor hab ich freilich oft Angst, daß die Gelegenheit in Europa noch einmal verpaßt wird! Daß es nochmals zu früh war, das große Blutopfer. Daß das Vordergrundsspiel der Politik, die große dumme Spinne ihr Netz behält; es *muß zerrissen* werden.

Schreiben Sie mir doch mal, über den großen Strom, der zwischen uns fließt. Haben Sie Lust? Ich erfuhr Ihre Adresse durch Klee. Grüßen Sie, wen Sie sonst von unserem Kreise in der Nähe wissen, herzlich von mir und nehmen Sie und Frau Münter einen festen Händedruck und Gruß

von Ihrem Fz. Marc.

Barbara Eschenburg

Das Geistige in der Kunst

Von „innerem Bild“, „Innenbild“, „innerem Blick“, „innerer Wendung“ sprechen so verschiedene Künstler wie Ernst Ludwig Kirchner und Wassily Kandinsky. Ähnliche Äußerungen finden sich bei anderen deutschen Künstlern der expressionistischen Generation. Der Philosoph Ernst Bloch hat 1923 in seinem Buch „Geist der Utopie“ zusammengefaßt, worum es den Neuerern ging:

„Das menschliche Innere und das Innere der Welt rücken

zusammen… Hier gibt es nichts mehr von außen zu leihen, die Seele braucht sich nichts Fremdes mehr vorschreiben zu lassen… Die Dinge werden so zu den Bewohnern des eigenen Inneren, und wenn die sichtbare Welt ohnedies schon zu verfallen, sich an eigener Seele zunehmend zu entleeren scheint, unkategoriell zu werden beginnt, so wollen danach in ihr und an ihr die Klänge der unsichtbaren zur Bildhaftigkeit werden: verschwindende Vorderseite, Füllesteigerung, ein Waldwerden, ein Einfluß und Rückfluß der Dinge in den Ichkristallwald, schöpferischer, tiefster Ausbruch, All-Subjektivismus in der Sache, hinter der Sache, als Sache selber, wobei der äußere Gegenstand in dem Maße verschwindet, wie er gleich einem der fünfhundert Götter Kantons im Tempel des verborgenen inneren Kanton wiederkehrt."

Die Freiheit, zu der die Künstler sich aufgerufen fühlten, ist diejenige vom Zwang des objektiv Gegebenen. Sie suchten die Schönheit nicht mehr in, sondern „hinter den Dingen". Das Subjekt des Künstlers wird jetzt zu der Instanz, die diesen Hintersinn an den Dingen zum Vorschein bringt. Das bedeutet, daß mit Hilfe der künstlerischen Subjektivität etwas ans Licht kommen soll, das außerhalb dieser Subjektivität liegt. So sagt Kandinsky:

„Der Sinn dieser Richtung ist ein doppelter: 1. Erwachen und Entwicklung des ‚inneren Blickes' und dadurch 2. das Erleben der großen und der kleinen Zusammenhänge, die mikro- und makrokosmischer Art sind."

Und August Macke schreibt im „Blauen Reiter":

„Die Sinne sind uns die Brücke vom Unfassbaren zum Fassbaren. Die Form ist uns Geheimnis, weil sie der Ausdruck von geheimnisvollen Kräften ist. Nur durch sie ahnen wir die geheimen Kräfte, den ‚unsichtbaren Gott'."

Deshalb ist nach Franz Marc auch die Aufgabe der Künstler:

„Durch ihre Arbeit ihrer Zeit Symbole zu schaffen, die auf die Altäre der kommenden geistigen Religion gehören und hinter denen der technische Erzeuger verschwindet." […]

Die neue Malerei entwickelt sich vor allem aus der Landschaftsmalerei des 19. Jahrhunderts in ihrer impressionistischen und symbolistischen Form. Während man in Frankreich und Italien bald zu anderen Themen überging, etwa das Stilleben oder Gegenstände aus der technischen Welt bevorzugte, blieb in Deutschland bis zum Ende des Ersten Weltkriegs und bei einzelnen Künstlern noch danach die Darstellung von Landschaft eines der Hauptgebiete der Malerei. Auch der praktische Ausgangspunkt ähnelte häufig den Umständen, die sich die Künstler im 19. Jahrhundert schufen. Wie in jener Zeit schlossen sie sich zu Künstlergruppen zusammen mit dem Ziel eines von den Zwängen der Gesellschaft befreiten natürlichen Lebens. Doch genossen sie das Landleben nur im Kontrast zum Leben in der Stadt, deren Vorzüge sie durchaus zu schätzen wußten. Die Künstlergruppe ‚Phalanx' in München um Kandinsky und die Dresdener ‚Brücke' sind hier vor allem zu nennen. Diese Künstler führten ein möglichst zwangloses Leben in der Nähe der Städte und verbrachten ihre Zeit mit sportlichen Betätigungen wie Baden und Wandern. Es ging ihnen dabei weniger um das Modell einer zukünftigen, am einfachen Leben der Bauern orientierten Gesellschaft wie den Künstlern um 1900, als vielmehr um ihre eigene Freiheit, um ein Leben neben den Zwängen der Gesellschaft, das sie als künstlerische Boheme durchaus auch in der Stadt praktizierten. [...]

Kandinsky und Marc sind am konsequentesten in dem Bemühen, im Bild die reale Landschaft in kosmische Zusammenhänge zu überführen. Kandinsky ist auch derjenige, der die Theorie der modernen Kunst auf die Grundlage theosophischer und anthroposophischer Spekulationen stellte und sich dafür derjenigen wissenschaftlichen Erkenntnisse bediente, die seine Theorie scheinbar stützten. So ist für ihn die damalige wissenschaftliche Leistung der Kernspaltung nicht Beleg für den Fortschritt und die Richtigkeit der Wissenschaft, sondern beinhaltet ihre Abdankung, da ihre früheren Ergebnisse sich als unhaltbar erwiesen hätten. Gleichzeitig dient ihm die Atomspaltung zur Legitimation seiner Theorie, die die materielle Welt für zufällig und ephemer gegenüber der immateriellen erklärt. Ebenso kommen ihm bestimmte Ergebnisse der Wahrnehmungspsychologie entgegen, aus denen hervorgeht, daß das menschliche Auge unter gewissen Bedingungen fähig ist, selbst Farben zu erzeugen. Sie sind ihm Beleg für die Wahrheit einer inneren mit dem Kosmos verbundenen Welt.

Theosophisches Gedankengut war bei den Intellektuellen und Künstlern vor dem Ersten Weltkrieg und kurze Zeit danach allgemein verbreitet, bewegte aber auch z. B. den Holländer Piet Mondrian. Kandinsky ist jedoch einer der wenigen, der eine systematische Kunsttheorie darauf aufbaute. Schon in Rußland kam er mit dem Gedankengut der 1875 dort gegründeten ‚Theosophischen Gesellschaft' in Berührung und konnte diese Einflüsse in München erneut in der Form, wie sie Rudolf Steiner aufgenommen hatte, auf sich wirken lassen. Ausgangspunkt und Resultat dieses Denkens waren gegen den herrschenden Materialismus gerichtet. Sixten Ringbom, der diese Zusammenhänge aufdeckte, faßt die Ziele der russischen Theosophen zusammen: Man ging von einer einzigen ewigen Wahrheit aus, die dem Menschen am Anfang seiner Entwicklung gegeben wurde und die er im Laufe der Zeit immer mehr verlor. Besonders der Materialismus des 19. Jahrhunderts hätte diese Wahrheit endgültig verschüttet. Die Theosophen vergleichen diese ihre Wahrheit mit dem reinen weißen Strahl des Lichts, der sich inzwischen in seine verschiedenen Spektralfarben zerlegt habe, wobei es gelte, diese wieder zu ursprünglicher Einheit zusammenzufügen. Für Kandinsky wird die Kunst zum Mittler dieser „Wahrheit".

Für Kandinsky ist alles Gegenständliche nur Verunreinigung der kosmischen Klänge der Farben wie der Töne, die feinere Geister noch zu empfinden vermögen. Für seine „materialistische" Zeit hält er allerdings die reine Abstraktion, d. h. diese reine Welt der „Klänge", für noch nicht gekommen, da die jeweilige Freiheit der Kunst immer durch die in der Zeit liegenden Möglichkeiten bestimmt sei. Das Streben nach dieser Freiheit hält er für das Wesentliche seiner Zeit und sieht in der Kunst die Vermittlerin zwischen dem materiellen Alltagsleben und der reinen Freiheit des Geistes („Das Geistige in der Kunst"). Mit seinen Kompositionen will er die Seele und das Gefühl des Betrachters in „Schwingungen" versetzen. Je entwickelter die Seele sei, desto reiner empfinde sie die Klänge der Farben, desto mehr könne sie vom Materiellen abstrahieren. Der Künstler wird in dieser Kunstanschauung zum Propheten oder Seelenführer, der die anderen verstockten Seelen zu kosmischen Höhen zu führen vermag. Allerdings ist diese Anregung der Seele nichts als eine Vibration, in der von allen bestimmten seelischen Gehalten und Regungen abstrahiert wird. Gerade in dieser Abstraktion aber soll die Freiheit des Subjekts empfunden werden, d. h. in der Eliminierung der Regungen, die seine Seele oder sein Gemüt wirklich erfüllen.

Max Beckmann

Krieg malen (1915)

V., d. 4. 5. 15.

Also ich kann fast nicht an Dich schreiben, so zahllos sind die Mücken. Immer wieder fallen diese blöden Tiere herunter, und in meinem Zimmer ist ein Gesumms, wie in einem Ameisenhaufen.

Nun habe ich fürs erste Mal genug bekommen. Ich war auf dem äußersten Verbandplatz, der direkt an den äußersten Schützengräben liegt. Mitten in der großen Kanonade von Ypern. Pfui Deibel. Ich muß Dir offen gestehen, daß ich nicht unbeträchtliche Gefühle der äußersten Sorge um mein geehrtes Leben durchgemacht habe. Ich fuhr mit dem Rad nach Tenbrylen, dem letzten von den Einwohnern ziemlich verlassenen Dörfchen vor der Schlachtfront, um dort meine Bauern von gestern noch einmal zu zeichnen und dabei einen Oberstabsarzt zu besuchen, um zu sehen, ob er nicht was zu sehen hätte für mich. Mais il n'était pas là. Na, ich wandelte einsam umher und fand meine Modelle nicht. Immer zwischen gelbem Raps und endlosen Munitionskolonnen, die von der Front zurückkamen und wieder hinfuhren. Schließlich aber traf ich den Burschen vom Oberstabsarzt. „Der Oberstabsarzt ist in der äußersten Schützenlinie", sagt er, „ich gehe wieder hin, muß neues Verbandzeug hinbringen."

Ich hatte schon auf der Hinfahrt Angst gehabt, denn heute, sagte ich mir, machst du sicher eine Dummheit. Also von Zandvoorde sollte man noch eine Viertelstunde zu Fuß gehen. „Na dann also, ich gehe mit."

Nun ging's los. Gleich vor Z. stehen unsere schweren Geschütze, und natürlich hatten sie nichts Eiligeres zu tun, als loszuschießen, als wir vorübergingen. Glücklicherweise sah ich noch rechtzeitig, wie der Offizier „Feuer!" sagte, trotzdem konnte ich einige Sekunden nach dem Knall nichts hören, und der Luftdruck warf mich einige Schritte zurück. Wie eine wilde Furie sauste das Geschoß über meinen Kopf hinüber in den endlosen Raum, und nun gingen immer diese Geschosse mit wildem ironischen, wahnsinnigen Geheul über meinen Kopf weiter. Und ich durch die Trümmer des Dorfes links weiter die Chaussee, die dauernd über die Höhe führte und die sich drehte wie ein Bohrer, anstatt mich, wie ich erwartet hatte, nach vorn direkt zu führen. Links und rechts schossen nun unsere Geschütze mit einer wilden Wut, und jetzt hörte ich auch den schaurigen Lärm der feindlichen Einschläger. Na, ich zog die Schultern hoch und ging weiter. An einem verfallenen Haus der sonst ganz einsamen Chaussee saß ein Soldat und grinste mich höhnisch an.

„Was wollen Sie denn? Bloß so aus Neugierde?"

„Na ja", sagte ich verlegen.

„Ich würde aber schön zu Hause bleiben, wenn ich nicht müßte“, meinte er und grinste wieder höhnisch.

„Tja“, sagte ich und besah mir die weißen Kreuze, die die Chausseeränder verzierten mit ihren melancholischen, leeren Helmen. „Das ist nun mal so. Na, adieu.“

Weiter! Zurück war ebenso gefährlich wie vorwärts. Ich zog wieder die Schultern hoch und ging dem braven Burschen nach. Erst mußten wir noch eine andere Verbandstelle passieren, und schließlich landete ich denn bei meinem Oberstabsarzt, der mich erstaunt empfing. Na, ich war nun da. Es war nicht mehr zu ändern. Ich muß hinzusetzen, daß er sich auf telephonische Anfrage geweigert hatte, mich mitzunehmen. A cause du danger.

Es war ein wirklicher Höllenlärm. Die Luft war angefüllt mit dem schrillen Pfeifen der Schrapnells und dem wüsten Dröhnen der schweren Geschütze. Man brachte andauernd Verwundete. Einige Vergiftete wälzten sich in wilden Zukkungen und röchelten schwer. Dem einen mußte mit der Mundsperre der Mund aufgehalten werden.

Fabelhafte Sachen sah ich. In dem halbdunklen Unterstand halbentkleidete, blutüberströmte Männer, denen die weißen Verbände angelegt wurden. Groß und schmerzlich im Ausdruck. Neue Vorstellungen von Geißelungen Christi.

Dann brachte man einen Oberleutnant, der eben einen schweren Brustschuß erhalten hatte. Ein schönes Gesicht, schon halb weiß, mit rötlichem Haar und graurosa Teint. Er war ganz ruhig und sehr matt.

„Hier ging die Kugel rein und hier raus“, zeigte er an seiner nackten Brust, „schlechte Sache. Bald Ende.“

Fein und groß und ruhig. Mit seinem trockenen Offizierston sprach er. – Er wird nicht mehr. Draußen lagen zwei Tote von heute früh, die nachher begraben werden sollten. Ich hob die Tücher von ihren Köpfen. Der eine ganz fahl braunweiß mit merkwürdig überirdischem Ausdruck – der andere ein brutales Gesicht, ganz mit schmutzigem Blut bedeckt, mit einer riesigen klaffenden Wunde am untern Gesicht und am

Hals, ein Granat wie ein tiefer, blutiger Abgrund. Still lagen sie, nebenbei gruben die Kameraden das leichte Grab. Über uns ein feindlicher Flieger. – In Fliegerdeckung. – Inzwischen hatte wohl der Feind die Ansammlung von Menschen bemerkt, und die Granaten der schweren englischen Geschütze begannen immer näher bei uns zu krepieren. Inmitten dieser zerrissenen Menschenreste stand ich nun jeden Augenblick gewärtig, zu ihnen zu gehören.

Vielen Gesichtern sah man die Angst an. Und vor mir lag der Weg zurück über die Höhen. Oberstabsarzt C. war fein. Nicht eine Spur von Angst – mit einer Ruhe und Sicherheit bewegte er sich auf dem Terrain, wie in einem Tanzsaal. Er fuhr mit dem schwerverletzten Oberleutnant im Auto nach V.

Inzwischen wurden wir weiter beschossen, und man verbrachte die Zeit mit Aufsuchen der verschiedenen Winkel.

Dann kam mit einem Krankenauto der Divisionspfarrer.

Die Beerdigung sollte auf dem freien Platz vor dem Unterstand vor sich gehen, und der war also augenblicklich sehr exponiert.

Man versammelte sich also draußen, während dem ungeheuren Lärm. Der Pfarrer hielt eine kurze Rede, die wie eine wahnsinnig flehende Bitte klang, daß uns der Herrgott, zu dem man doch immer treu gestanden, aus dieser Not erretten möge. Seine Stimme steigerte sich teilweise zum Gebrüll, da sie sonst unverständlich war, auch weil ihn wohl Aufgeregtheit und Nerven zwangen.

Die Rede war kurz, und ich habe niemals ein so schnelles Vaterunser gehört, aber er hielt noch die Form. Sehr schön war die tiefe, erschauernde Andacht der Soldaten, die jungen und alten Gesichter mit dem Ausdruck der Not und Verlassenheit und doch auch Kraft und der stillen Würde des Unabänderlichen. In mir sauste alles. Mein Selbsterhaltungstrieb, der krampfhaft darauf lauerte, sich vor der kommenden Granate zu retten, und mein fester Wille, diesen beiden Menschen, die da quasi für mich gestorben waren, die letzte Ehre mit einer gewissen Selbstbeherrschung zu geben.

Nun kam das Amen. Ich ging als dritter an die Gräber und warf ruhig, ich war in dem Augenblick ganz ruhig, einigen Sand auf die armen braunen, zerschossenen Hände und den verdeckten Kopf.

Und nun kam wie zum theatralischen Schlußeffekt auch die Granate und explodierte fünfzig Meter weit von uns unter einem schrillen Lärm. Die ganze Gesellschaft sauste an den Boden, um sich zu decken. Es wurde niemand verletzt.

Bei der Rückfahrt hatte ich Glück. Ich fuhr zuerst mit den Gasverwundeten drinnen im Krankenauto, später außen angeklemmt über den Berg.

Ein riesiges, schwarzes Gewitter zog von Ypern her zu uns rüber.

Egon Friedell

DADA (1931)

Die geschichtliche Bedingtheit des Rationalismus hat der Dadaismus instinktiv erkannt, als er ihn in einem seiner Manifeste als „bürgerlichen Bluff" bezeichnete. „Dada" heißt in der Kindersprache soviel wie Steckenpferd. Etwas anderes war dieses neue Kunstprinzip allerdings auch nicht. Es hat seine klassische Formulierung in dem Ausspruch Moravagines, des Helden eines dadaistischen Romans, gefunden: *„La vie est une chose vraiment idiote."*

Dies zu dokumentieren, war aber auch schon vielen vordadaistischen Kunstleistungen restlos gelungen. Und überhaupt kann man im ganzen Expressionismus trotz der dicken Wolke von Tumult, die er um sich verbreitete, nicht gut eine neue Richtung erblicken. Er war revolutionär nur in der Attitüde. Er ersetzte einfach das „Im" durch ein „Ex". Wie die Romantik bei aller ihrer überschärften Polemik gegen den

Klassizismus doch nichts als eine seiner Spielarten war, so war der Expressionismus in Wirklichkeit nur eine impressionistische Spezialität, keine Geburt, bloß die unvermeidliche Selbstauflösung des Impressionismus und in der Mehrzahl seiner Werke die verlotterte Karikatur des Impressionismus. Mit der Romantik hatte er auch dies gemeinsam, daß das Stärkste an ihm das Programm war. Der rabiate Entschluß, es jetzt einmal gerade umgekehrt zu machen, ist aber, so erfreulich er auf alle Fälle ist, für sich allein noch nicht schöpferisch; und wenn eine Richtung statt mit der Erneuerung der Poesie mit der Revolutionierung der Poetik, der Dialektik der Kunst, anfängt, entsteht immer nur Literatur. In dieser vorlauten und sterilen Opitzerei ähnelte der Expressionismus der ersten schlesischen Dichterschule, in seinem spektakulösen Geballe, das Leidenschaft durch Lärm ersetzte, der zweiten, während sein journalistischer Hang, die Kunst durch Politik und Soziologie zu verdüstern, an das „junge Deutschland" erinnerte; und daß er noch viel kurzlebiger war, dürfte seinen Grund darin haben, daß ihm versagt war, was den Jungdeutschen immerhin noch einen Schimmer von pittoreskem Suggestionsreiz verliehen hatte: das Märtyrertum der Unterdrückung. Es war vielleicht noch nie da, daß eine geistige Strömung, die eine ganze Jugend erfüllte, so vollkommen verpufft ist, gar keine Spuren hinterlassen hat.

Die Knappheit der Form, erwirkt durch den militärischen Geist des Weltkriegs, war ebenfalls nur äußerliche Geste. Durch Artikelweglassen, Inversionen, halsbrecherische Ellipsen glaubten die Expressionisten Konzentration zu erzeugen, erreichten aber nur eine Art Telegrammgeschwätzigkeit. Auf sie gilt im Höchstmaß, was Nietzsche schon viel früher konstatiert hatte: „Der Ton, in dem Jünglinge reden, loben, tadeln, dichten", sei „zu laut, und zwar zugleich dumpf und undeutlich wie der Ton in einem Gewölbe, der durch die Leere eine solche Schallkraft bekommt".

Klaus Herding

Ein abstraktes Bild von 1947

Rechts blaue, in der Reproduktion oft zu stark ins Lila spielende, ausgefranste Figurationen vor Schwarz, die ein rotbraunes Zentrum gestikulierend umfangen, links in rascherem Wechsel Gelb und Rottöne, in Schach gehalten durch zweierlei Grün und Grau, ergänzt durch Braun und Weiß. Im Original fällt der Wechsel aus kalten und warmen Farbtönen auf: Kobaltblau rechts, Taubenblau links, Maigrün gegen Flaschengrün – eine Mischung aus kalten und warmen Farbtönen, ohne daß damit eine inhaltliche Festlegung verbunden wäre. Insgesamt scheint die Fläche mehrfach abgedeckt zu sein; das Bild atmet kaum mehr. Diese materielle Dichte wirkt, als solle sie die Unverbindlichkeit der Form, die Unentschiedenheit zwischen Abstrakt und Konkret vergessen machen. Gegenständliche, figürliche Assoziationen sind unabweisbar: man errät die Hetäre und ihre Gegenspielerin. Deutlich sind ausfahrende Hände und Köpfe zu erkennen; der merkwürdig zur Seite verdrehte Kopf links oben, ein für die deutsche Nachkriegssituation charakteristischer Versuch, sich gleichsam bastelnd Picasso anzupassen. Große, gelbrot auffahrende Hände umspielen die Mittelsenkrechte; Perlenketten stützen das figurale Gerüst. Bauchige oder aus Rechteckteilen gewonnene Formen wechseln miteinander ab und heben ihre Valenzen gegenseitig auf; oft scheinen sie in je andere Felder störrisch hineinzudrängen oder daraus abgedrängt zu werden. Keine Einzelstruktur, keine bestimmte Farbe soll die je andere beherrschen. Auch die Maltechnik ist sehr unterschiedlich; rauhe und glatte Partien wechseln miteinander ab. Die Umrißformen sind links oben von kristalliner Schärfe, während sie rechts zumeist ausufern. Die Vielzahl an Formen und Farben wirkt, als werde dadurch der Verzicht auf Inhalte erst möglich.

Walter Grasskamp

Ekeltechniken (1989)

Aufsehen zu erregen und sich marktschreierisch in den Vordergrund zu drängen, dieser Impuls hat nicht nur bei den Futuristen die Form des Bildes zum Blickfang werden lassen. Gewiß wäre es sträfliche Dummheit, die Entwicklung der modernen Kunst auf diesen Impuls zu reduzieren, der schließlich bloß als eines ihrer Elemente zu begreifen ist. Die moderne Kunst hat trotz oder vielleicht gerade wegen der Konzession an den Markt, auf dem sie sich etablierte, ihren Rang behaupten können, für den neben der wachsenden Medienkonkurrenz nicht zuletzt auch die immer aufdringlicher werdende visuelle Kulisse des Alltags eine ernsthafte Bedrohung war. Innerhalb einer allgemeinen Eskalation der optischen Reize konnte sich die Kunst nur durch eine pointierte Auszeichnung ihrer Werke behaupten, und die Provokation wurde zum Generalnenner vieler Strategien, die sie hierfür entwickelte. War die Provokation auch lange Zeit subversiv definiert, weil sie das ständige Unterlaufen von Erwartungen nahezu erzieherisch etablieren wollte, so orientierte sich schließlich die Erwartung des Publikums so stark an ihr, daß nunmehr die Provokation zur Pflichtübung der Künstler wurde, denen dabei zusehends die Mittel ausgingen. Immerhin gelang ihnen noch zu Beginn der 80er Jahre die Ausbeutung einer Provokationstechnik, mit der sich vielleicht ein letztes Mal die Erwartung des Publikums unterbieten ließ, das nach genau dieser Erfahrung zu lechzen trainiert ist.

Aus dem Repertoire der Volkshochschul-Kreativität wählte etwa Hans Peter Adamski den Scherenschnitt aus, weil sich damals – kurz bevor Felix Droese dieser Ziergattung im Alleingang eine neue monumentale Geltung verschaffte – kaum eine anrüchigere Technik aufgreifen ließ als diese verrufene Domäne des Niedlichen und Putzigen, die eindeutig an der Ekelgrenze des zeitgenössischen Kunstliebhabers lag. Mit dessen Fassungslosigkeit rechnete auch Markus Oehlen, als er der noch abwegigeren Technik des Batikens zu Leinwandehren verhalf. Mit unwiderstehlichen Knet-Arbeiten machten gleichzeitig Peter Fischli und David Weiss dem grassierenden Freizeit-Töpfern den Garaus. Ihr Zitat eines durchschnittlichen Kurs-Ergebnisses, ein *Topf*, markierte die Richtung, aus der die Hobbykunst-Dadaisten sich ihre Inspirationen holten. Es ist die Richtung, aus der auch die Vasen von Gerard Kever entlaufen sind und noch einiges folgen könnte: zumal mit Makramee und Ikebana die beiden Herzstücke der Volkshochschul-Kreativität noch ungenutzt brachliegen, wenn sich auch Adamskis Flokati-Gemälde und Jiri Georg Dokoupils Frottee-Bilder dem Textilbereich bis an die Allergie-Grenze genähert haben.

Es ist nicht die einzige Richtung, in der die Marodeure fündig wurden, denn in dem selbstverhängten Wettbewerb, welcher der Suche nach der künstlerischen Technik mit dem härtesten Mundgeruch galt, bot sich ihnen noch das weite Feld der Arbeitsweisen, welche die Kunstpädagogik mehr künstlich als künstlerisch am Leben erhalten hat. So traf man ausgerechnet in Ausstellungen der jungen Maler und entlaufenen Konzept-Künstler auf Collagen, Holz- oder gar Linolschnitte und Ritzbilder, von denen kein Schulabsolvent verschont geblieben ist und die von den meisten anschließend erleichtert vernichtet worden sind. Ein Ritzbild etwa, diese kaum zu unterbietende Technik, bei der aus einer schwarzen Wachskreidenschicht die zuvor unterlegten farbigen Schichten zeichnerisch freigekratzt werden, gehört neben dem *Topf* zu den Fischli/Weiss-Erwerbungen des unerschrockenen Sammlers Martin Kippenberger, der seinerseits ein Mosaik verbrochen hat und dessen Collagen dem UHU-Werbespruch nun wirklich den finstersten Sinn abgewinnen.

Natürlich lassen sich solche Provokationen – wie jede vor ihnen – noch weiter ziselieren, etwa indem Adamski seine Schattenrisse aus Eisenplatten herausschweißt oder die Batik von Markus Oehlen in das typisch dadaistische Dilemma gerät, in die unfreiwillige, ja widerwillige Produktion von Qualität. Zwar kann man darüber streiten, ob die Styropor- und Alufolien-Skulpturen von Antonius Höckelmann oder die Strickbilder von Rosemarie Trockel dieser Strategie ebenso nahtlos zugeordnet werden können wie die Haferflockengemälde und Tipp-Ex-Zeichnungen von Albert Oehlen und die Haar-Bilder von Peter Bömmels –, fest steht, daß in dieser Richtung bald auch nicht mehr viel zu holen sein wird, und es war die letzte, die für das zentrale Verfahren der modernen Kunst noch ergiebig schien. Denn das Recycling der Ekeltechniken ist immerhin schon die dritte Form der Provokationsstrategie. Deren erste baute auf die Provokation durch *Form;* die Impressionisten gelten gemeinhin als die ersten, die dabei den Erwartungshorizont des Publikums bewußt riskant mißachteten. Auch der Orientierung an Formen beliebiger „primitiver" Kulturen, wie sie den Expressionismus und den Kubismus kennzeichnete, war die Ablehnung durch das zeitgenössische Publikum noch sicher. Aber mit der Durchsetzung der abstrakten Malerei gelangte diese Strategie bereits an ein frühes Ende.

In jenem Augenblick wurde durch die Pop-art die zweite, fast gleichaltrige Strategie virulent, die sich als Provokation durch das *Motiv* bezeichnen läßt, nur änderte sich ihr Inventar gründlich. Waren die Futuristen noch durchaus emphatisch bemüht, das Motivrepertoire ihrer Malerei einer gewandelten, nämlich städtischen Wirklichkeit anzugleichen, so argumentierten die Pop-Artisten zwar ähnlich, handelten aber anders, indem sie einen Wettbewerb um die Suche nach dem trivialsten Motiv eröffneten. In kaum einem Vierteljahrhundert hat diese Suche nahezu alles zu Tage gefördert, was bis dahin von der Leinwand fern gehalten worden war, und so sind heute nur noch wenige *claims* zu finden, deren Ausbeutung Erfolg verspricht, und nur wenige ihrer Teilhaber machen noch vereinzelt glückliche Funde. Auch wenn einige expressoide Maler Berliner Provenienz nach wie vor in dem

Ruf stehen, in diesem Wettbewerb noch für unfreiwillige Glanzleistungen gut zu sein, blieb als aussichtsreiche nur noch die dritte Strategie der Provokation übrig, die durch Technik. Sie besitzt in den Fotomontagen und Materialcollagen der Dadaisten wohl ihre ersten Inkunabeln, ist aber ebenfalls schon an ein frühes Ende gelangt durch Marcel Duchamps Verzicht auf jegliche künstlerische Technik. In dieser Tradition der Moderne stehen die Ekeltechniken, die Anfang der 80er Jahre das geschulte Auge belästigten. Daß sie vornehmlich aus den untersten Schubladen der Kunstpädagogik und des Kunstgewerbes geplündert wurden, hatte nichts mehr mit der „Proletarisierung" der Kunst zu tun, die KH Hödicke angesichts der Malerei der „Neuen Wilden" konstatierte. Es ist vielmehr der letzte mögliche qualitative Absprung in der Entwicklung der modernen Kunst, daß nach der Zerstörung der Form und dem Verschleiß der Motive die Ekeltechniken eine angewiderte Distanz zum Handwerk bekunden und die Trümmer einer schon von Duchamp hartnäckig belagerten Bastion des 19. Jahrhunderts heiter und meistbietend verschleudern. [...]

Interessanter noch, als zu klären, *wie* die Künstler es schaffen, ständig neue Auswege aus ihrem Dilemma zu finden und erneut provozieren zu können, ist die Frage, *warum* sie es immer noch probieren. Darüber wissen sie selbst am besten Bescheid zu geben: „Man muß als Maler auffallen. Ich bin Berufskünstler. Ich lebe davon, daß man im Gespräch ist. Wenn man nicht im Gespräch ist in der eigenen Zeit, existiert man nicht. Infolgedessen sind wir ständig gehalten, Dinge zu tun, die auf uns aufmerksam machen. In unserem Habitus, in unserem Auftreten, in unseren Reden, wie wir uns darstellen, eben auch mit unseren Bildern. Das ist der Tribut an die Zeit", sagt Markus Lüpertz, der tatsächlich in Böhmen geborene Bohémien, bündig und kompetent. „Man muß davon ausgehen, daß wir mit dem, was wir machen, diese Gesellschaft bestätigen in dem Sinne, daß die Provokation einfach zur Kunst gehört. Es muß etwas auf den Bildern sein, damit die Erinnerung funktioniert, und sie funktioniert am besten, wenn man Dinge in Zusammenhänge bringt, die ungewohnt sind. Es ist ein notwendiger Bestandteil des Bildes, damit es überhaupt wahrgenommen wird, damit man es nach Hause trägt", so erläutert Georg Dokoupil aufgeräumt und völlig einleuchtend die neuesten Begegnungen eines Regenschirms und einer Nähmaschine auf einem Ladentisch. Die Provokation, von der Lüpertz und Dokoupil, jeder auf seine Art, viel verstehen, findet ihr Ziel allein darin, daß Kunst überhaupt noch wahrgenommen (und mitgenommen) wird, was auf dem Hintergrund ihrer heroischen Geschichte wenig genug ist. Darin steckt die eigentliche Provokation, daß sie nämlich als Affirmation konzipiert und damit auch erfolgreich ist; sie stört Erwartungen und Sehgewohnheiten, weil es von ihr erwartet wird –, andernfalls sie das Opfer ihrer hausgemachten Dynamik würde. Kein Warenproduzent und kein Zwischenhändler könnte es sich in der freien Marktwirtschaft leisten, umstrittene Waren auf den Markt zu bringen, die Künstler *können* es sich nicht nur leisten, sie *müssen* genau das leisten können, denn nur dann ist ihre Ware auch werbewirksam.

Darin aber steckt ihr, wenn man so will, ästhetisches Problem. Es reicht ja nicht mehr aus, im Umfeld der Ware durch Verhalten, Kleidung oder sonstige Inszenierungen in der Bohème-Tradition für das nötige Aufsehen zu sorgen. Die Entwicklung läuft darauf hinaus, die Werbung im Werk selbst zu verankern, das damit zu seiner eigenen Anzeige wird. Wer allerdings deren Schöpfern vorhalten möchte, sie lieferten sich in spiegelbildlicher Verkehrung dem Publikum aus, weil sie dessen Klischees mit verschlagener Zuvorkommenheit bedienten, unterschätzt ihre Entschlossenheit. Es ist nämlich die Souveränität des Fälschers, mit der einige von ihnen ans Werk gehen, und erst dem Fälscher enthüllt sich die ganze schreckliche Wahrheit über den Zustand der Kunstklientel. Die Fälschung funktioniert als Mimikry, sie gilt der Produktion einer Kunst, die sich auf dem Markt behaupten kann, denn nur dieser kann die ökonomische Souveränität des Künstlers garantieren, die nicht auch schon eine ästhetische ist. Aber sie muß in dieser Mimikry nicht ihren Endzustand finden, vielmehr erlaubt es der Markterfolg einzelnen Künstlern, ihr Werk so zu differenzieren, daß Eigensinn als Authentizität ohne Rücksicht auf den Markterfolg ermöglicht wird. Das ist vielleicht der tiefere Sinn des dunklen Statements von Dokoupil, manche seiner Bilder male er nur, um andere seiner Bilder durch sie zu schützen.

In der Ethnologie kennt man den Begriff der *airport art* für scheinbar authentische Werke exotischer Stammeskulturen archaischen Zuschnitts, die aber in Spezialbetrieben in den Zentren des Ferntourismus hergestellt werden, womöglich gleich in der Nähe des Flughafens, wo sie der gutgläubige Reisende noch schnell vor der Heimreise erwerben kann. Sind die Werke der Ekeltechniker vor dem Hintergrund des Dadaismus als die *airport art* der Moderne anzusehen, also als eine in jeder Hinsicht zeitgemäße Kunst?

Thomas P. Hughes

Fließband-Architektur

Charles-Eduard Jeanneret, der in der Schweiz geborene Architekt, der unter dem angenommenen Namen Le Corbusier bekanntgeworden ist, hat zur Entstehung eines modernen Baustils ebensoviel beigetragen wie Gropius. Bei der Definition einer modernen technologischen Kultur hat er sogar noch mehr geleistet. Wie Gropius war auch er vom Fordismus und Taylorismus beeinflußt. Aber seine Begeisterung für die moderne Technologie war noch größer als die seines deutschen Zeitgenossen. 1911 hatte auch er als technischer Zeichner im Berliner Atelier von Peter Behrens gearbeitet. Davor hatte er das Glück gehabt, eine Teilzeitbeschäftigung bei den Pariser Architekten Auguste und Gustave Perret zu bekommen. Diese Firma führte damals revolutionäre neue Methoden in der Architektur ein, als sie Gebäude im Betonskelettbau errichtete. Diese Neuerung gründete sich auf in jüngster Zeit gewonnene Erkenntnisse in der Ingenieurwissenschaft, der Statik und der angewandten Mathematik. Le Corbusier ließ sich 1916 in Paris nieder und fand dort eine Stellung als beratender Architekt bei einer Baufirma. Unter anderem zeigt sein Entwurf für ein Schlachthaus deutlich sein mehr als flüchtiges Interesse für die moderne Produktionstechnik. In diesem Falle stellte Le Corbusier das System von Ford für die Montage von Automobilen auf den Kopf. Er verwendete das Fließband zum Zerteilen der geschlachteten Tiere. 1917 gründete er eine kleine Firma, die Société d'Études Industrielles et Techniques, eine Ziegelei in unmittelbarer Nähe von Paris. Hier ließ sich Le Corbusier entscheidend von dem damals herrschenden Geist der Massenproduktion (Fordismus) und der industriellen Organisation (Taylorismus) anregen. In fast allen zwischen 1918 und 1935 erschienenen Büchern von Le Corbusier wird der Taylorismus erwähnt. Ebenso wie Gropius träumte auch er davon, beim Hausbau nach den gleichen Methoden vorzugehen wie Ford beim Bau von Automobilen. Auch die von Taylor empfohlenen Produktionsmethoden betrachtete er als Möglichkeit, die Probleme des Wiederaufbaus nach dem Ersten Weltkrieg zu lösen. 1920 bezeichnete er sich selbst als Industriellen *und* als Architekten.

Anita Albus

Ein Friedhof (1989)

Nach, neben oder auch vor den Frauen interessiert Sebastian die Architektur. Darum schlichen wir uns nicht nur an die bewohnte Palladio-Villa Emo heran, sondern besichtigten auch den von einem italienischen Postmodernen gestalteten Friedhof, ein lauschiges Plätzchen in der Ebene, mit einer Trauerweide am Eingang.

Die Architektur setzt sich aus Brücken, Tümpelchen, Treppen, Pyramidchen, Säulen, viel kanalisiertem Rinnsal (und neunmal wand sich Styx um des Hades' Reich der Toten...) sowie Gebäuden aller Art zusammen, mal an Kriegsbunker erinnernd, mal an Raumschiffe, mal an Tempel, mal an umgekippte Schuhschachteln, alles in Beton gegossen, in zierlicher Monumentalität, scharf gewinkelt und gestanzt wie „Legoland".

Architektur ist kein Verbrechen, und auch das Ornament ist wieder *angesagt.* Hier nahm es sich aztekoid-pyramidesk aus. Als Kinderspielplatz eines Science-fiction-Films, in dem sich debile Bösewichter mit Laserwaffen bekämpfen, wäre dieser Friedhof bestens geeignet. Es ist ein Meisterwerk in der Kunst, an alles und nichts zu erinnern.

Bêtes noires funktionaler Architektur waren Subjekte, die Wände bekritzeln, Nippesfiguren aufstellen und von Neuschwanstein träumen. Es hat sich gerächt, diese Elemente tilgen zu wollen. Die Postmoderne stellt ihre Monumentalisierung dar. „Wenn wir im Walde einen Hügel finden, pyramidenförmig aufgerichtet, dann werden wir ernst und es sagt etwas in uns: Hier liegt jemand begraben. Was ist das?" wollte mein Begleiter wissen.

„Ein Hügel der roten Waldameise!" rief ich ohne Zögern. Allein er zitierte Adolf Loos, der so hellsichtig war, die Architektur als begraben zu imaginieren.

Der Armeseelenbeton hatte in seiner spitzwinkligen Blödigkeit mit seinen Schießschartenfenstern und Schiffsbullaugen eine ausgesprochen erheiternde Wirkung auf mich, und wir verließen ihn bester Dinge.

IV. Das Jahrhundert des Elementaren

1. Von der Zertrümmerung des Atoms und anderem

Friedrich von Holstein

Zeichen der Zeit

Berlin, 27. März 1902

Liebe Ida
Das Frühjahr kommt kühl und weinerlich heran, wie gewöhnlich. Ich hätte recht gern zum Fest eine drei- bis viertägige Harztour gemacht, aber es schien mir angezeigt, mir's zu verkneifen. Die letzten drei Monate waren ungewöhnlich arbeitsam. Auch meine Ausflüge in der Umgegend habe ich fast ganz eingeschränkt. Und wenn ich mal wieder in einen Vorort komme, wo ich seit vielleicht fünf Jahren nicht war, finde ich mich nicht mehr zurecht, so hat sich alles verändert.

In Gegenden, wo ich vor 20, ja 15 Jahren noch Rehwild sah, stehen ganze Straßen. Das ist durch die billigen Vorort- und Straßenbahnen ermöglicht worden.

In der Wohnung Deiner lieben Mama 128 Königgrätzer Straße ist jetzt das Detektiv-Büreau von Roth-Roffi; was mögen da für Gemeinheiten vorgehen. Die ungeheure Zunahme dieser Detektiv-Büreaus ist kein gutes Zeichen der Zeit. Eine Haupteinnahme bildet die Herbeischaffung des Materials für Scheidungsprozesse, und dabei wird manchmal ganz haarsträubend verfahren.

Auch die Straßengeräusche haben sich geändert. An Stelle des Rasselns der Lastwagen, die die Möbel im Zimmer erschütterten, ist das Tuten der Automobilen oder das Klingeln der Fahrräder getreten. Die Zahl der Unfälle hat bedeutend zugenommen.

Ich bin jedesmal froh, wenn ich mit meinem mangelhaften

Auge über die Leipziger oder die Friedrichstraße oder die Linden hinüber bin.

Im Jahre 48, Ende März waren wir in Karlstein zusammen und hetzten einen Fuchs am Papensee. Zwischen damals und heute liegt das Leben. Wie mögen wohl Durows Nachkommen situiert sein? Gutsbesitzer, Pächter oder Inspektoren? Durow bleibt eine sympathische Erscheinung in meinen Erinnerungen.

Unter den Neuerungen, die sich Einem aufdrängen, ist auch die elektrische Beleuchtung. Ich mag sie nicht, habe mich sowohl auf dem Amt wie in meiner Wohnung dagegen gewehrt. Und noch mehr gegen das Telefon. Eine Wohnung mit Telefon würde ich niemals nehmen. Die Besorgnis, daß man von der Wilhelmstraße angeklingelt werden kann, würde mich nie zur Ruhe kommen lassen. Wenn ich aber mal hier in Pantoffeln sitze, wünsche ich Ruhe zu haben.

Du fragst, wie es mir bei der Glätte gegangen ist. Einmal bin ich in der Wilhelmstraße gefallen und kann heute noch nicht wieder auf der rechten Seite liegen, obschon es über zwei Monate her ist. Ich habe ohnehin Mamas schlechten Schlaf geerbt, dagegen läßt sich nichts machen. [...]

Schlaf und Hals, das sind die schwachen Punkte. Nun, ewig braucht es ja auch nicht zu dauern. [...]

Auf Wiederhören Fritz

R. W. Reid

Ein einsamer Mann

Man kann kaum behaupten, daß Alfred Nobel, der Naturwissenschaftler, der mit seinen Entdeckungen die Entwicklung militärischer Explosivstoffe und der Kriegführung wahrscheinlich stärker beeinflußt hat als irgendein anderer

Mensch im Zeitalter des Schießpulvers, sich den Weg für sein späteres Lebenswerk selbst erwählt hat. Sein Vater und seine Brüder verdienten sich ihren Unterhalt als Technologen, Erfinder und Waffenfabrikanten, und zumindest in den Jugendjahren widmete er sich einfach dem Familienbetrieb. Aber genauso wie er in seinem späteren Leben einen höchst originellen, individualistischen Standpunkt einnahm, zeigte er schon in der Jugend ein bewußt ungewöhnliches Verhalten. Er war ein einsames Kind. [...]

Alfred Nobel wurde am 21. Oktober 1833 in den nördlichen Außenbezirken Stockholms geboren. Im gleichen Jahr meldete sein Vater Immanuel Nobel Konkurs an, da er als Bauunternehmer und Ingenieur seinen Lebensunterhalt nicht mehr verdienen konnte. Immanuel versuchte, sich als Chemikalien- und Waffenfabrikant niederzulassen, hatte damit aber so wenig Erfolg, daß er beschloß, zunächst ohne die Familie auszuwandern. Er fand schließlich den Weg nach Petersburg, wohin ihm seine Frau mit den Kindern 1842 nachkam. [...]

Erfinder, Ingenieure, Waffenfabrikanten ohne nationale Bindungen, das war die Daseinsform, für die sich die Familie Nobel entschieden hatte, als Alfred Nobel herangewachsen war. Es war eine Lebensweise, die er nie in Frage stellte, deren Regeln er akzeptierte und nie zu ändern suchte. Aber Alfred Nobel war kein Konformist. Schon als der Krimkrieg der Familie das erste Vermögen einbrachte, entpuppte er sich als ein ungewöhnlicher und in vieler Hinsicht wunderlicher junger Mann, an dem sich die ersten Elemente eines widerspruchsvollen Wesens offenbarten. Er war ein ausgezeichneter Chemiker und begabter Erfinder geworden, liebte aber auch leidenschaftlich die romantischen englischen Dichter. Obwohl er schon viel in der Welt umhergereist war und fremde Sprachen beherrschte, war er doch, wie er selbst gestand, einsam. Er hatte einen schwächlichen Körper, aber einen kraftvollen, kühnen Geist. Das Leben, das er sich zurechtzimmerte, sollte in materieller Hinsicht sehr angenehm, aber innerlich unglücklich werden.

Während der glücklicheren Anfangszeit in Rußland begannen Immanuel Nobel und der Junge, den er seinen „guten und fleißigen Alfred" nannte, bereits die Eigenschaften von Nitroglyzerin zu erforschen. Es erschien ihnen ein wirksamerer Sprengstoff für den Tunnelbau zu sein als Schwarzpulver. Die erste bedeutsame Erfindung des Sohnes war eine Methode, Nitroglyzerin mit Schwarzpulver zur Explosion zu bringen. Sein Patent des „Nobelzünders" revolutionierte die Sprengstoffindustrie, denn auf dieser Entdeckung beruhen die modernen Methoden der Sprengtechnik. Aber zwischen dem Vater und dem „guten und fleißigen Alfred" kam es zu einer Debatte, wer Prioritätsanspruch auf die Arbeit hatte.

Der Streit zwischen Vater und Sohn wurde zumindest oberflächlich geschlichtet, aber die nächste Familientragödie zwei Monate später hatte grausamere Folgen. Immanuel Nobel war nach Stockholm zurückgekehrt und bemühte sich, doch wieder im Sprengstoffgeschäft Fuß zu fassen. Von einem dortigen Grundbesitzer pachtete er 1864 ein Stück Land und eine kleine Werkstatt, wo die neuesten Ideen der Familie im Laboratorium getestet werden konnten. Am 3. September explodierte die Werkstatt, wobei ein Technologe, ein kleiner Junge, ein Dienstmädchen, ein vorübergehender Arbeiter und Emil Nobel, Alfreds zwanzigjähriger Bruder, getötet wurden. Es war für Immanuel eine Katastrophe. Einen Monat danach erlitt er einen Schlaganfall und war dadurch acht Jahre lang mehr oder weniger bettlägerig.

Dies hätte in der Laufbahn Alfred Nobels der Wendepunkt sein können. Die vielseitige wissenschaftliche Begabung des nun Einunddreißigjährigen reichte aus, um erfolgreich auf ein weniger gefährliches Gebiet überzuwechseln. Alles, was ihm die Sprengstoff- und Rüstungsindustrie bisher eingetragen hatte, waren Unglück in der Familie, schwebende Prozesse, ein gegen ihn aufgebrachter Stockholmer Mob und eine feindlich gesinnte Polizei. Wenn je, so war es jetzt an der Zeit, Schluß damit zu machen. Aber Alfred Nobel dachte nicht daran. [...]

Er weitete seine Industrie mit großer Zielstrebigkeit zu einem Imperium aus. Bereits 1873 hatte er Fabriken in Skandinavien, Deutschland, Österreich, Amerika, Schottland, Frankreich, Spanien, Italien, Portugal, Ungarn und in der Schweiz. Das Anfangskapital der Hamburger Gesellschaft, der Dynamit AG, betrug dreieinhalb Millionen Mark; 1888 war es auf fünf Millionen, 1898 auf neun Millionen und 1908 auf zwölf Millionen angewachsen. Zu Beginn des Ersten Weltkriegs war die Dynamit AG der größte Hersteller von Sprengstoffen auf dem europäischen Kontinent, und da sie den ganzen Krieg hindurch Hauptlieferant für hochexplosive Stoffe blieb, belief sich das Aktienkapital 1918 auf 36 Millionen Mark. Dieser Produktion für die Rüstung standen die in England von Nobel geschaffenen Fabriken gegenüber, die in ähnlichem Maße wie die in Deutschland florierten. Nach dem Waffenstillstand schloß sich, mit Nobel's Explosive Company als Mittelpunkt, die gesamte britische Sprengstoffindustrie zusammen. In den zwanziger Jahren kamen noch weitere Firmen dazu und aus der Fusion mit anderen großen chemischen Werken gingen schließlich die Imperial Chemical Factories hervor. [...]

Nobel war offenbar ein sehr einsamer Mensch, der sich deshalb selbst bemitleidete und dem das Leben nicht viel Glück bescherte. Man sagt, er habe ein fast spartanisches Dasein geführt, weder geraucht noch getrunken und nichts für Karten- oder Gesellschaftsspiele übriggehabt. Er litt an verschiedenen Krankheiten und kritisierte in Briefen seine Ärzte in der für ihn typischen, sarkastischen und bissigen Art. Als er einmal von seinem Bruder um autobiographische Einzelheiten gebeten wurde, schrieb er: „Alfred Nobel – sein elendes Dasein hätte, als er schreiend seinen ersten Atemzug tat, von einem humanen Arzt beendet werden sollen. Haupttugenden: sich die Hände immer sauber zu halten, nie jemandem zur Last zu fallen. Hauptfehler: daß er keine Familie besitzt, übellaunig ist und eine schlechte Verdauung hat. Einziger Wunsch: nicht lebendig begraben zu werden. Größte Sünde: daß er den Mammon nicht anbetet. Bedeutende Ereignisse in seinem Leben: keine." [...]

Am 10. Dezember 1896 starb Nobel in seiner Villa in San Remo in Italien an einer Gehirnblutung. In den letzten Lebensjahren verschrieben ihm die Ärzte Nitroglyzerin zum Einnehmen, wozu er in einem Brief bemerkt: „Es klingt ja wie eine Ironie des Schicksals, daß mir jetzt innerlich Nitroglyzerin verordnet wird. Sie nennen es Trinitrin, um Apotheker und Publikum nicht zu erschrecken." Die Patienten hätten ja den chemischen Namen mit den explosiven Eigenschaften der Substanz in Verbindung bringen können.

Er starb so, wie er gefürchtet hatte: ohne Familie oder Freunde um sich zu haben, die ihm die letzten Stunden erleichtert hätten. Er starb unverheiratet als Multimillionär ohne einen Erben.

Nobel war nicht, wie manche Schriftsteller ihn sehen, ein „böser" Erfinder, der nur den Wunsch hatte, den Krieg und seine Schrecken zu nutzen, um seine Taschen zu füllen; ebensowenig war er die unbestechliche Persönlichkeit, deren große Erfindung für friedliche Zwecke von politischen Mächten zu Waffen umgeschmiedet wurden, wie ein autorisierter Biograph meint. Nobel verhielt sich so, wie es seinem Empfinden nach die Zeit erforderte.

Er lebte in einem großen rationalistischen Zeitalter. Hatte er, wie Einstein andeutete, je ein schlechtes Gewissen, so hatte er es lange vor der Stiftung des Friedenspreises mit der Überlegung beschwichtigt, daß eine Waffe den Krieg um so wirksamer abschaffen werde, je vernichtender sie sei. Er bekundete in keiner Weise, daß er unter einem Schuldgefühl litt. Für ihn – und sein Zeitalter – war die Grenze der Verantwortlichkeit jedesmal erreicht, wenn er ein Stück schöpferischer wissenschaftlicher Arbeit geleistet hatte. Er erfand, stellte her, verteilte und verdiente Geld damit. Wenn die Menschen es vorzogen, mit dem, was er geschaffen hatte, Krieg zu führen, dann trugen sie und nicht er dafür die Verantwortung. Als das zwanzigste Jahrhundert anbrach, war das noch die vom Wissenschaftler erwartete Einstellung. Um die Mitte des Jahrhunderts sollte sich beides – Einstellung und Erwartung – ändern.

Thomas P. Hughes

Die Systembauer

In populärwissenschaftlichen Berichten über die Geschichte der Technologie stehen die Erfindungen am Ausgang des 19. Jahrhunderts – wie die Glühlampe, das Radio, das Flugzeug und das vom Benzinmotor angetriebene Automobil – im Mittelpunkt, aber diese Erfindungen erfolgten im Rahmen technologischer Systeme. Solche Systeme bestehen aus sehr viel mehr als der sogenannten Hardware, Geräten, Maschinen und Verfahren und den Transport-, Kommunikations- und Informationsnetzen, die sie miteinander verbinden. Sie bestehen auch aus Menschen und Organisationen. Ein System zur Stromversorgung etwa besteht aus Generatoren, Motoren, Hochspannungsleitungen, Elektrizitätswerken, Fabrikationsunternehmen und Banken. Zu diesem System kann sogar eine Aufsichtsbehörde gehören. Das Zeitalter des technologischen Enthusiasmus war gekennzeichnet durch Erfindungen, Entwicklungen und die Organisation großer technologischer Systeme auf dem Gebiet der Produktion, der Kommunikation und der militärischen Rüstung.

Die Entwicklung umfassender Systeme für die Erzeugung und Verwendung von Automobilen und für die Erzeugung und Nutzung elektrischen Stroms, die Herstellung von Telefon- und Telegrafen-Leitungsnetzen und die Organisation komplexer Systeme für die Kriegführung sind Ausdruck des schöpferischen Strebens von Erfindern, Ingenieuren, technischen Wissenschaftlern, Managern und Unternehmern, die von der Verhaltensweise und der Mentalität von Systementwicklern beseelt waren. Die überaus fruchtbaren Erfinder am Ende des 19. Jahrhunderts, wie Edison, haben uns überzeugt, wir seien Zeugen einer zweiten Erschaffung der Welt. Die Organisatoren von Systemen, wie Ford, haben uns in dem Glauben bestärkt, wir könnten diese zweite Schöpfung in eine vernunftgemäße Ordnung bringen und uns damit nutzbar machen. [...]

Als der Erste Weltkrieg näherrückte, beschäftigten sich die Erfinder zunehmend mit Erfindungen für die militärische Rüstung. Das militärische Establishment finanzierte ihre Arbeit und verwendete ihre Erfindungen bei der Entwicklung neuer Waffen, Strategien und Taktiken. [...]

Die Erfindungen und Entdeckungen der Erfinder und der Betriebswissenschaftler wurden Teil eines umfangreichen Produktionssystems, das sich in den Jahren zwischen den Kriegen in eindrucksvoller Weise erweiterte. Diese Systeme waren das Werk von Systembauern, deren Kreativität an Umfang und Wirksamkeit diejenige der Erfinder noch übertraf. Das Entwerfen einer Maschine oder eines elektrischen Leitungssystems, die ordnungsgemäß, kontrollierbar und voraussehbar funktionierten, bereitete dem Erfinder Edison große Freude; das Entwerfen eines technologischen Systems, bestehend aus Maschinen, chemischen und metallurgischen Verfahren, aus Bergwerken, Fabriken, Eisenbahnverbindungen und Verkaufsorganisationen, das rationell und wirksam funktionierte, war für den Systembauer Ford ein ebensolches Vergnügen. Die Leistungen der Systematiker lassen uns verstehen, warum ihre Zeitgenossen nicht nur glaubten, daß sie eine neue Welt schaffen könnten, sondern auch, daß sie wüßten, wie diese Welt zu ordnen und zu beherrschen sei. Frederick W. Taylor, der Vater der wissenschaftlichen Betriebsführung, wurde in der ganzen industriellen Welt berühmt oder berüchtigt für die von ihm entworfenen Methoden, wirtschaftliche Vorgänge zu ordnen und zu beherrschen. [...]

Für Wladimir Iljitsch Lenin, Leo Trotzki und die anderen

russischen Bolschewiken, die in der Novemberrevolution von 1917 die Macht ergriffen hatten, waren das Wasserkraftwerk an den Niagarafällen, die Stahlwerke in Gary, Indiana, und vor allem die Ford Automobilwerke in Detroit Ausdruck und Symbol der modernen amerikanischen Technologie. Sie glaubten, wenn eine solche Technologie in der Sowjetunion entwickelt werden könnte, würden die amerikanischen Methoden den Weg in die sozialistische Zukunft ebnen. 1926 träumten die Techniker und Manager von der „Amerikanisierung" der Produktion, und sowjetische Planer glaubten, die Zukunft werde einen gewaltigen Aufschwung der Produktivität in den russischen Industriegebieten bringen und zu noch größeren wirtschaftlichen Erfolgen führen als in den Vereinigten Staaten. Die Bolschewiken behaupteten, anders als der Kapitalismus werde der Sozialismus nicht durch politische und wirtschaftliche Widersprüche belastet sein, welche die volle Entwicklung der modernen Produktionstechnologie hemmten. Lenin, der technische Aufsätze über den Taylorismus gelesen und aufmerksam zugehört hatte, was die Techniker unter seinen Genossen zu diesem Thema sagten, hatte begriffen, daß zu der zweiten industriellen Revolution mehr gehörte als Maschinen, Verfahren und schöpferische Ideen. Um sie zu ermöglichen, bedurfte es der Ordnung, der Zentralisierung, der Kontrolle und der Schaffung von Systemen. Die Konzepte, die Ford, Insull und ihre Mitarbeiter in River Rouge und in den Middle West Elektrizitätswerken realisiert hatten, beeindruckten die sowjetischen Planer, Manager und Techniker tief. Sogar die russischen Ingenieure aus der Zarenzeit, die die Revolution überlebt hatten, konnten sich eine Vorstellung von ähnlichen technologischen Leistungen in der Sowjetunion machen. Das Regime trieb Bauern und Arbeiter unbarmherzig an, immer größere Mengen von Getreide, Holz und Bodenschätzen für den Export zu produzieren, um dagegen ausländische und besonders amerikanische Technologie zu kaufen. In der Sowjetunion war man von der Richtigkeit der These Taylors, daß bisher der Mensch an erster Stelle gestanden habe, künftig jedoch das System den Vorrang haben müsse, sehr viel mehr überzeugt als in den Vereinigten Staaten. Stalin brachte die sowjetische Bewunderung für die amerikanische Technologie und das amerikanische Management 1924 deutlich zum Ausdruck, als er erklärte, das amerikanische Leistungsprinzip sei ein leninistisches Grundprinzip:

„Der amerikanische Leistungswille ist jene unüberwindliche Kraft, die kein Hindernis kennt oder anerkennt; die an einer einmal begonnenen Aufgabe weiterarbeitet, bis sie bewältigt ist, selbst wenn es eine weniger bedeutende Aufgabe ist; und ohne diesen Leistungswillen ist eine erfolgreiche konstruktive Arbeit unvorstellbar... Die Kombination aus dem russischen revolutionären Schwung und dem amerikanischen Leistungswillen ist der Kern des Leninismus..."

Während der Periode des Kriegskommunismus war es unmöglich gewesen, westliche Technologie zu importieren und westliche Experten ins Land zu bringen. Zur Zeit der neuen ökonomischen Politik versuchte die Sowjetunion, westlichen Fabrikanten die Möglichkeit zu geben, Fabriken in Rußland einzurichten und zu betreiben. Nach Abschluß der sowjetisch-deutschen politischen und wirtschaftlichen Vereinbarungen von Rapallo im Jahr 1922 haben sich deutsche Fabrikanten und technische Fachleute besonders intensiv an der Entwicklung der sowjetischen Wirtschaft beteiligt. Nach 1928 während des ersten Fünfjahresplans gingen die Sowjets dazu über, von Ausländern errichtete Fabriken zu kaufen und selbst zu übernehmen. Ausländische Fachleute setzten die Produktion in diesen Betrieben in Gang und übergaben sie dann sowjetischen Managern, Ingenieuren und Arbeitern. Amerikanische Fabrikanten, Industriearchitekten und Beratungsfirmen für Maschinenbau und industrielle Architektur spielten bei diesem umfangreichen Technologietransfer eine führende Rolle. Während der Jahrzehnte nach 1921, in denen die Sowjetunion ausländischen Firmen Konzessionen erteilte und die nach ihren Plänen errichteten Betriebe kaufte, vermied es die sowjetische Führung, die stets fürchtete, in Abhängigkeit von der kapitalistischen Welt zu geraten und einen Krieg ohne Verbündete führen zu müssen, Fertiggüter zu importieren, bemühte sich aber statt dessen darum, sich die Mittel für die Herstellung dieser Güter aus dem Ausland zu beschaffen. Dieser intensive und umfangreiche Technologietransfer, den es bisher in diesem Ausmaß noch nie gegeben hatte, sollte als einer der wichtigsten Abschnitte in der sowjetischen Geschichte erkannt werden, aber was damals geschah, ist praktisch sowohl in der Sowjetunion als auch in den Vereinigten Staaten in Vergessenheit geraten. Die Sowjetunion hat stets bestritten, in die Abhängigkeit vom Kapitalismus geraten zu sein, und die Vereinigten Staaten wollen sich nicht mehr daran erinnern, welchen Beitrag sie zur Industrialisierung der Sowjetunion geleistet haben.

Die amerikanischen Techniker und Manager, die in den 1920er Jahren die Sowjetunion besuchten, berichteten mit einiger Überraschung von den intensiven Bemühungen des neuen Regimes, seine Techniker, Arbeiter und Bürger für die Technik zu begeistern. Ein amerikanischer Ingenieur schrieb 1930: „Es ist diese erstaunliche Erscheinung (die manchmal einem religiösen Eifer gleichkommt), die für den ausländischen Besucher so interessant ist." [...]

Die Russen interessierten sich nicht nur für Traktoren, sondern auch für die berühmten Ford-Automobile und -Lastwagen. Dem Grundsatz der sowjetischen Handelspolitik folgend, keine Fertigprodukte, sondern nur die Produktionsmittel aus der kapitalistischen Welt zu importieren, besuchte eine Delegation bestehend aus Vertretern der Amtorg, der sowjetisch-amerikanischen Handelsgesellschaft und des Moskauer Automobiltrusts 1928 Detroit, ein Jahr nachdem Ford das Modell T hatte auslaufen lassen und dazu übergegangen war, das Modell A zu bauen. Die Ford-Werke interessierten sich für Verhandlungen mit den Sowjets, nachdem die Umsätze für das Modell T in der ganzen Welt zurückgegangen waren und die Zahl der von den Sowjets in Auftrag gegebenen Fordson-Traktoren deutlich abgenommen hatte. Die sowjetische Delegation schlug der Ford Company vor, eine Automobilfabrik in Rußland zu bauen. Im Mai 1929, ein Jahr nach Inkrafttreten des ersten Fünfjahresplans, unterzeichnete die Ford Motor Company einen Vertrag mit dem Obersten Wirtschaftsrat der Sowjetunion. Darin verpflichtete sich Ford, genaue Pläne für den Bau der Automobilfabrik zur Verfügung zu stellen und die für die Produktion und Montage von jährlich 100000 Automobilen des Modells A und von Lastwagen des Modells AA Ausrüstungen zu liefern und aufzustellen. Die technische Beratungsfirma Austin Company of Cleveland, Ohio, sollte den Bau der Produktions- und Montagefabriken und die Errichtung der Unterkünfte für die Arbeiter in Form einer Modellstadt bei Nischni Nowgorod (das 1932 in Gorki umbenannt wurde) überwachen. Albert Kahn leitete den Bau eines kleineren Montagewerks in Moskau. In den Montagewerken sollten importierte Automobilteile zusammengebaut werden, bis die Sowjets selbst die Herstellung dieser Teile übernehmen konnten. Der Austausch von einigen hundert russischen und amerikanischen Technikern und Vorarbeitern der Ford-Werke erleichterte die Inbetriebnahme der neuen russischen Ford-Fabriken. Die Sowjets verpflichteten sich zur Abnahme der Teile von 72000 Automobilen des Modells A und Lastwagen des Modells AA, dazu jede benötigte Menge von weiteren Teilen während der ersten vier Jahre nach Inbetriebnahme der Montagewerke. Während dieser Zeit sollte die Produktion im sowjetischen Werk gesteigert werden, und wenn die Sowjets jährlich die für 100000 Einheiten benötigten Teile produzierten, sollte der Import von Originalersatzteilen der Ford-Werke eingestellt werden.

Bertolt Brecht

700 Intellektuelle beten einen Öltank an

Ohne Einladung
Sind wir gekommen
Siebenhundert (und viele sind noch unterwegs)
Überall her
Wo kein Wind mehr weht
Von den Mühlen, die langsam mahlen, und
Von den Öfen, hinter denen es heißt
Daß kein Hund mehr vorkommt.

Und haben Dich gesehen
Plötzlich über Nacht
Öltank.

Gestern warst Du noch nicht da
Aber heute
Bist nur Du mehr.

Eilet herbei, alle
Die ihr absägt den Ast, auf dem ihr sitzet
Werktätige!
Gott ist wiedergekommen
In Gestalt eines Öltanks.

Du Häßlicher
Du bist der Schönste!
Tue uns Gewalt an
Du Sachlicher!

Lösche aus unser Ich!
Mache uns kollektiv!
Denn nicht wie wir wollen

Sondern wie Du willst.

Du bist nicht gemacht aus Elfenbein und Ebenholz, sondern
aus Eisen.
Herrlich, herrlich, herrlich!
Du Unscheinbarer!

Du bist kein Unsichtbarer
Nicht unendlich bist Du!
Sondern sieben Meter hoch.
In Dir ist kein Geheimnis
Sondern Öl.
Und Du verfährst mit uns
Nicht nach Gutdünken, noch unerforschlich
Sondern nach Berechnung.

Was ist für Dich ein Gras?
Du sitzest darauf.
Wo ehedem ein Gras war
Da sitzest jetzt Du, Öltank!
Und vor Dir ist ein Gefühl
Nichts.

Darum erhöre uns
Und erlöse uns von dem Übel des Geistes.
Im Namen der Elektrifizierung
Der Ratio und der Statistik!

Georg Friedrich Jünger

Die Perfektion der Technik (1944)

Es versteht sich, daß der Techniker alles, was seinen Begriffen von Sachlichkeit und Zweckmäßigkeit widerspricht, ablehnt. Daß das technisch Zweckmäßige wünschenswert und zu erstreben ist, wird er nicht in Zweifel ziehen. So wird ihm eine unzweckmäßig konstruierte Maschine Unbehagen und Widerwillen einflößen. Hier darf man sagen, geht es nicht nur um mechanische Regeln, hier kommen Berufsehre und Selbstachtung ins Spiel. Denn die liederliche Konstruktion ist nicht nur unzweckmäßig, sie stellt auch ihren Konstrukteur in ein schlechtes Licht, sie entlarvt ihn als einen Pfuscher.

Aber dieser Begriff des Zweckmäßigen bedarf einer Nachprüfung. Man muß die Grenzen prüfen, innerhalb deren er Sinn besitzt. Wir wollen das an einem Beispiel deutlich machen. Ein gut konstruierter Kraftwagen ist zweckmäßig, denn er erfüllt den Zweck, dem er dienen soll. Nehmen wir an, daß nach einer solchen gut konstruierten Type fünf Millionen Wagen hergestellt sind, die sich sämtlich im Betrieb befinden. An der Zweckmäßigkeit der Type ändert sich dadurch nichts; vielmehr kann man sagen, daß durch einen solchen Absatz der Nachweis für sie geradezu erbracht ist. Wir können noch weiter gehen und uns vorstellen, daß der Wagen, der von irgendeiner großen Fabrik hergestellt wird, einen solchen Erfolg hat, daß jeder Erwachsene eines großen Landes ihn benutzt. Seine Zweckmäßigkeit wird dadurch noch mehr erhärtet. Indessen dürfen wir nicht vergessen, daß diese Zweckmäßigkeit eine rein technische und konstruktive bleibt, und damit eine spezielle. Wenn wir nämlich fragen, ob es zweckmäßig ist, daß jeder Erwachsene dieses großen Landes einen Kraftwagen besitzt und benutzt, dann prüfen wir einen ganz neuen Sachverhalt. Diese Frage ist offenbar allgemeiner, und wenn man sie untersucht, wird man finden, daß sie über die Grenzen der Technik hinausführt. Deshalb hat sie auch der Techniker nie gestellt. Er hat einen unmittelbaren Nutzen davon, daß so viele Kraftwagen wie nur möglich im Betrieb sind, denn diese Technisierung des Verkehrs entspricht seinen Forderungen und Ansprüchen. Deshalb bringt er den Kraftwagen zu technischer Perfektion, ohne sich darum zu kümmern, zu welchen nicht-technischen Folgen die unablässige Vermehrung des Kraftwagenbestandes führen muß. Er fordert geradezu, daß jeder mindestens einen Kraftwagen besitzen soll, und wir alle haben gehört, wie freudig diese Forderung begrüßt worden ist.

Wer sie aber billigt, der gesteht damit jedem einzelnen einen zusätzlichen Bedarf und Verzehr an Metallen, Öl, Benzin, Kohle, Gummi und anderen Dingen zu, einen Verzehr, der, wenn wir ihn für die ganze Erde veranschlagen, den Raubbau aufs äußerste treibt. Zu diesem unmittelbaren Verzehr, den die Mechanisierung der Arbeit hervorruft, tritt jener andere, den die Organisation dieser Arbeit fordert. Hierher gehören alle jene Anlagen und Mittel, welche die industrielle Beschaffung der Rohstoffe voraussetzt, Fabriken, Bergwerke, Plantagen usw. Hierher gehört alle Arbeit an der Verkehrsorganisation, deren Erweiterung jede Ausweitung des Mechanismus sofort zur Folge hat. Man kann die Motorisierung als einen Sonderfall der technischen Organisation der Arbeit auffassen; man kann auch umgekehrt diese als Folge der Mechanisierung betrachten. Beide verhalten sich wie die Backen einer Zange, die mit gleicher Kraft wirken. Alles Organisieren technischer Art erweitert den Mechanismus, alles Mechanisieren erweitert die rationale Organisation. Solange die technische Organisation zunimmt, solange muß auch die Apparatur zunehmen, und dieses Verhältnis gilt auch, wenn man es umkehrt. Nehmen wir die technische Organisation insgesamt, die zu ihr gehörige Apparatur desgleichen, dann sehen wir die Zange in ihrem ganzen Umfange; wir sehen die riesenhafte Kraft, mit der sie arbeitet.

Es ist aber ein böser Irrtum, wenn man schlechtweg annimmt, daß hier ein Ordnungsvorgang am Werke ist, der über die Aufgabe hinaus, den Vorgang seiner eigenen Ausweitung zu regulieren, noch etwas leistet und abwirft. Der Anschein, daß dieses der Fall ist, ist oft täuschend. Wer dergleichen Annahmen verteidigt, der muß sie beweisen. Ein solcher Schluß kann aber nicht aus der Tatsache gezogen werden, daß irgendeine Apparatur die Organisation der Arbeit fördert, oder umgekehrt, denn das läuft auf eine Tautologie hinaus. Er darf auch aus den rationalen Arbeitsverfahren der Technik nicht gezogen werden, denn diese wirken auch in einer ganz anderen Richtung; sie fördern den Raubbau. [...]

Wir gewinnen eine deutliche Vorstellung von diesem Vorgang, wenn wir ihn als eine Anzapfung auffassen. Der Mensch zapft die elementare Natur an, er zapft ihre Kräfte ab. Die Bohrlöcher, die überall in die Erde getrieben werden, um den Bodenschätzen beizukommen, und jene Anlagen, durch welche der Stickstoff aus der Luft, das Radium aus der Pechblende, der Ziegel aus dem Ton gewonnen wird, sind Zapfstellen. Wir finden sie überall, wo technische Produkte gewonnen werden, und finden sie auch dort, wo das verarbeitete technische Produkt für den Verbrauch abgegeben wird. So entspricht der Entwicklung des Kraftwagenverkehrs der Ausbau jenes Netzes von Zapf- und Tankstellen, das immer größere Teile der Erdoberfläche überzieht. Die Mechanisierung führt zu einer Vermehrung und Verstärkung jener Werke, durch welche die Natur angezapft wird.

Mit fortschreitender Technik wird die Summe der Dienstleistungen, die hier erzwungen werden, immer größer. Die elementare Natur wird durch das mechanische Werk gebändigt, sie wird gewaltsam zusammengepreßt und überwunden, sie wird auf eine künstliche Weise ausgenutzt. Indessen würden wir nur eine halbe Einsicht in den Vorgang gewinnen, wenn wir ihn an dieser Stelle für beendet hielten. Wir würden nur eine einseitige Vorstellung von ihm erhalten.

Dieser einseitig wirkende Druck und Zwang, diese Erpressung, welche durch die Maschine bewirkt wird, findet eine Entsprechung. Denn jetzt erfüllt das Elementare auch alles Mechanische mit seinen Kräften, es breitet und dehnt sich in dem Werke aus, von dem es bezwungen wurde. Das aber heißt: Mechanisierung und Elementarisierung sind nur zwei Seiten des gleichen Arbeitsvorgangs, sie bedingen einander. Die eine ist ohne die andere nicht zu denken. Diese Wechselwirkung tritt mit wachsender technischer Perfektion immer deutlicher hervor. Und aus ihr kommt die reißende dynamische Bewegung, die dem technischen Fortschritt eigentümlich ist, seine kreisende Geschwindigkeit, sein Vibrieren und Zittern, die explosive Wucht, die er zeigt. Es ist eine merkwürdige Erscheinung, daß das rationale Denken, das arm an elementaren Kräften ist, ungeheure elementare Kräfte in Bewegung setzt. Doch dürfen wir nie vergessen, daß es durch den Zwang, durch feindliche, gewaltsame Mittel geschieht. Wenn wir jetzt um uns sehen, haben wir den Eindruck, daß wir uns in einer großen Schmiede befinden, in der unermüdlich und mit einer Wut gearbeitet wird, die der Arbeit etwas Fieberisches, Exzessives gibt. Das Feuer wächst und schwillt, es vermehrt sich und breitet sich aus, die Glut bricht überall in Strömen hervor. Es ist die Werkstatt, in der die Kyklopen arbeiten. Die Industrielandschaft hat etwas Vulkanisches, und so finden wir in ihr alle jene Erscheinungen, die sich bei und nach Vulkanausbrüchen zeigen, Lava, Asche, Fumarolen, Rauch, Gase, vom Feuer bestrahlte Nachtwolken und weithin reichende Verwüstungen. Gewaltige elementare Kräfte erfüllen bis zum Bersten die sinnreich erdachten Maschinen, die automatisch ihren gleichförmigen Arbeitsvorgang verrichten. Sie treiben sich in den Röhren, Kesseln, Rädern, Zuleitungen, Öfen umher, sie jagen durch den Kerker der Apparatur, die, wie alle Gefängnisse, von dem Eisen und Gitterwerk starrt, das die Gefangenen am Ausbruch verhindern soll. Wer aber hört nicht das Seufzen und Klagen dieser Gefangenen, ihr Rütteln und Toben, ihre sinnlose

Wut, wenn er auf jene Fülle neuer und seltsamer Geräusche achtet, welche durch die Technik hervorgerufen werden. Das Kennzeichen dieser Geräusche ist die Verbindung des Mechanischen mit dem Elementaren, sie werden insgesamt hervorgerufen durch den Abfluß elementarer Kraft aus der zwingenden Macht der Mechanik. Wo sie rhythmisch geordnet auftreten, dort erkennt man, daß ihre Periodizität automatisch ist und von der toten Zeit reguliert wird. Alle diese Geräusche sind durchaus bösartig, gellend, kreischend, reißend, pfeifend, heulend, und es ist ganz offenbar, daß sie um so bösartiger werden, je mehr die Technik zur Perfektion fortschreitet, bösartig wie die optischen Eindrücke, welche uns die Technik vermittelt, wie das kranke, kalte Licht der Quecksilber-, Natrium- und Neonlampen, welche in die Nachtbeleuchtung unserer Städte einziehen. Hiermit steht im Zusammenhang, daß Licht- und Geräuschsignale mehr und mehr dazu verwendet werden, die drohende Gefahr anzukündigen und zu erkennen, wie es Leuchtkugeln, Scheinwerfer, Nebelhörner, Sirenen tun, die Sirenen, deren gewaltige mechanische Stimme das Nahen der Bombenflieger verkündet.

Der Automat setzt den Menschen immer voraus, denn wenn er es nicht täte, wäre er kein lebloser Apparat, sondern ein Dämon, dem ein eigener Wille innewohnt. Die Vorstellung, daß in die Apparatur ein dämonisches Leben einzieht, daß sie einen eigenen Willen entfaltet, und zwar einen rebellischen, auf Zerstörung gerichteten, ist aber nicht so abwegig, wie sie auf den ersten Blick scheinen könnte. Wenn diese Vorstellung durch die Form, in der sie vorgebracht wird, absurd erscheint, so liegt ihr doch etwas Richtiges zugrunde. Denn die vis inertiae, der passive Widerstand, den die Materie leistet, wird durch den mechanischen Zwang, der auf sie ausgeübt wird, gesteigert, und indem sie sich diesem Zwange zu entziehen versucht, kommt es zu Kollisionen, die von Zerstörungen begleitet werden.

Richard Rhodes

Trauriges Denken

Während seiner Doktorandenzeit in Europa erzählte Robert Oppenheimer einem Freund, daß er davon träume, eine große Schule für theoretische Physik in den Vereinigten Staaten zu gründen – in Berkeley, wie sich später bewahrheiten sollte, der zweiten Wüste nach New Mexico, die er kolonisierte. Ernest Lawrence scheint davon geträumt zu haben, ein großes Labor einzurichten. Beide Männer trachteten nach Erfolg und, jeder auf seine Weise, nach den Belohnungen des Erfolgs, doch sie waren unterschiedlich motiviert.

Oppenheimers jugendliche Affektiertheit wuchs sich in Europa und in den ersten Jahren in Berkeley zu einer bewundernswerten und manchmal exquisiten Raffinesse aus. Oppenheimer schuf sich diese Persönlichkeit wenigstens zum Teil aus einer Abneigung gegen alles Vulgäre heraus, die wahrscheinlich aus der Rebellion gegen seinen Unternehmer-Vater erwuchs und nicht frei von antisemitischem Selbsthaß war. Ständig überzeugte er sich selber, daß Streben und weltlicher Erfolg vulgär seien, eine Überzeugung, die durch Einnahmen aus Treuhandfonds von bis zu 10 000 Dollar im Jahr sanft gepolstert wurde. So verabscheute er also sein eigenes Streben. Der amerikanische Experimentalphysiker I. I. Rabi sollte später die Frage stellen, warum „Männer mit Oppenheimers Gaben nicht all das entdecken, was des Entdeckens wert ist". Seine Antwort spricht eine mögliche Ursache für diese Begrenzung an:

„Mir scheint, daß Oppenheimer in mancher Hinsicht ein Übermaß an Bildung auf solchen Gebieten besaß, die außerhalb der wissenschaftlichen Tradition liegen; das gilt etwa für sein Interesse an Religion, der Hindu-Religion im besonderen, das sich in einem Gefühl für das Mysterium des Universums ausdrückte, das ihn fast wie einen Nebel umgab. Er sah dies eindeutig aus der Perspektive des bereits Erreichten, aber an den Grenzen neigte er zu dem Gefühl, daß es viel mehr Geheimnisvolles und Neues gab, als tatsächlich vorhanden war... Manche mögen es fehlenden Glauben nennen, aber meiner Meinung nach war es eher eine Abkehr von den harten, groben Methoden der theoretischen Physik hin zu einem mystischen Reich großer Eingebungen."

Doch Oppenheimers Abneigung gegen alles, was er als vulgär ansah, gegen die „harten, groben Methoden", auf die Rabi verweist, muß eine weitere und noch direkter strafende Verwirrung gewesen sein. Seine elegante Physik, soweit man das als Außenstehender beurteilen kann – seine wissenschaftlichen Arbeiten sind für Nichtmathematiker fast undurchdringlich, und das ganze mit Absicht –, ist eine Physik, die mit Bande spielt. Sie arbeitet an den Seiten und den Ecken und nutzt die ganze Spielfläche, zieht es aber vor, nicht unablässig auf das Tor loszustürmen. Oppenheimer beschrieb erstmals den sogenannten Tunneleffekt, wodurch ein unscharf lokalisiertes Teilchen auf einer leichten Brise der Wahrscheinlichkeit durch die elektrische Barriere um den Kern segelt; erst existiert es – als Teilchen –, dann ist es verschwunden und taucht plötzlich als Teilchen auf der anderen Seite wieder auf. Doch George Gamow, der alte Russe, der in Cambridge lehrte, entwickelte die Gleichungen für den Tunneleffekt, die von den Experimentatoren benutzt werden. Hans Bethe bestimmte in den frühen dreißiger Jahren als erster die thermonuklearen Prozesse des Kohlenstoffzyklus, die die Sterne zum Leuchten bringen, eine Arbeit, die ihm den Nobelpreis einbrachte; Oppenheimer betrachtete die Feinheiten des unsichtbaren kosmischen Rands, schuf ein Modell des implodierenden Kollapses sterbender Sonnen und beschrieb theoretische stellare Objekte, die erst dreißig oder vierzig Jahre später entdeckt wurden – Neutronensterne, schwarze Löcher –, weil die Instrumente, die nötig waren, sie zu entdecken, Radioteleskope und Röntgenstrahlsatelliten, noch nicht erfunden waren. (Alvarez glaubt, daß

Oppenheimer einen Nobelpreis für seine Arbeit erhalten hätte, wenn er lang genug gelebt hätte, um diese Entwicklungen mitzuerleben.) Das war Originalität, die nicht so sehr ihrer Zeit voraus als vielmehr außerhalb ihres Blickfelds war.

Einiges von diesen psychologischen und kreativen Windungen zieht sich durch einen kleinen Essay über die Vorzüge der Disziplin, den Oppenheimer in einem Brief an seinen Bruder Frank im März 1932 schrieb, als er noch nicht ganz achtundzwanzig Jahre alt war. Er ist es wert, länger zitiert zu werden; er verweist auf die lange selbstbestrafende Buße, die er erwartete, um jeden Fleck von Grobheit von seiner Seele zu waschen:

„Du stellst da eine schwierige Frage in bezug auf den Wert von Disziplin. Was Du sagst, stimmt: ich lege größeren Wert darauf – und ich glaube, Du auch – als auf ihren weltlichen Abkömmling, die Tüchtigkeit. Ich glaube, daß man für diese Betrachtung nur einen metaphysischen Grund angeben kann; doch die Bandbreite der Metaphysik, die eine Antwort auf Deine Frage gegeben hat, ist sehr breit, die Metaphysik selbst sehr gespalten: die Bhagavadgita, Ecclesiastes, die Stoa, die Anfänge der Rechtsgelehrsamkeit, Hugo von St. Victor, der heilige Thomas, Johannes vom Kreuze, Spinoza. Die großen Unstimmigkeiten deuten an, daß die Tatsache, daß Disziplin gut für die Seele ist, fundamentaler ist als die Gründe, die für ihr Gutsein angeführt werden. Ich glaube, daß wir durch Disziplin, obgleich nicht durch Disziplin allein, Gelassenheit erreichen können, und ein gewisses kleines, aber wertvolles Maß an Freiheit von den Irrtümern der Inkarnation, und Wohltätigkeit und jenes Losgelöstsein, das die Welt erhält, von der sie sich abkehrt. Ich glaube, daß wir durch Disziplin lernen können, das zu erhalten, was für unser Glück in immer ungünstigen Umständen wichtig ist, und mit Einfachheit aufgeben, was uns sonst als unverzichtbar erschien; daß wir ein wenig die Welt ohne die üblen Verzerrungen persönlicher Wünsche sehen und durch diese Betrachtung unsere irdische Entfremdung und den irdischen

Schrecken besser ertragen. – Aber weil ich glaube, daß der Lohn der Disziplin größer ist als alle Widerstände, möchte ich nicht, daß Du glaubst, Disziplin ohne Widerstand sei möglich: ihrer Natur nach fordert Disziplin die Unterordnung der Seele unter ein vielleicht geringes Ziel; und dieses Ziel muß wirklich sein, wenn die Disziplin nicht unecht sein soll. Deshalb denke ich, daß alle Dinge, die Disziplin erfordern: Studien und unsere Pflichten den Menschen und dem Gemeinwohl gegenüber, von uns mit der tiefsten Dankbarkeit angenommen werden sollten, denn nur durch sie erreichen wir die letzte Loslösung, und nur so können wir Frieden erlangen."

Lawrence, um einiges weniger ausdrucksstark als Oppenheimer, war auch heftig getrieben; die Frage ist, was ihn trieb. Ein Brief an seinen Bruder John, etwa zur gleichen Zeit geschrieben wie Oppenheimers Essay, ist aufschlußreich: „Interessant zu hören, daß Du eine depressive Phase hinter Dir hast. Ich habe sie oft – manchmal scheint nichts O. K. zu sein –, aber ich habe mich jetzt daran gewöhnt. Ich erwarte die Traurigkeit und ertrage sie. Das beste Mittel dagegen ist natürlich Arbeit, aber manchmal ist es schwer, unter diesen Umständen zu arbeiten." Daß Arbeit nur ein „Mittel dagegen", aber keine Heilung ist, deutet an, wie stark die Traurigkeit werden kann. Lawrence war ein heimlicher Leidender, in gewissem Maße manisch-depressiv; er machte weiter, um nicht abzustürzen.

Bei all diesen emotionalen Schwierigkeiten – Oppenheimers und Lawrences wie schon Bohrs und anderer vorher und danach – bot die Wissenschaft einen Halt: in den Entdeckungen liegt die Erhaltung der Welt. Der Psychologe, der die Wissenschaftler in Berkeley mit Rohrschach- und anderen Tests untersuchte, fand heraus, daß „ungewöhnliche Sensibilität für Erfahrungen – normalerweise sinnliche Erfahrungen" der Auslöser kreativer Entdeckungen in der Wissenschaft ist. „Erhöhte Sensibilität wird im Denken von einer Überempfindlichkeit für relativ unwichtige oder marginale

Aspekte des Problems begleitet. Wissenschaftler werden dadurch veranlaßt, dort nach Bedeutung zu suchen und sie zu postulieren, wo man sie normalerweise nicht sucht. Sie fördert höchst individuelle und sogar autistische Denkweisen.“ Denken Sie an Rutherfords Spiel mit dem höchst unwahrscheinlichen Hinweis auf die Streuung der Alphateilchen, an Heisenberg, der sich an eine seltsame Bemerkung Einsteins erinnerte und daraus schließt, daß die Natur nur im Einklang mit der Mathematik funktioniere. Lawrence, der wie besessen obskure ausländische Fachzeitschriften durchblättert:

„Wäre dieses Denken nicht innerhalb der Rahmenbedingungen wissenschaftlichen Arbeitens aufgetreten, würde man es als paranoid einstufen. Beim wissenschaftlichen Arbeiten verlangt das kreative Denken, Dinge zu sehen, die vorher noch nie gesehen wurden, oder sie auf eine Weise wie noch nie zuvor zu sehen; und dies verlangt, normale Positionen aufzugeben und Risiken einzugehen, indem man sich von der Realität abwendet. Der Unterschied im Denken zwischen einem paranoiden Patienten und einem Wissenschaftler liegt in den Fähigkeiten und in dem Willen des letzteren, seine Phantasien oder grandiosen Konzepte durch Prüf- und Ausgleichsysteme, die die Wissenschaft aufgebaut hat, zu testen – und jene Pläne aufzugeben, die sich auf der Grundlage dieser wissenschaftlichen Überprüfungen als nicht gültig erweisen. Gerade weil Wissenschaft solch ein Rahmenwerk aus Regeln und Grenzen zur Kontrolle und Begrenzung paranoiden Denkens schafft, kann ein Wissenschaftler getrost diese paranoiden Sprünge machen. Ohne diese Struktur wäre die Gefahr solch unrealistischer, unlogischer und gar bizarrer Gedankengänge gegenüber dem allgemeinen Denken und der persönlichen Organisation zu groß, um dem Wissenschaftler die Freiheit solchen Denkens zu erlauben.“

An den vorderen Grenzen der Wissenschaft, an der Schwelle zum wahrhaft Neuen, war die Bedrohung oft nahezu überwältigend. So Rutherfords Schock über die abprallenden Alphateilchen, „das ungeheuerlichste Ereignis, das mir in meinem Leben passiert ist". So Heisenbergs tiefes Erschrekken, als er auf die Quantenmechanik stieß, seine Halluzination, durch die „Oberfläche der atomaren Erscheinung hindurch auf einen tief darunterliegenden Grund von merkwürdiger Schönheit" zu blicken, der ihn schwindeln ließ. So auch im November 1915 Einsteins extreme Reaktion, als er merkte, daß die Allgemeine Relativitätstheorie, die er mühsam in der Abgeschiedenheit seines Arbeitszimmers entwickelte, Anomalien in der Umlaufbahn des Merkur erklärte, die den Astronomen für mehr als fünfzig Jahre ein Rätsel gewesen waren. Der theoretische Physiker Abraham Pais, sein Biograph, schließt: „Diese Entdeckung war, wie ich glaube, die intensivste emotionale Erfahrung in Einsteins wissenschaftlichem Leben, vielleicht überhaupt in seinem Leben. Die Natur hatte zu ihm gesprochen. Er schien recht zu haben. ‚Ich war einige Tage fassungslos vor freudiger Erregung.' Wie er einem Freund gegenüber später gestand, hätte er bei dieser Entdeckung Herzklopfen bekommen, und eine Äußerung gegenüber einem anderen Freund ist noch signifikanter: Als er gesehen hatte, daß seine Berechnungen mit den unerklärten astronomischen Beobachtungen übereinstimmten, hätte er das Gefühl gehabt, in ihm wäre etwas zersprungen."

Der Ausgleich für solch emotionales Risiko kann enorm sein. Für den Wissenschaftler bestätigt die äußere Welt, die Natur selbst, seine innersten phantastischen Überzeugungen genau im Augenblick der Entdeckung – dem unstabilsten existentiellen Augenblick. Plötzlich in der Welt verankert, Leviathan, der an seinem Haken hängt und schnauft, ist er durch die tiefgehendste Bestätigung des Wirklichen vor schwerer geistiger Verwirrung bewahrt worden.

Gerade Bohr verstand diese Zusammenhänge und hatte den Mut, sie umzukehren und als Untersuchungsmethode anzuwenden. Otto Frisch erinnert sich an eine Diskussion, bei der jemand versuchte auszuweichen, indem er Bohr sagte, es mache ihn schwindeln, worauf Bohr antwortete: „Nun, wenn jemand sagt, er könne über Quantenprobleme nachdenken, ohne daß ihm schwindelt, dann zeigt dies nur, daß er nicht das geringste davon verstanden hat." Viel später, so erzählte Oppenheimer einmal vor Zuhörern, hörte Bohr, wie Pauli über eine neue Theorie sprach, wegen der man ihn gerade angegriffen hatte. „Und Bohr fragte am Schluß: ‚Ist das wirklich verrückt genug? Die Quantenmechanik war wirklich verrückt.' Und Pauli sagt: ‚Ich hoffe schon, aber vielleicht nicht so sehr.'" Bohrs Verständnis dafür, wie verrückt Entdeckungen sein müssen, machen deutlich, warum es Oppenheimer manchmal unmöglich war, allein in das Rohmaterial vorzudringen. Das zu tun verlangte eine Stärke der eigenen Identität – eine Brutalität gar –, die so unterschiedliche Männer wie Niels Bohr und Ernest Lawrence erarbeitet oder geerbt hatten, die er aber unglücklicherweise nicht besaß.

R. W. Reid

Die Potsdamer Konferenz (1945)

Am 26. Juli wurde das Potsdamer Ultimatum an die Regierung Japans von der Westküste Amerikas aus per Rundfunk über den Pazifik durchgegeben. Im Namen ihrer Völker verlangten Präsident Truman, Präsident Tschiangkaischeck und Premierminister Churchill die bedingungslose Kapitulation aller japanischen Streitkräfte. Sollte die japanische Regierung sich diesem Ultimatum nicht unterwerfen, wurde angekündigt, daß „die volle Anwendung unserer militärischen Macht, gestützt auf unseren Beschluß, die unvermeidliche und totale Vernichtung der japanischen Streitkräfte bedeuten wird und ebenso unvermeidlich die völlige Verwüstung des japanischen Mutterlands". Jede Andeutung, wie die alliierten Staatsführer diese völlige Verwüstung bewerkstelligen wollten, wurde vermieden.

Zwei Tage verstrichen, ehe Japans Premierminister Suzuki das Ultimatum als einer offiziellen Beachtung nicht wert zurückwies und Radio Tokio dem japanischen Volk von dieser stolzen Haltung berichtete.

Stimson war am 1. August wieder in Washington, und in seinem Büro lieferte General Groves das Bündel Petitionen ab, das Nichols ihm von Oak Ridge geschickt hatte. Aber sämtliche Entscheidungen, die man mit diesen Gesuchen zu beeinflussen gehofft hatte, waren bereits gefallen. Das ganze Paket wurde sorgfältig zu den Akten gelegt.

So kam es, daß die endgültigen Einzelheiten über den Einsatz der Atombombe in Potsdam und in Washington ausgemacht wurden, während die Physiker noch diskutierten, Petitionen verfaßten und abstimmten – alles in dem Bemühen, daß man auch ihre Ansichten über die Anwendung ihrer wissenschaftlichen Schöpfung erwägen möge –, und während ein paar Leute, darunter Arthur Compton, immer noch glaubten, ein Wort von ihnen am richtigen Platz könne die Entscheidung über einen Atomangriff auf Japan beeinflussen.

Es mangelt nicht an Männern, die meinen, ihre Worte hätten den Ausschlag gegeben, als man beschließen mußte, wie man die erste nukleare Waffe gebrauchen werde. Stimson war überzeugt, daß er allein über die Wahl der Ziele entschied. Schon in einem frühen Stadium hatte er General Groves erklärt: „Dieses eine Mal werde ich die endgültig entscheidende Autorität sein. Niemand wird mir befehlen, was ich tun soll. In dieser Angelegenheit bin ich König." Über den Einsatz der Waffe ohne vorherige technische Demonstration für die Japaner schrieb er: „Die letzte Verantwortung für die Empfehlung, die der Präsident erhielt, lastete auf mir und ich habe keineswegs den Wunsch das zu verschleiern." Auch Truman wollte nichts widerrufen und schrieb:

„Die letzte Entscheidung, wo und wann die Atombombe einzusetzen war, lag bei mir, und ich möchte jedem Irrtum über diesen Punkt vorbeugen. Ich hielt die Atombombe für ein Kampfmittel und zweifelte nie daran, daß es eingesetzt werden müsse."

Aber es ist mehr als zweifelhaft, daß ein Mann allein, ob Wissenschaftler oder Politiker, je den Ball aufzuhalten vermocht hätte, nachdem er einmal auf der steilen und kostspieligen Bahn technischer Entwicklung der Atomwaffe ins Rollen gekommen war und schnell eine überwältigende Triebkraft entfaltete. Die Geschichte des Atomprojekts ist wohl die Geschichte eines unvermeidlichen Geschehens; es ging über die Wissenschaftler hinweg, deren Proteste, als sie laut wurden, zu spät kamen, um den Ball auf seinem Weg in den Abgrund auch nur vom Kurs abzulenken. Churchill bezeugt, wie spärlich der Einfluß des aktiven Physikers bis in seine politische Sphäre durchdrang, wenn er von Potsdam schreibt:

„Die historische Tatsache bleibt bestehen – und die Geschichte wird darüber zu urteilen haben –, daß die Verwendung oder Nichtverwendung der Atombombe zur Erzwingung der japanischen Waffenstreckung nie zur Diskussion gestanden hat. Das Einvernehmen um unseren Konferenztisch war bedenkenlos, einstimmig und automatisch, und nie ist auch das leiseste Wort gegen ihren Einsatz gefallen."

Richard Truman

Radioansprache an die amerikanische Nation vom 9. August 1945

Bei der Potsdamer Konferenz dachten wir an den Tag des Sieges über Japan. Die Regierungen Großbritanniens, Chinas und der Vereinigten Staaten haben das japanische Volk gewarnt vor dem, was ihm bevorsteht. Unsere Warnung wurde in den Wind geschlagen, und unsere Kapitulationsbedingungen wurden abgelehnt. Seither konnten die Japaner selbst feststellen, was unsere Atombombe vermag. Die Welt wird Kenntnis davon nehmen, daß die erste Atombombe auf den militärischen Stützpunkt Hiroshima abgeworfen worden ist. Wir wollten nämlich, soweit als möglich, die Tötung von Zivilpersonen vermeiden. Aber dieser Angriff stellt nur ein Vorspiel der kommenden Dinge dar. Wenn Japan nicht kapituliert, müssen weitere Atombomben auf seine Rüstungsindustrien abgeworfen werden, und leider werden dann viele Tausende von Zivilisten ihr Leben verlieren. Ich fordere die japanische Zivilbevölkerung auf, unverzüglich die Industriestädte zu verlassen und sich der Vernichtung zu entziehen. Ich gebe mir Rechenschaft ab von der tragischen Bedeutung der Atombombe. Die amerikanische Regierung hat nicht leichten Herzens die Produktion dieser Bombe und ihre Verwendung beschlossen. Wir wußten, daß unsere Feinde Forschungen anstellten, um die Atombombe herstellen zu können. Wir wissen auch, daß ihnen das beinahe geglückt wäre. Wir sind uns bewußt, daß unser Land und alle anderen friedliebenden Nationen, ja unsere ganze Zivilisation von einer Katastrophe betroffen worden wäre, wenn die Feinde diese Erfindung zuerst gemacht hätten. Deshalb sahen wir uns gezwungen, lange Untersuchungsarbeiten, die sehr kostspielig waren, durchzuführen. Wir haben den Wettlauf mit den Deutschen gewonnen. Nach der Erfindung der Atombombe sind wir zu ihrer Verwendung übergegangen. Wir haben sie gegen die verwendet, die uns ohne Warnung in Pearl Habour angriffen, gegen die, die amerikanische Kriegsgefangene ausgehungert, mißhandelt und hingerichtet haben, gegen die schließlich, die auf die Beachtung der internationalen Kriegsgesetze verzichtet haben. Wir haben die Bombe verwendet, um den Krieg abzukürzen und um das Leben Tausender junger Amerikaner zu erhalten. Wir werden mit ihrer Verwendung fortfahren, bis wir die Fähigkeit Japans, Krieg zu führen, vollständig zerstört haben. Nur die Kapitulation Japans wird uns aufhalten können. Die Atombombe ist viel zu gefährlich, als daß sie einer gesetzlosen Welt preisgegeben werden könnte. Aus diesem Grunde haben Großbritannien und die Vereinigten Staaten, die das Geheimnis ihrer Herstellung kennen, nicht die Absicht, es zu enthüllen bis zu dem Augenblick, wo Mittel zur Kontrolle der Bombe gefunden sind, um uns selbst und die übrige Welt gegen die Gefahr der gänzlichen Zerstörung zu schützen. Im vergangenen Mai setzte Kriegsminister Stimson auf meinen Vorschlag ein Komitee ein, das die Pläne für die zukünftige Kontrolle dieser Bombe vorzubereiten hat. Ich werde den Kongreß ersuchen, das seine dazu beizutragen, damit die Produktion und die Verwendung der Bombe kontrolliert und ihre Energie zugunsten des Weltfriedens eingesetzt werden. Wir müssen als Garanten dieser neuen Kraftquelle jeden Mißbrauch verhindern, wir müssen ihre Verwendung in den Dienst der Menschheit stellen. Auf unseren Schultern lastet eine ungeheure Verantwortung. Wir danken Gott, daß wir und nicht unsere Feinde diese Verantwortung zu tragen haben. Wir bitten Gott, er möge uns bei ihrer Verwendung leiten im Sinne seiner Absichten.

Richard Rhodes

Der Abwurf

Von Osten nach Westen zog Hiroshima unter dem Fadenkreuz von Thomas Ferebees Bombenzielgerät vorbei. Die Klappen des Bombenschachts waren geöffnet. Ferebee hatte 63 Kampfeinsätze in Europa geflogen, bevor er in die Vereinigten Staaten zurückkehrte, um zunächst als Ausbilder zu arbeiten und dann zur 509th Composite Group zu kommen.

Vor dem Krieg wollte er Baseballspieler werden und hatte es mit einer Oberligamannschaft bis zu den Frühjahrs-Ausscheidungsspielen gebracht. Er war 24 Jahre alt.

„Der Dauerton hörte auf", sagte Tibbets in knappen Worten, „die Bombe fiel, Ferebee ließ das Bombenzielgerät los." Die Sicherungsdrähte wurden herausgezogen und setzten die Zeitschalter in Little Boys Zündsystem in Gang. Die erste Atombombe für den Kampfeinsatz entfernte sich im Fall vom Flugzeug, dann drehte sie sich mit der Spitze nach unten. Sie war mit Unterschriften und Sprüchen beschrieben, darunter auch einige obszöne. „Grüße an den Kaiser von den Männern der *Indianapolis*" lautete eine herausfordernd.

Um 3,6 Tonnen leichter machte die B-29 einen Satz. Tibbets tauchte ab:

„Ich schaltete den Autopiloten ab und zog die *Enola Gay* in die Wendeschleife.

Ich zog die Schutzbrille über die Augen. Ich konnte durch sie nichts sehen; ich war blind. Ich schleuderte sie auf den Boden. Ein gleißendes Licht durchflutete das Flugzeug. Dann traf uns die erste Stoßwelle.

Wir waren 18,5 Kilometer von der Atomexplosion entfernt, aber das ganze Flugzeug knackte und wand sich unter der Druckwelle. Ich schrie: „Flak!", weil ich dachte, eine Batterie schwerer Geschütze hätte uns ausgemacht.

Der Bordschütze hatte die erste Stoßwelle als sichtbaren Schimmer in der Atmosphäre kommen sehen, aber er wußte nicht, was es war, bis es sie erreicht hatte. Als die zweite Welle kam, gab er eine Warnung durch.

Wir wendeten, um einen Blick auf Hiroshima zu werfen. Die Stadt lag unter dieser furchtbaren Wolke verborgen..., die aufbrodelte, sich wie ein Pilz ausbreitete, schreckenerregend und unglaublich groß.

Einen Moment lang sprach keiner ein Wort; dann redeten alle auf einmal. Ich erinnere mich, daß Lewis mir auf die Schulter klopfte und sagte: „Sehen Sie sich das an! Sehen Sie sich das an! Sehen Sie sich das an!" Tom Ferebee überlegte laut, ob die Radioaktivität uns wohl alle steril machen würde. Lewis meinte, er könnte die atomare Kernspaltung schmekken. Er sagte, sie schmeckte nach Blei."

„Kameraden", verkündete Tibbets über die Bordsprechanlage, „ihr habt gerade die erste Atombombe der Geschichte abgeworfen."

Van Kirk erinnert sich lebhaft an die beiden Stoßwellen – eine unmittelbare und eine, die vom Boden reflektiert wurde:

„Es war, als säße man auf einer Mülltonne, die von einem Baseball getroffen wird... Die Maschine bäumte sich, machte einen Satz, und man hörte ein Geräusch, als berste eine Metallplatte. Wer von uns schon in Europa geflogen war, dachte, es seien Flak-Granaten, die ziemlich nah an der Maschine krepierten."

Die scheinbare Nähe der Detonation war wohl eines ihrer charakteristischen Merkmale ebenso wie die Hitzeausstrahlung, die Philip Morrison und seinen Kollegen beim Trinity-Versuch so intensiv erschienen war.

Durch das Abtauchmanöver im Sturzflug und die anschließende Wendeschleife hatte die Besatzung der *Enola Gay* den anfänglichen Feuerball nicht gesehen; als sie die Abwurfstelle wieder sahen, erstickte Hiroshima unter einer Rauchwolke. [...]

Paul Tibbets wird später einmal sagen: „Es war alles ganz unpersönlich." Das war es für Robert Lewis nicht. „Und wenn ich hundert Jahre lebe", schrieb er in sein Journal, „ich werde diese wenigen Minuten nie ganz vergessen." So sollte es auch den Menschen von Hiroshima gehen.

Ein Mädchen, das zu dieser Zeit fünf Jahre alt war und sich in einem der Vororte zu Hause in Sicherheit befand, erinnert sich: „Während ich noch zum Himmel aufschaute, zuckte ein Blitz so grell, daß die grünen Pflanzen im Garten wie verwelkt aussahen."

In größerer Nähe war die Lichtwirkung brutaler. Eine junge Frau, zu dieser Zeit eine der Oberschülerinnen, die beim Anlegen der Feuerschneisen half, erinnert sich: „Kurz nachdem unsere Lehrerin gesagt hatte: ‚Oh, das ist eine B-29!' und wir alle zum Himmel hinaufsahen, gab es einen gewaltigen Blitz. Wir waren auf der Stelle geblendet, und alles war einfach wie in einem wilden Fieberwahn."

In noch größerer Nähe, im Zentrum der Stadt, hat niemand überlebt, der vom Aufleuchten des Blitzes berichten könnte; statt dessen müssen die steifen Berichte von Untersuchungsgruppen als Zeugnis dienen. Ein Pathologe von der Yale Medical School, der einige Monate nach dem Krieg in einer gemeinsamen amerikanisch-japanischen Untersuchungskommission arbeitete, stellt fest:

„Mit dem Blitz ging unmittelbar eine Hitzewelle einher... Sie dauerte wahrscheinlich weniger als eine Zehntelsekunde und war so intensiv, daß sie brennbare Gegenstände in der Nähe in Flammen aufgehen ließ und noch in einer Entfernung von 3,5 Kilometern vom Hypozentrum (das heißt, dem Punkt am Boden, der unmittelbar unter dem Feuerball lag) Holzmasten versengte... In einer Entfernung von 550 bis 650 Metern war sie noch stark genug, Granit abzuschleifen und aufzurauhen... Die Hitze führte in einem Umkreis von 1200 Metern auch dazu, daß Ziegel Blasen warfen. Man hat experimentell festgestellt, daß eine Temperatur von 1650 Grad Celsius über einen Zeitraum von vier Sekunden erforderlich ist, um diesen Effekt hervorzurufen; unter diesen Bedingungen geht der Effekt jedoch tiefer; das läßt darauf schließen, daß während der Explosion in Hiroshima die Temperatur höher lag und kürzere Zeit anhielt."

Dem fügt eine Studie des Manhattan Project hinzu: „Da die Hitze im Blitz sich so schnell entfaltet, bleibt keine Zeit für eine Abkühlung; die Hauttemperatur eines Menschen kann... in der ersten Millisekunde in einem Umkreis von 3,7 Kilometern um 49 Grad Celsius steigen."

Die maßgeblichste Studie über die Bombardierung von Hiroshima entstand 1976 unter Mitwirkung von 34 japanischen Wissenschaftlern und Ärzten; sie stellt die Auswirkungen der infernalischen Hitzestrahlung zusammen, die noch in

800 Metern Entfernung vom Hypozentrum mehr als dreitausendmal stärker war als das Sonnenlicht, das schimmernd auf Dr. Hachiyas Blättern gelegen hatte:

„Die Temperatur im Explosionsgebiet... erreichte 3000 Grad Celsius... und noch bei jenen, die in einem Umkreis von gut 3 Kilometern vom Hypozentrum entfernt waren, wurden Verletzungen durch die Primärhitze der Atombombe festgestellt... Primärverbrennungen sind Verletzungen besonderer Art, die im Alltagsleben für gewöhnlich nicht vorkommen.

Diese japanische Studie unterscheidet fünf Grade für Verbrennungen durch die primäre Hitzestrahlung, von Verbrennungen ersten Grades mit Rötung der Haut über Verbrennungen dritten Grades mit Weißfärbungen bis zu Verbrennungen fünften Grades mit schwarz verkohlter Haut. Sie stellt fest: „Schwere Strahlenverbrennungen, die über Verbrennungen fünften Grades lagen, waren im Umkreis von 1000 bis 1600 Metern um das Hypozentrum festzustellen..., solche ersten bis vierten Grades (bis zu einer Entfernung von 3,2 bis 4 Kilometern) vom Hypozentrum... Extrem intensive Wärmeenergie führt nicht nur zur Verkohlung, sondern auch zur Verdampfung der inneren Organe." Menschen, die Little Boy im Umkreis von 800 Metern ausgesetzt waren, verbrannten im Bruchteil einer Sekunde, indem ihre inneren Organe verdampften, zu rauchenden Häufchen schwarzer Kohle. Ein paar Tage nach der Bombardierung bemerkte ein Patient Michihiko Hachiya gegenüber: „Doktor, ein Mensch, der gebraten worden ist, wird doch ganz klein, nicht wahr?" Die kleinen schwarzen Häufchen, die jetzt an den Straßen, Brücken und Bürgersteigen in Hiroshima klebten, gingen in die Tausende. [...]

Im selben Augenblick gingen Vögel in der Luft in Flammen auf. Moskitos, Fliegen, Eichhörnchen, Haustiere waren mit einem kurzen Knistern verschwunden. Einem riesigen Foto gleich brannte der Feuerball das Abbild der Stadt im Augenblick ihrer Opferung auf alle mineralischen, pflanzlichen und tierischen Oberflächen ein. Eine Wendeltreppe zeichnete ihren Schatten als unverbrannte Farbe auf einem stählernen Silo ab. Auf verkohlten Telefonmasten blieb als Negativ die Silhouette schützender Blätter zurück. Die schwarzen Schriftzeichen auf einem Namensschild aus Reispapier waren auf der Schultür herausgebrannt, auf der das Schild hing; dunkle Blumen blieben von der hellen Bluse einer Schülerin zurück. Ein Mensch hinterließ seine Umrisse in Form von nicht zerbröckeltem Granit auf den Stufen einer Bank. Ein anderer, der einen Handkarren zog, bewahrte einen Ausschnitt des Asphalts, der die Form eines Menschen mit Handkarren hatte, vor dem Verdampfen. In größerer Entfernung, in den Vororten, hinterließ der Blitz seine Spuren in scharfen Umrissen tief in die Haut der Menschen eingebrannt; in einer dunklen Pigmentierung einem Sonnenbrand ähnlich warf er die Umrisse von Nasen, Ohren oder in einer Geste erhobenen Händen auf Gesichter und Körper schreckstarrer Bürger; die „Maske von Hiroshima" nannten Liebow und seine Kollegen diese Pigmentierung. Auch fünf Monate nach dem Bombenabwurf waren sie noch nicht verblaßt.

Die Welt der Toten ist anders als die Welt der Lebenden, und es ist kaum möglich, ihr einen Besuch abzustatten. An diesem Tag gingen in Hiroshima diese beiden Welten fast ineinander über. Der amerikanische Psychiater Robert Jay Lifton, der ausführliche Interviews mit Überlebenden führte, schrieb: „In dem Gebiet, das dem Hypozentrum am nächsten lag, war das Ausmaß des Todes so groß, daß ein Mann, der in einem Umkreis von 1000 Metern überlebte und sich im Freien befand,... um sich herum mehr als neun Zehntel der Menschen tödlich verletzt vorfand." Nur die Lebenden – wie sehr sie auch von einer Welle des Todes überflutet worden sind – können den Tod beschreiben; doch da, wo der Tod neun von zehn Menschenleben gefordert hat, oder näher am Hypozentrum zehn von zehn, muß die Stimme eines Lebenden, der den Tod beschreibt, die Tatsachen zwangsläufig entstellen. Überlebende sind wie wir; doch die Toten sind radikal anders, ohne Stimme, ohne Menschenrechte, ohne Anspruch auf Entschädigung. Mit ihrem Leben hat man sie der Teilnahme an der menschlichen Welt beraubt. Yoko Ota, ein Schriftsteller aus Hiroshima, der überlebte, erinnert sich: „Es herrschte eine beängstigende Stille, die einem das Gefühl gab, alle Menschen, alle Bäume und Pflanzen wären tot." Die Stille, das war das einzige Geräusch, das die Toten machen konnten. Wenn man im folgenden liest, was unter den Lebenden geschah, sollte man an die Toten denken. Sie waren dem Zentrum des Geschehens näher; sie starben, weil sie einem anderen Staat angehörten und es daher offiziell nicht als Mord galt, sie zu töten; ihre Erfahrung ist aufs genaueste das Modell für den schlimmsten Fall unserer gemeinsamen Zukunft. Sie waren an diesem Tag in Hiroshima in der Mehrzahl.

Immer noch ist es nur Licht und Hitze, noch nicht die Druckwelle; Hachiya:

„Ich fragte ihn (Dr. Koyama) nach seinen Befunden bei den Augenerkrankungen.

‚Diejenigen, die das Flugzeug beim Anflug beobachtet haben, haben Verbrennungen in den Augenhöhlen', klärte er mich auf. ‚Der Explosionsblitz ist offenbar durch die Pupillen geschlagen, so daß sich in der Mitte des Sehfeldes eine blinde Stelle gebildet hat. Die meisten Verbrennungen der Augenhöhlen sind drittgradig, also ist ihre Heilung ausgeschlossen.'"

Und ein deutscher Jesuitenpater berichtet über einen seiner Ordensbrüder:

„Pater Kopp... stand vor dem Nonnenkloster und wollte gerade nach Hause gehen. Plötzlich sah er den Blitz, spürte diese Hitzewelle, und auf seiner Hand bildete sich eine große Blase."

Eine Verbrennung mit Weißfärbung der Haut und Blasenbildung ist eine Verbrennung vierten Grades.

Jene, die näher dem Explosionszentrum waren, empfanden den Blitz, die Hitze und die Druckwelle gleichzeitig; eine Oberschülerin:

„Dieser Augenblick! Ich hatte ein Gefühl, als hätte ein schwerer Hammer mich im Rücken getroffen und ich wäre in siedendes Öl geworfen worden... Ich wurde anscheinend ein gutes Stück nach Norden geschleudert, und es kam mir vor, als wären alle Richtungen verdreht."

Die Oberschülerin, deren Lehrerin mit ihrem Ausruf alle dazu gebracht hatte, zum Himmel aufzusehen:

„Ringsum ist es stockdunkel; aus der Dunkelheit steigen knisternd leuchtendrote Flammen auf, die sich immer mehr ausbreiten. Die Gesichter meiner Freundinnen, die eben noch voller Energie gearbeitet haben, sind verbrannt und voller Blasen, ihre Kleider hängen in Fetzen herunter; wie soll ich es beschreiben, wie sie zitternd umhertaumeln? Unsere Lehrerin hält ihre Schülerinnen an sich gepreßt, wie eine Henne, die ihre Küken schützt, und wie kleine, schreckstarre Küken stecken die Schülerinnen ihre Köpfe unter ihre Arme."

Jene, die sich im Innern eines Gebäudes befanden, verbrannte die Hitzewelle nicht, aber die Druckwelle erreichte sie:

„Der Junge war in einem Raum, der zum Flußufer lag; er hatte auf den Fluß hinausgesehen, als die Explosion kam; in dem Moment, als das Haus einstürzte, wurde er aus dem Raum herausgeschleudert, über die Straße hinweg, die auf dem Uferdamm langführte, und landete auf der darunterliegenden Straße. Auf diesem Weg wurde er durch einige Fensterscheiben im Haus hindurchgeschleudert; sein ganzer Körper steckte voller Glas. Deshalb war er vollkommen blutüberströmt."

Über einen Umkreis von mehreren hundert Metern um das Hypozentrum raste die Druckwelle mit einer Geschwindigkeit von drei Kilometern pro Sekunde hinweg; dann verlangsamte sie ihre Geschwindigkeit auf 335 Meter pro Sekunde; sie wirbelte eine riesige Wolke aus Staub und Rauch auf.

Ein Physiker aus Hiroshima erzählte Lifton: „Mein Körper schien ganz schwarz zu sein, alles war dunkel, vollkommen dunkel... Dann dachte ich: ,Die ganze Welt geht unter.'" Der Schriftsteller Yoko Ota empfand das gleiche Entsetzen:

„Ich konnte einfach nicht verstehen, wieso unsere Umgebung sich von einem Augenblick zum nächsten so stark verändert hatte... Ich dachte, es könnte etwas sein, das gar nichts mit dem Krieg zu tun hatte, der Untergang der Welt, von dem man sagt, er würde am Ende der Welt stattfinden." [...]

Der Prozentsatz der getöteten Menschen ist schlicht unabhängig von der Entfernung zum Hypozentrum; zwischen dem Prozentsatz der Todesopfer und der Entfernung besteht ein umgekehrt proportionales Verhältnis; das Töten ist nicht mehr selektiv, wie Gil Elliot hervorhebt:

„Wenn wir zur Atombombe kommen, zu Hiroshima und Nagasaki, dann hat bis dahin die Leichtigkeit, mit der die Ziele zu erreichen sind, und der Sofortcharakter der ungeheuren Zerstörungswirkung bereits bewirkt, daß sowohl die Wahl der Stadt als auch die Identität des Opfers völlig zufällig geworden ist; die menschliche Technologie hat die endgültige Grundlage zur Selbstvernichtung geschaffen. Die großen Städte der Toten bleiben zahlenmäßig Verdun, Leningrad und Auschwitz. Doch in Hiroshima und Nagasaki ist die „Stadt der Toten" endgültig von einer Metapher zu einer buchstäblichen Realität geworden. Die Totenstadt der Zukunft ist unsere Stadt, und ihre Opfer sind – weder französische und deutsche Soldaten noch russische Bürger, noch Juden, sondern – wir alle ohne Rücksicht auf eine spezifische Identität."

„Die Erfahrung dieser beiden Städte", sagt die japanische Studie, „war das Anfangskapitel zur möglichen Ausrottung der Menschheit."

Gerd Rosenkranz

Kinder haften für ihre Eltern

Am 2. Dezember 1942 entfesselte der Physiker Enrico Fermi die Kräfte, die alle Materie zusammenhalten. In einem zum Militärlabor umfunktionierten Umkleideraum des Footballstadions von Chicago gelang ihm die erste kontrollierte atomare Kettenreaktion. Exakt ein halbes Jahrhundert später wartet der von Fermi produzierte Atommüll noch immer auf seine endgültige Beseitigung. Und mit ihm wartet die strahlende Hinterlassenschaft aus den 29 Ländern der Erde, die heute Atomkraftwerke nutzen. 50 Jahre nach Beginn des Atomzeitalters ist die Entsorgung des Atommülls ungelöst. Während inzwischen weltweit immerhin 420 Atomkraftwerke laufen, konnte bis heute noch kein Land ein Lager in Betrieb nehmen, das die wichtigste Anforderung erfüllt: die vollständige Isolierung der gefährlichen Abfälle von der Biosphäre für einen Zeitraum von Tausenden von Jahren.

In immer neuen Notbehelfen werden die Abfälle zwischengelagert oder per Katzentechnik oberflächennah verscharrt. Jahrzehntelang wurden sie ins Meer gekippt. Und noch immer träumen Russen und Franzosen davon, sie – auf Nimmerwiedersehen – ins Weltall zu schießen. „Die Entsorgung von Kernkraftwerken“, so steht es heute im *Brockhaus*-Lexikon, „ist ein Hauptproblem der Kernkraftnutzung.“ Damit ist die Atommüllmisere deutsches Allgemeinwissen geworden. [...]

Besonders dramatisch beschreibt das *Worldwatch Institute* das weltweite Entsorgungsdebakel. Titel der Studie: *Atommüll – das Problem, das uns erhalten bleibt.* Die Nutzung der Atomkraft werde weiter propagiert, schreibt der Autor Nicholas Lenssen über die Entsorgungsmisere, „ohne überhaupt zu wissen, ob eine Lösung dieses drängenden Problems in greifbarer Nähe ist oder ob das Problem überhaupt gelöst werden kann". Die verschiedenen Ideen und Konzepte der einzelnen Länder zur Endlagerung ihrer radioaktiven Abfälle vergleicht Lenssen mit einer Fata Morgana: Vermeintlich sichere Methoden, das radioaktive Material für lange Zeit von der Biosphäre zu isolieren, seien bei näherer Prüfung alle „verschwunden". Inzwischen brenne die Entsorgung immer mehr auf den Nägeln, aber trotz wachsender Abfallberge gebe es bis heute keine wirklich praktikablen Lösungen. Auch die Einlagerung der strahlenden Abfälle in tiefe geologische Formationen könne nicht garantieren, daß diese Stoffe dauerhaft von der Biosphäre abgeschlossen bleiben. „Die Entsorgung", bilanziert Lenssen, „hat sich als das zentrale Problem der Atomenergie für das nächste Jahrtausend – und darüber hinaus – herausgestellt, und an ihr wird sich entscheiden, wie das endgültige Urteil über das Atomzeitalter lauten wird."

Im Gegensatz dazu lesen sich manche Äußerungen aus den Reihen der deutschen Atomindustrie wie ein Stück aus dem Märchenbuch. Die *Vereinigung Deutscher Elektrizitätswerke* (VDEW) sieht die nukleare Entsorgung in der Bundesrepublik als vorbildlich an. Sie sei „beispielgebend für die konventionelle Entsorgung, also für die Behandlung und Endlagerung chemisch-toxischer Abfälle", schreibt VDEW-Abfallexperte Michael Weis. Und weiter: „Die vielzitierte Atommüllhalde mit einem jährlichen Zuwachs von etwa 10 000 Kubikmetern erweist sich gegenüber einem jährlichen deutschen Abfallaufkommen von insgesamt etwa 500 Millionen Tonnen... als eine vernachlässigbare Größe." [...]

Um welchen Zeithorizont es bei der Entsorgung geht, hat das *Öko-Institut Darmstadt* in einer kulturhistorischen Betrachtung deutlich gemacht. Die Kerntechnik, schreiben die Wissenschaftler, sei noch keine 50 Jahre, das Christentum etwa 2000 Jahre alt. Die letzte Eiszeit liege gerade 10 000 Jahre zurück, der Neandertaler habe vor 40 000 bis 80 000 Jahren in Mitteleuropa gelebt. Diesen großen Zeitspannen stehen die Halbwertszeiten von Radionukliden gegenüber, die bei der Kernspaltung im Reaktor entstehen: Die Halbwertszeit von Plutonium-239 beträgt beispielsweise 24400 Jahre, von Neptunium-237 etwa 2,1 Millionen Jahre und von Jod-129 sogar 15,7 Millionen Jahre.

Nach einer Zeit von 24400 Jahren hat das Plutonium-239 also erst die Hälfte seiner radioaktiven Potenz verloren, in weiteren 24400 Jahren zerfällt wiederum die Hälfte der verbliebenen Hälfte, und so weiter. Selbst nach zehn Halbwertszeiten, also fast einer viertel Million Jahre, bleibt Plutonium immer noch tödliches Radionuklid, das alles Leben zerstören kann.

Atomreaktoren laufen 25, 30 oder 40 Jahre, der von ihnen produzierte Atommüll strahlt 1000, 10000 und Millionen Jahre. Er kann weder verbrannt noch auf andere Art beseitigt werden. Die Isolierung für die Ewigkeit bleibt die einzige Möglichkeit, mit den strahlenden Abfällen fertig zu werden. Für welche Zeiträume werde bei der nuklearen Entsorgung eigentlich geplant, fragen die Darmstädter Atomexperten angesichts solcher Perspektiven, „für die nächste und übernächste Generation oder aber für Hunderte und Tausende nachfolgender Generationen?“

Roman Lopez

Der Soldat des Jahres 2000 (1983)

Auf dem in der Studie AirLand Battle 2000 beschriebenen Gefechtsfeld des 21. Jahrhunderts befinden sich eine Vielzahl komplizierter Kampfmittel, darunter Robotersysteme, ein elektromagnetisches CCF-Kanonensystem (Close Combat Force) zum Einsatz gegen Boden- und Luftziele sowie eine ALF-Teilchenstrahlenwaffe (Air Land Force), die in Reichweite und Letalität alle heute bekannten Waffen in den Schatten stellen werden.

Der Raum über dem Gefechtsfeld ist voller Luft- und Raumüberwachungs-, Aufklärungs- und Zielerfassungssysteme, während zahllose verschlüsselte Meteorscatter- und EloKa-Signale sowie elektromagnetische Impulse nichtnuklearen und nuklearen Ursprungs die elektromagnetische Umgebung kennzeichnen. Fla-Waffensysteme, darunter ein ALF-Lasersystem, CCF-Fernlenkflugzeuge und CCF-Schwebefahrzeuge sollen der Bedrohung aus der Luft begegnen.

Es wird intensiv gekämpft, mit verheerenden Auswirkungen und großen Verlusten auf beiden Seiten, weil die NATO-Verbündeten und die Truppen des Warschauer Paktes neben konventionellen Waffen auch taktische Nuklear-, chemische und biologische Waffen einsetzen. In einer solchen Atmosphäre der allgemeinen Verwirrung gestaltet sich die Führung entsprechend schwierig. Deswegen ist eine bewegliche Kampfführung als Grundlage aller US-Heeresdoktrinen unbedingt zum Überleben und zum Sieg über die sehr viel zahlreicheren und offensiv vorgehenden Truppen des Warschauer Paktes erforderlich.

Der wichtigste Akteur in diesem Geschehen, der einzelne Soldat, wird mehr wie ein Astronaut als wie ein Infanterist aussehen, denn seine einem Raumanzug ähnelnde Wegwerfuniform soll ihn vor chemischen und biologischen Kampfstoffen schützen, und seine Verpflegungsrationen entstammen dem Raumfahrtprogramm.

Seine persönliche Bewaffnung wird in der Hauptsache immer noch aus einem leichten automatischen Gewehr bestehen, bei dem jedoch eine neue, hülsenlose Hochgeschwindigkeitsmunition von hoher Wirksamkeit im Ziel die traditionelle Messingpatronenmunition abgelöst haben wird. Einige Soldaten werden über selbstzielsuchende Panzerabwehrraketen, andere über kleinere Strahlenwaffen oder über wiederverwendbare Minen verfügen.

Zur Verzögerung des Haarwuchses und „bestimmter Körperfunktionen" werden chemische Mittel verwendet, weil gewisse Vorrichtungen mit pausenloser Bewegung und ununterbrochenen Einsätzen nicht in Einklang zu bringen sind. Müdigkeit und Gefechtsstreß werden durch spezielle, „sichere“ Drogen bekämpft, die aber die Leistung nicht beeinträchtigen. Für Bluttransfusionen wird synthetisches Plasma verwendet, die Leichen der Gefallenen werden mit Schäumen und Zersetzungsmitteln schnell beseitigt.

Während der Gefechtspause wird der Soldat den Zuspruch des Militärseelsorgers in Live-TV oder als Video-Konserve empfangen und anschließend noch Videospiele machen können, um momentan die grauenvolle Wirklichkeit zu vergessen.

Die Beurteilung der Lage wird durch Standortmeldesysteme (PLRS) in Form handlicher Rechner und Sender vereinfacht, mit deren Hilfe auch kleinste Einheiten ihre Meldungen über Stärke, Anzahl der Gefallenen usw. an die Hauptquartiere übermitteln können, wo sie auf Bildschirmen dargestellt werden.

Wird ein Soldat verwundet, dann gibt ein körpernaher Sensor Auskunft über seinen Standort, den Grad der Verwundung und deren Ursache. Der Sanitäter, der dann als Mobile Medical Trauma Technician bezeichnet wird, verabfolgt daraufhin Antischockmittel. Zugleich werden von der persönlichen Datenkarte (Mikrochip anstatt Blechmarken) Daten von der Kampfeinheit zur Versorgungseinheit übertragen und der Status des Soldaten im Buchhaltungssystem seiner Einheit in finanzieller und postalischer Hinsicht sowie in bezug auf die Stärke der Einheit erneuert.

Dann wird der Soldat in einem allwettertauglichen Kipprotorflugzeug, welches FK auszuweichen vermag, in ein modulares Feldlazarett oder unter ständigen Erste-Hilfe-Maßnahmen in eine größere medizinische Einrichtung gebracht.

Während der Genesung kann er auf einem Bildschirm seine Post lesen oder Videokonserven genießen und mit einem elektronischen Scheckbuch etwas Besonderes bestellen, um Abwechslung in seinen Speiseplan zu bringen. Im Krankenhaus kann er darüber hinaus auch eine neue Ration Heilmittel für Geschlechtskrankheiten empfangen – eine Selbstverständlichkeit für den Soldaten des 21. Jahrhunderts, denn wegen der niedrigen Geburtenrate werden sich die Befehlshaber in Zukunft die im 20. Jahrhundert durch derartige Erkrankungen bedingten hohen Ausfallraten nicht mehr leisten können.

2. Mikrokosmos – Makrokosmos oder das Verschwinden des Menschen

Attila Jozsef

Die künftigen Menschen

Sie werden Kraft und Zartheit sein.
Sie werden die eiserne Maske der Wissenschaft zerbrechen,
um die Seele auf dem Antlitz des Wissens sichtbar zu machen.
Sie werden Brot und Milch küssen
und mit der Hand, die das Haupt ihres Kindes streichelt,
aus dem Gestein Metalle und Eisen schürfen.
Mit den Gebirgen werden sie Städte errichten.
Ohne Hast werden ihre riesigen Lungen
Gewitter und Stürme einatmen,
und die Ozeane werden ruhen.
Immer erwarten sie den unerwarteten Gast
und haben für ihn gedeckt
den Tisch und auch ihr Herz.
Möget ihr ihnen ähnlich sein,
daß eure Kinder mit Lilienfüßen
unschuldig das Blutmeer durchschreiten,
das zwischen uns liegt und ihnen.

Friedrich Wagner

Die genetische Utopie

Die künstliche Menschenzüchtung durch „wissenschaftlichen“ Eingriff erscheint als erreichbares Forschungsziel erst bei den „Neodarwinisten“, die ein verlorenes Erbgleichgewicht nicht mehr durch Ehegesetze, Sterilisationsmaßnahmen oder gar Menschenvernichtung von außen herstellen wollten, sondern von innen durch physikalische oder chemische Manipulierung des Keimbereiches. Nicht zufällig war der grundlegende Theoretiker dieser Richtung der Strahlengenetiker H. J. Muller, der 1927 nachwies, daß man durch energiereiche Strahlen willkürlich Erbänderungen auslösen könne und dafür 1946, gleichzeitig mit O. Hahn, den Nobelpreis erhielt. In seinem Buch „Out of the Night“ umriß Muller schon 1935 jene genetische Utopie, die bis heute weithin die auf die genetische Manipulierung des Menschen zielende Planungs- und Forschungsarbeit orientiert. Muller warnt dort vor der Eugenik der Zeit, die in der Hand von Verfechtern von Rassenideen und „Klassenvorurteilen“ unsagbares Leid bringen könne. Doch sieht er auch durch die Verwirklichung seiner eigenen Planziele eine „äußerste Katastrophe“ voraus, wenn ihr nicht eine umfassende geistige und soziale Revolution vorausgehe.

Der utopische Geist dieser „Zukunftssicht“ Mullers entspricht den Methoden und Zielen seiner Genetik und einer Weltentwicklungsvision, die er mit den progressivsten Forschern und Technikern der Epoche teilt. Wie kaum ein anderer Biologe hat Muller schon Mitte der dreißiger Jahre den Drang in den Weltraum durch Weltraumfahrt und den Willen zur Macht durch Entfesselung der Atomenergie als treibende Kräfte der Zeit erkannt. Doch erweisen ihm die erwarteten Entdeckungen und Erfindungen, von der Automation und ihren Computern bis zu den Raketen der Raumfahrt, durch ihre Machthäufung nur die biologische Rückständigkeit eines Menschen, der seiner selbstgeschaffenen Überwelt noch immer in der Gestalt seiner Eiszeit entgegentritt. Seine mangelnde Anpassung an seine Welt führt diesen nicht nur mit jeder Machtsteigerung immer tiefer ins Chaos, sondern auch in eine Erbentartung, die ihn mit seiner Selbstvernichtung bedroht. Denn da diese Welt ihre Erbschwachen und Erbkranken am Leben erhält, während sie dauernd die „Neumutationen" vermehrt, die „rezessiv", also unsichtbar, Erbschwächen in der Bevölkerung anhäufen oder „dominante", sichtbare Erbkrankheiten hervorbringen, verlor sie damit das natürliche Gleichgewicht der Erbänderung und deren Ausmerzung. Und da sich Erbänderungen und Erbschwächen meist unveränderlich forterben und in jeder Generation vervielfachen, würden in Mullers Sicht eines Tages alle und derart von ihnen belastet, daß ihr gesamtes Lebenssystem zusammenbricht. Die Umkehr auf diesem Weg durch die Änderung einer Umwelt, die heillos bis in die Keimbereiche des Menschen wirkt, ist aber so unvereinbar mit Mullers Fortschrittsprinzip, daß er nur den Ausweg des wissenschaftlichen Eingriffs in diesen Keimbereich sieht, der „alles menschenträchtige Protoplasma so radikal umformt, bis im Prinzip die Herstellung eines künstlichen Menschen von Grund auf damit gegeben ist".

Dies ist für Muller der geistige und weltgeschichtliche Ort der Genetik und deren zeitgeschichtlicher Auftrag. Denn für ihn ist die Macht, der Technik und Wissenschaft dienen, erst dann ein Endziel, wenn sie auch dazu dient, „die Summe des Menschheitsglücks zu vermehren" – Macht und Glück sind dasselbe. Da aber für ihn die „höchste Macht", also das höchste Glück, von der Erbgesundheit wie von der Umweltkontrolle der Menschheit abhängt, hält er es für eine Pflicht der Biologie, ihren Ursprung in der menschlichen Keimsphäre zu erforschen und diese „radikal umzuändern". Muller sah nicht, daß der Mensch sich in der Verwirklichung seiner Fähigkeiten und Möglichkeiten erfüllt, auch in Überwindung von Leiden und Spannungen, und suchte daher das Glück des Menschen durch wissenschaftliche Eingriffe in dessen Keimbereich zu gewinnen. Weit über die Korrektur der Erbkrankheiten hinaus gibt er der neuen Genetik darum das Ziel, durch konstruktive Anwendung ihrer Erkenntnis das Erbverhängnis des Menschen umzukehren in dessen Fortschritt zu einem Übermenschen, der allen Welten gewachsen ist, die er noch schaffen kann. Muller sieht in der bisherigen Evolution des Menschen eine Gewähr für „Umwandlungswunder", die er von der neuen Genetik erwartet, nachdem er sie selber durch seine Taufliegenexperimente mit energiereichen Strahlen vollbrachte; man muß die demiurgische Faszination seiner Eingriffsvorschläge stets auf diesem Hintergrund sehen.

Schon damals (1935) stellte Muller Forschungsziele für die Genetik auf, die teilweise heute erreicht und teilweise immer noch Planziele sind, wie die Erforschung der Gen- und Protoplasmachemie und der physikalisch-chemischen Vorgänge in der Entwicklung des Embryos, von der er Aufschluß über die Möglichkeit einer Änderung embryonaler Funktionen und Formen erhofft. Daß ein Frosch im Experiment ohne Vater, ein Seestern ohne Mutter, ein Seeigel aus zwei Eiern hervorgehen kann, drängt ihm sogleich die Frage auf, ob solche „Entwicklungsoperationen" nicht auch auf den Menschen angewandt werden könnten. Zumal die Frauen sucht der Mitläufer des Kommunismus aus ihrem „uralten Sklavinnenstatus" durch Legalisierung der Abtreibung und andere Geburtenkontrollmittel zu befreien, während die „Kind-Produktion" durch Umpflanzung des befruchteten Eies von einer Frau in die andere kontrolliert werden soll, wie sie schon bei Nagern und Affen geglückt sei. Der nächste Schritt soll dann die Entwicklung ovarieller Gewebe zu deren Befruchtung und Transplantation und die der Eizelle ohne Befruchtung, des Kindes ohne Vater sein, die Parthenogenese. Als Gipfel dieser Befreiungsaktion erscheint dann die Ektogenesis, die vollautomatische Austragung der befruchteten menschlichen Eizelle auch ohne Mutterschaft, die durch die industrielle Zellgewebeentwicklung des Spermas und der Ovarien die Auslese und die Kontrolle der Embryonen am besten ermöglichen soll.

Von solchen Fernzielen der Forschung wendet sich Muller zu der schon durchführbaren Idee der „künstlichen Befruchtung“ der Frau durch Samen anonymer „Spender“ – der „heterologen Insemination“, deren Vorkämpfer er bis zum Tode (1967) war und die schon weithin verbreitet ist. Nur Trägheit und Ignoranz verhinderten nach seiner Meinung, daß durch solche Trennung der „Reproduktions-Funktion“ vom „persönlichen Liebes-Leben“ eine große Anzahl von Kindern der neuen Generation die Merkmale von ein paar außergewöhnlichen Männern erbte, was wie er glaubt ohne Störung des familiären Lebens geschehen könne. Von dieser „Vaterschaft“ auserlesener Spender – als Vorbilder nennt Muller unter anderem Lenin, Newton, Darwin, Einstein und Marx – erwartet er, daß sich bereits „in lumpigen ein oder zwei Jahrhunderten“ die Bevölkerungsmehrheit auf das Niveau dieser Massenzeuger erheben lasse, in einem für einen Biologen erstaunlichen Zutrauen auf die Vererblichkeit solchen Genies. Zwar räumt Muller ein, daß die Mehrzahl der „samenwählenden“ zeitgenössischen Mütter sich Väter unter den Filmstars, Stierkämpfern, Boxern und Gangstern aussuchen und dadurch nur die Gesellschaft fortpflanzen würde, die sie durch ihre Samenwahl ausschalten soll. Doch umgeht er diese Erkenntnis durch seine Voraussetzung einer sozialen und geistigen Revolution, die eine neue Gesellschaft durch eine Arbeiterschaft bilden werde, deren „wahre Eugenik“ die Klassen- und Rassenunterschiede aufhebe. Auf dieser Tabula rasa erwartet er dann eine Technik industrieller Vervielfältigung und Entwicklung von Keimzellen, durch deren Aufstockung, nach Überprüfung der Lebensleistung der „Spender“ und ihrer Nachkommenschaft, nach einem Vierteljahrhundert der Samen massenhaft eingesetzt werden kann. Der totalitäre Zug dieser Samenkontrolle und ihrer Zwangsmaßnahmen zur Ausschaltung jedes Mißbrauchs wird noch von der Forderung Mullers verstärkt, durch ein Trennungsverfahren des „männlichen“ vom „weiblichen“ Samen diese Befruchtungstechnik zu kontrollieren. Obgleich Muller auf die Freiwilligkeit solcher Samenauswahl und auf ihr „gesundes Wertgefühl“ baut, das durch Beratung von Publizisten, Genetikern und Psychologen erleuchtet wird, bezeichnet er doch mit Gewicht als genetisches „Ideal“ seiner Zukunftsgesellschaft „Kameradschaftlichkeit und analytische Intelligenz“ und „Zusammenarbeit und Wissen“. Man kann darin leicht das Leitbild eines modernen Forschers für wissenschaftliche Teamworks erkennen und seine soziale Wertreduktion aus der Denkvoraussetzung Mullers ableiten, daß diese Zukunftsgesellschaft ganz von der Forschung geprägt werden soll.

Für Muller ist dieses Wertbild so unausweichlich wie die Heraufkunft der Wissenschaftswelt, die einst die genetische Utopie verwirklichen soll – die Idee, daß der Mensch dies sein „potentielles Dominium“ aufgeben könnte, „nachdem er einmal so weit ging“, ist ihm undenkbar. Doch sieht er in seinem Zukunftsbild eines „Volkes von Geniussen“ nur den ersten Schritt einer wissenschaftlich gelenkten Entwicklung des Menschen zu einem Über-Menschen, mit dem verglichen er heute nur eine Amöbe ist. Wenn er erst der Parze den Schicksalsfaden entreißt, um ihn selbst für sich selber zu spinnen, wenn er seine Evolution in die eigene Hand nimmt, „dann wird er Methoden einer Genetik und Ideale einer Eugenik, ja neue Eigenschaften, Organe und Biosysteme entwickeln, die den Interessen, dem Glück und der Herrlichkeit der gottgleichen Wesen dienen, deren dürftige Vorahnung wir elende Kreaturen von heute sind“. Der Selbsthaß, der solche Genetik treibt, schlägt schließlich in eine Art Welthaß um, wenn Muller am Schluß seines Buches „den Klassenstaat, die Kirche, die alte Familie und ihr Heim, das Privateigentum, Reich und Arm, die ‚menschliche Natur‘…“, die „Rasse“, den „Himmel“ und die „unsterbliche Seele“ als „offensichtlich fallreif“ verwirft. Was dann noch bleibt, ist allein das „Wagnis der Wissenschaft“.

Unterkühlungsversuche (1943)

[...]

„Hochverehrter Reichsführer!
In der Anlage überreiche ich, in kurze Form gebracht, eine Zusammenstellung der Resultate, welche bei den Erwärmungsversuchen an ausgekühlten Menschen durch animalische Wärme gewonnen wurden. Zur Zeit arbeite ich daran, durch Menschenversuche nachzuweisen, daß Menschen, welche durch trockene Kälte ausgekühlt wurden, ebenso schnell wieder erwärmt werden können als solche, welche durch Verweilen im kalten Wasser auskühlten. Der Reichsarzt SS, SS-Gruppenführer Dr. Gravitz, bezweifelte diese Möglichkeit allerdings stärkstens und meinte, daß ich dies erst durch 100 Versuche beweisen müsse. Bis jetzt habe ich etwa 30 Menschen unbekleidet im Freien innerhalb 9–14 Stunden auf 27–29 Grad abgekühlt. Nach einer Zeit, welche einem Transport von einer Stunde entsprach, habe ich die Versuchspersonen in ein heißes Vollbad gelegt. Bis jetzt war in jedem Fall, trotz teilweise weißgefrorener Hände und Füße, der Patient innerhalb längstens einer Stunde wieder völlig aufgewärmt. Bei einigen Versuchspersonen trat am Tage nach dem Versuch eine geringe Mattigkeit mit geringem Temperaturanstieg auf. Tödlichen Ausgang dieser außerordentlich schnellen Erwärmung konnte ich noch nicht beobachten. Die von Ihnen, hochverehrter Herr Reichsführer, befohlene Aufwärmung durch Sauna konnte ich noch nicht durchführen, da im Dezember und Januar für Versuche im Freien zu warmes Wasser war und jetzt Lagersperre wegen Typhus ist und ich daher die Versuchspersonen nicht in die SS-Sauna bringen darf. Ich habe mich mehrmals impfen lassen und führe die Versuche im Lager, trotz Typhus im Lager, selbst weiter durch. Am einfachsten wäre es, wenn ich, bald zur Waffen-SS überstellt, mit Neff nach Auschwitz fahren würde und dort die Frage der Wiedererwärmung an Land Er-

frorener schnell in einem großen Reihenversuch klären würde. Auschwitz ist für einen derartigen Reihenversuch in jeder Beziehung besser geeignet als Dachau, da es dort kälter ist und durch die Größe des Geländes im Lager selbst weniger Aufsehen erregt wird (die Versuchspersonen brüllen [!], wenn sie sehr frieren). Wenn es, hochverehrter Herr Reichsführer, in Ihrem Sinne ist, diese für das Landheer wichtigen Versuche in Auschwitz (oder Lublin oder sonst einem Lager im Osten) beschleunigt durchzuführen, so bitte ich gehorsamst, mir bald einen entsprechenden Befehl zu geben, damit die letzte Winterkälte noch genutzt werden kann.
Mit gehorsamsten Grüßen
bin ich in aufrichtiger Dankbarkeit
mit Heil Hitler
Ihr Ihnen stets ergebener
S. Rascher"

Hannah Arendt

Laboratorien (1953)

Die Konzentrations- und Vernichtungslager dienen dem totalen Herrschaftsapparat als Laboratorien, in denen experimentiert wird, ob der fundamentale Anspruch der totalitären Systeme, daß Menschen total beherrschbar sind, zutreffend ist. Hier handelt es sich darum, festzustellen, was überhaupt möglich ist, und den Beweis dafür zu erbringen, daß schlechthin alles möglich ist. (Demgegenüber sind alle anderen Experimente vor allem medizinischer Natur, über deren Ungeheuerlichkeit die Prozesse gegen die Ärzte des Dritten Reiches so ausführlich berichten, sekundär, wenn auch charakteristisch bleibt, daß diese Laboratorien eben für Experimente aller Art verwendet wurden.)

Totale Herrschaft, die darauf ausgeht, alle Menschen in ihrer unendlichen Pluralität und Verschiedenheit so zu organisieren, als ob sie alle zusammen nur einen einzigen Menschen darstellten, ist nur möglich, wenn es gelingt, jeden Menschen auf eine sich immer gleichbleibende Identität von Reaktionen zu reduzieren, so daß jedes dieser Reaktionsbündel mit jedem anderen vertauschbar ist. [...]

Die Lager dienen nicht nur der Ausrottung von Menschen und der Erniedrigung von Individuen, sondern auch dem ungeheuerlichen Experiment, unter wissenschaftlich exakten Bedingungen Spontaneität als menschliche Verhaltungsweise abzuschaffen und Menschen in ein Ding zu verwandeln, das unter gleichen Bedingungen sich immer gleich verhalten wird, also etwas, was selbst Tiere nicht sind; denn der Pawlowsche Hund, den man bekanntlich darauf dressiert hatte, nicht zu essen, wenn er hungrig war, sondern wenn eine Glocke ertönte, war ein pervertiertes Tier.

Unter normalen Umständen ist dies niemals zu erreichen, weil Spontaneität nie ganz auszuschalten ist, sofern mit ihr nicht nur menschliche Freiheit, sondern Leben überhaupt im Sinne des einfach Lebendigbleibens zusammenhängt. Nur in den Konzentrationslagern ist dieses Experiment überhaupt möglich, und sie sind daher nicht nur *„la société la plus totalitaire encore réalisée“* (David Rousset), sondern darüber hinaus das richtunggebende Gesellschaftsideal für die totale Herrschaft überhaupt. So wie die Stabilität des totalitären Regimes von der Isolierung der fiktiven Welt der Bewegung von der Außenwelt abhängt, so hängt das Experiment der totalen Herrschaft in den Konzentrationslagern daran, daß sie auch innerhalb eines totalitär regierten Landes sicher gegen die Welt aller anderen, die Welt der Lebenden überhaupt, abgedichtet sind. Mit dieser Abdichtung hängt die eigentümliche Unwirklichkeit und Unglaubwürdigkeit zusammen, die allen Berichten aus den Lagern innewohnt und eine der Hauptschwierigkeiten für das wirkliche Verständnis der totalen Herrschaftsformen bildet, deren Existenz mit der Existenz der Konzentrations- und Vernichtungslager steht und fällt; denn diese Lager sind, so unwahrscheinlich dies klingen mag, die eigentlich zentrale Institution des totalen Macht- und Organisationsapparates.

Die Berichte der Überlebenden von Konzentrations- und Vernichtungslagern sind außerordentlich zahlreich und von auffallender Monotonie. Je echter diese Zeugnisse sind, desto kommunikationsloser sind sie, desto klagloser berichten sie, was sich menschlicher Fassungskraft und menschlicher Erfahrung entzieht. Sie lassen den Leser kalt, stoßen ihn, wenn er sich ihnen wirklich überläßt, in das gleiche apathische Nicht-mehr-Begreifen, in dem sich der Berichterstatter bewegt, und sie lösen fast niemals jene Leidenschaften des empörten Mitleidens aus, durch die von jeher Menschen für die Gerechtigkeit mobilisiert wurden. Trotz überwältigender Beweise haftet das Odium der Unglaubwürdigkeit, mit dem Berichte aus Konzentrationslagern zuerst aufgenommen wurden, immer noch jedem an, der davon berichtet; und je entschlossener der Berichterstatter in die Welt der Lebenden zurückgekehrt ist, desto stärker wird ihn selbst der Zweifel an seiner eigenen Wahrhaftigkeit ergreifen, als verwechsle er einen Alptraum mit der Wirklichkeit. In dieser an sich selbst und der erlebten Realität irre werdenden Unsicherheit gibt sich nur kund, was die Nazis schon immer gewußt haben; daß es nämlich, ist man zum Verbrechen entschlossen, zweckmäßig ist, Verbrechen in allergrößtem, allerunwahrscheinlichstem Maßstabe zu inszenieren. Nicht nur, daß solchermaßen alle Strafen, die in einem Rechtssystem vorgesehen sind, inadäquat und lächerlich werden; die Ungeheuerlichkeit der begangenen Untaten schafft automatisch eine Garantie dafür, daß den Mördern, die mit Lügen ihre Unschuld beteuern, eher Glauben geschenkt wird als den Opfern, deren Wahrheit den gesunden Menschenverstand beleidigt. [...]

Was dem gesunden Menschenverstand zuwiderläuft, ist nicht das nihilistische „alles ist erlaubt“, das sogar in der utilitaristischen Ausprägung des gesunden Menschenverstandes im neunzehnten Jahrhundert bereits enthalten ist. Was der gesunde Menschenverstand, was „normale Menschen" nicht glauben, ist, daß alles möglich ist. Die größte Schwierigkeit, die einem angemessenen Verstehen des totalitären Phänomens entgegensteht, ist diese Stimme des Unglaubens, die in jedem von uns sitzt und uns mit den Argumenten des gesunden Menschenverstandes schlecht zuredet. So versucht man als „Verbrechertum" zu klassifizieren, was doch unter keiner solchen Kategorie je vorgesehen war. Was soll man mit dem Begriff des Mordes anfangen, wenn man mit der Fabrikation von Leichen konfrontiert ist? [...]

Das eigentliche Grauen der Konzentrations- und Vernichtungslager besteht darin, daß die Insassen, selbst wenn sie zufällig am Leben bleiben, von der Welt der Lebenden wirksamer abgeschnitten sind, als wenn sie gestorben wären, weil der Terror Vergessen erzwingt. Der Mord geschieht hier ganz ohne Ansehen der Person; er kommt dem Zerdrücken einer Mücke gleich. Es mag einer sterben, weil er den systematischen Folterungen erliegt oder dem Hunger oder weil das Lager überbelegt ist und überflüssiges Menschenmaterial liquidiert werden muß. Umgekehrt kann es auch vorkommen, daß bei Mangel an neu eingeliefertem Menschenmaterial die Gefahr entsteht, daß die Lager sich entvölkern, und daß nun der Befehl herauskommt, die Todesrate mit allen Mitteln herunterzudrücken. David Rousset nannte seinen Bericht über die Zeit in einem deutschen Konzentrationslager „*Les Jours de Notre Mort*", und es ist wahr, daß es ist, als hätte man eine Möglichkeit entdeckt, das Sterben selbst permanent zu machen, einen Zustand zu erzwingen, in dem Tod wie Leben gleich wirksam verhindert werden.

Das Grauen vor dem radikal Bösen weiß, daß hier das Ende des Umschlagens von Qualitäten und Entwicklungen gekommen ist. Hier gibt es weder politische noch geschichtliche, noch einfach moralische Maßstäbe, sondern höchstens die Erkenntnis, daß es in der modernen Politik um etwas zu gehen scheint, worum es eigentlich in der Politik, wie wir sie gewöhnlich verstehen, nie gehen dürfte, nämlich um alles oder nichts – um alles, und das ist eine unbestimmte Unendlichkeit von Formen menschlichen Zusammenlebens, oder nichts, und das ist im Falle der Konzentrationslager ebenso exakt der Untergang des Menschen wie im Falle der Wasserstoffbombe der Untergang des Menschengeschlechts. [...]

Nirgends sind bisher Konzentrationslager um der möglichen Arbeitsleistung willen eingerichtet worden; ihre einzige ökonomische Funktion war und ist die Finanzierung des sie bewachenden Apparats, und das heißt: ökonomisch sind die Konzentrationslager um ihrer selbst willen da. Überall hätte die gleiche Arbeit, wenn Arbeit geleistet wurde, unter anderen Bedingungen unvergleichlich viel besser und billiger geleistet werden können. [...]

Solche aus scheinbarer Sinnlosigkeit stammende Irrealität liegt aber *de facto* allen Formen der Konzentrationslager zugrunde. Von außen gesehen sind sie und was in ihnen sich abspielt nur mit Bildern zu beschreiben, die aus der Vorstellungswelt von einem Leben nach dem Tode stammen, nämlich von einem Leben, das irdischen Zwecken enthoben ist. Mit einer verblüffenden Genauigkeit könnte man Konzentrationslager in Typen einteilen, welche den drei wesentlichen abendländischen Vorstellungen von einem Leben nach dem Tode im Hades, im Fegefeuer und in der Hölle entsprechen. Dem Hades würden jene verhältnismäßig milden Formen des vernachlässigenden Aus-dem-Wege-Räumens entsprechen, die für unerwünschte Elemente aller Arten – Flüchtlinge, Staatenlose, Asoziale, Arbeitslose – auch in nichttotalitären Staaten in Mode zu kommen drohten; sie haben als DP-Camps, das heißt wieder als Lager für lästig und überflüssig gewordene Menschen, den Krieg überdauert. Das Fegefeuer stellt sich in jenen vorgeblichen Arbeitslagern der Sowjetunion dar, in denen sich Vernachlässigung mit chaotischem Arbeitszwang vereint. Die Hölle schließlich im wortwörtlichsten Verstande bilden jene nur von den Nazis bis zur

Vollendung ausgebildeten Typen, in welchen das gesamte Leben nach dem Gesichtspunkt der größtmöglichen Quälerei systematisch durchorganisiert war. Allen drei Typen ist gemeinsam, daß die in sie verschlagenen Menschen so behandelt werden, als ob sie nicht mehr existierten, als ob das, was mit ihnen geschehe, nicht mehr und für niemanden zähle, als seien sie bereits gestorben und als amüsiere sich nun, bevor sie zur ewigen Ruhe zugelassen werden, noch irgendein verrückt gewordener böser Geist damit, sie zwischen Leben und Tod eben ein wenig aufzuhalten.

Es ist nicht so sehr der Stacheldraht wie die fabrizierte und kunstvoll hergestellte Unwirklichkeit derer, die er einzäunt, welche zu so ungeheuerlichen Grausamkeiten provoziert und die Vernichtung schließlich als eine durchaus normale Maßnahme erscheinen läßt. Nichts von dem, was sich in den Lagern abgespielt hat, ist uns unbekannt aus perversen und bösartigen Phantasiewelten. Was so schwer zu verstehen ist, ist gerade der Umstand, daß diese grausigen Verwirklichungen sich nicht weniger in einer Phantomwelt abspielen als jene Phantasien, in einer Welt nämlich, in der es weder Konsequenzen noch Verantwortungen gibt, so daß schließlich weder Peiniger noch Gepeinigte und am wenigsten der Außenstehende begreifen können, daß es sich um mehr handelt als ein grausames Spiel oder einen dummen Traum.

Die Filme, die die Alliierten nach Kriegsende in Deutschland und im Ausland laufen ließen, haben nur zu deutlich erwiesen, daß der Irrsinns- und Irrealitätscharakter der fotografierten Begebenheiten aller reinen Reportage standhält. Für den unbefangenen Zuschauer kommt ihnen etwa soviel Überzeugungskraft zu wie den Fotografien mysteriöser Substanzen in spiritistischen Sitzungen. Der gesunde Menschenverstand reagierte auf die Greuel von Buchenwald oder Auschwitz mit dem plausiblen Argument: „Was müssen die Leute nur angestellt haben, daß dies mit ihnen geschah?" Oder, in Deutschland und Österreich inmitten der Hungersnot, der Überbevölkerung und des allgemeinen Hasses: „Wie schade, daß man nicht mehr Juden vergast hat!“ Oder überall mit dem Kopfschütteln des Mißtrauens gegen einen besonders unwirksamen Propagandatrick.

Wenn die Propaganda der Wahrheit ihrer Ungeheuerlichkeit wegen den noch normalen Spießbürger nicht überzeugt, so hat sie eine desto gefährlichere Wirkung auf diejenigen, welche aus ihren eigenen Phantasiemöglichkeiten wissen, daß sie so etwas tun könnten, und aus diesem Grunde nur zu froh sind, an die Realität des Gezeigten zu glauben. Urplötzlich stellt sich heraus, daß, was die menschliche Phantasie seit Jahrtausenden in ein Reich jenseits menschlicher Kompetenz verbannt hatte, tatsächlich herstellbar ist. Hölle und Fegefeuer und selbst ein Abglanz ihrer ewigen Dauer können errichtet werden, indem man Menschen mit den modernsten Mitteln der Destruktion und der Heilkunst unendlich lange sterben läßt. Was diesen Typen, von denen es in jeder Großstadt sehr viel mehr gibt, als wir gerne wahrhaben möchten, beim Anblick dieser Filme oder beim Lesen jener Reportagen aufgeht, ist, daß die Macht des Menschen größer ist, als sie sich einzugestehen wagten, und daß man höllische Phantasien realisieren kann, ohne daß der Himmel einstürzt und die Erde sich auftut.

Adolf Remane

Die Biologie schreitet fort (1963)

Der Fortschritt erscheint in der Entwicklung des Lebens nicht als notwendiges Gesetz, sondern oft als das Produkt einer glücklichen Konstellation. Trotz einer nachweisbaren Beharrungstendenz besteht in jedem Augenblick der Entwicklung die Möglichkeit zum Beschreiten vieler Wege, die aber keineswegs alle gleich leicht begehbar sind. Für manche besteht eine Prädisposition, für andere nicht. Ist aber einmal ein Weg – sei es durch Zufall, sei es infolge einer Umweltsituation – beschritten, so ist die Weiterbefolgung dieses Weges – so lange die Umweltsituation die gleiche bleibt – viel wahrscheinlicher als ein Überspringen in Wege, die kurz vorher noch möglich waren. [...]

Auf eine weitere Entwicklungsform der Lebewesen stießen die Biologen bei der Untersuchung der mikroskopischen Lebewesen. Seit der Entdeckung des Mikroskops studierte man diese bis dahin unbekannte Welt des Lebens. Manche dieser Lebewesen enthielten Organe, zum Beispiel Gehirn, Darmkanal, Muskeln, und waren offenbar nur kleine Tiere, ganz analog den bekannten. Manche der mikroskopischen Formen erwiesen sich aber als organlos und schließlich als einzellige Lebewesen. Etwa gleichzeitig wurde entdeckt, daß die Körper der Tiere, Pflanzen und auch der Menschen aus einer großen Zahl kleinster Einheiten bestehen, eben den Zellen. Der Körper des Menschen besteht aus etwa 30 Billionen Einzelzellen, die koordiniert zusammenarbeiten müssen, wenn der Mensch lebensfähig und gesund sein soll. Das Wichtigste aus dieser Erkenntnis vor über 130 Jahren war, daß es zwei Stufen von Lebewesen gibt, eine niedere, die der Zellen, und eine höhere, auf der die Zellen zu einem Körper zusammengeschlossen sind. Die Zelle, erst freies Einzelwesen, wird auf der höheren Stufe Bauelement eines komplexen Zellstaates. Es taucht sofort die Frage auf, ob sich dieser Prozeß noch einmal wiederholt hat, und unser Blick fällt sofort auf die sogenannten Staatsquallen, bei denen zahlreiche Vielzellertiere in einem körperlichen Verband bleiben und durch Arbeitsteilung der Bürger einen einheitlichen neuen Organismus, ein Lebewesen der dritten Stufe gebildet haben. – Unser Blick fällt aber auch auf die sogenannten Staaten der Bienen, Termiten und Ameisen, bei denen die Tiere zwar nicht zu einem Körper verwachsen sind, aber durch ihr instinktgesetztes Zusammenleben eine feste biologische Einheit bilden. Es gibt also Lebewesen in drei Stufen: 1. Einzeller, 2. Vielzeller,

3. Tierstock und Tierstaat. Betrachten wir diese andere Stufenfolge näher, so zeigt sich ein eigenartiges Phänomen. Die höhere Stufe bedeutet keineswegs eine Höherentwicklung auf der ganzen Linie, im Gegenteil, sie beginnt wieder mit primitiven, reaktionsarmen Geschöpfen, die erst allmählich ihre neuen Fähigkeiten entfalten. Schwamm und Polyp, die niedersten Vielzeller, sind viel reaktionsärmer als hohe Einzeller, etwa wie Pantoffel- und Glockentierchen. Ebenso ist die Einzelameise zwar hochkompliziert, der Ameisenstaat aber insgesamt primitiv, kaum höher als ein niederer Einzeller. Sein Nest gleicht der unvollkommenen Hülle aus Fremdkörpern, wie sie schon Einzeller bauen. Aus ihm sendet er seine Einzeltiere, die Ameisen, auf den Ameisenstraßen nach Nahrungsaufnahme aus, ganz so wie eine beschalte Amoebe ihre Pseudopodien. Die Geschlechtstiere, Königinnen und Könige, verlassen den „Körper" beim Schwärmen ebenso wie Eier und Spermien einen Vielzeller, etwa eine Muschel. Entwickelt sich ein solcher primitiver Körper weiter, so beginnt die schon erwähnte Arbeitsteilung unter den Bürgern, aber gleichzeitig wird das Einzelwesen schrittweise vereinfacht und zu einem Funktionsteil, einem Rädchen im Gesamtgetriebe degradiert. Der Übergang zu einer höheren Stufe ist also ein neuer Anfang mit neuen Möglichkeiten, aber ein primitiver Anfang. Einzelindividuen und Staat geraten nun in eine gegenläufige Entwicklung. Die Einzelameisen verlieren Flügel und Flugfähigkeit, zum Teil ihre Augen, und die Arbeiterinnen der Termiten werden weichhäutige, blinde Geschöpfe, die auf einem frühen Entwicklungsstadium stehenbleiben; fast sind es „geflickte Halbnaturen". Das Endziel dieser Stufenentwicklung ist die Umwandlung eines einst selbständigen Einzelwesens in einen möglichst einfachen Funktionsbestandteil, der wie unsere Muskelzellen auf einen Erregungsimpuls zuckt oder wie unsere Drüsenzellen auf ein zugeführtes Signal produziert.

Im Rahmen dieser großen Entwicklungslinien ist der Mensch ein Wesen, das auf der Grenze zwischen zwei Stufen steht. Er ist noch Einzelwesen, Individuum, und noch nicht reiner Funktionsteil; er ist aber auch kein reines Einzelwesen, sondern entfaltet seine Wesensart nur in einer Gemeinschaft. Unterliegt auch er den biologischen Entwicklungskräften? Die beiden Erscheinungen, die Primitivität der höheren Stufe und die Einordnungstendenz der Einzelwesen zu Funktionsteilen, hat der Historiker Jakob Burckhardt trefflich als innere und äußere Macht gekennzeichnet. Die Macht nach innen erstrebt die Aufhebung aller übernommenen Spezialrechte und die Ausdehnung des Machtbegriffes auf alles und jedes, angeblich im Interesse des Allgemeinen, bis zur letzten Konsequenz des „L'état c'est moi", die Macht nach außen zeigt ein permanentes Gelüste des Arrondierens: man nimmt, was einem gelegen ist und was man erwischen kann, namentlich unentbehrliche Küstenstriche, und benutzt dabei alle Schwächen, inneren Krankheiten und Feinde des Schlachtopfers. Auch sonst ist die Primitivität der Komplex-Organisationen in der Menschenwelt oft formuliert worden. Ich erinnere an den alten Satz: *senatores boni viri, senatus bestia*, an die Verse von Schiller, nach denen aus einem Verband achtbarer Einzelwesen sofort ein Dummkopf wird. Wir sehen, daß wichtige Gegenwartsprobleme des Menschen als Auswirkungen ganz alter biologischer Entwicklungstendenzen erscheinen.

Jay M. Gould

Mutationen

Seit den Versuchen des Nobelpreisträgers Herman Müller mit Fruchtfliegen in den 20er Jahren weiß man, daß radioaktive Strahlung die Mutation von Organismen beschleunigt. Es ist durchaus denkbar, daß radioaktive Strahlung in den letzten 50 Jahren viele neue Organismen geschaffen hat, die aus einem geschwächten Immunsystem Nutzen ziehen können.

So ist beispielsweise seit Mitte der 50er Jahre die Zahl der Insekten und Milbenarten enorm gestiegen, die resistent gegen Pestizide geworden sind. 1938 kannte man nur sieben derartige Organismen, 1955 nur 25. Doch 1984 war diese Zahl auf 447 angewachsen, zehnmal so schnell wie von 1938 bis 1955. Obwohl die modernen chemischen Pestizide immer komplexer und teurer geworden sind und weit intensiver eingesetzt werden, bleibt festzuhalten, daß „Schädlinge Mechanismen entwickelt haben, die Wirkungsweise von Chemikalien zu schwächen und aufzuheben, mit denen sie getötet werden sollen ... Resistenz bei Unkräutern existierte vor 1970 praktisch nicht. Aufgrund des wachsenden Einsatzes von Herbiziden gibt es seitdem jedoch mindestens 48 Unkrautarten, die gegen Chemikalien resistent geworden sind ... Bauern und Pestizidhersteller sind in einen Wettlauf mit der rasanten Entwicklung der Getreideschädlinge geraten."

Der Verfasser dieser Untersuchung bot keine Erklärung für die außergewöhnliche „Evolutions"-Fähigkeit dieser Organismen ab Mitte der 50er Jahre und zog auch nicht die Möglichkeit in Betracht, durch radioaktive Strahlung bewirkte Mutationen könnten eine Rolle gespielt haben.

Die Japaner brachten die rasche Verbreitung von *Candida albicans* mit einer durch radioaktive Strahlung verursachten Pilzmutation nach Hiroshima in Verbindung. Zur gleichen Zeit fiel ihnen auch das plötzliche Auftreten einiger bis dahin äußerst seltener Krebserkrankungen auf, wie das Pankreaskarzinom und Leukämie bei Kindern. In den Vereinigten Staaten bekam die Lyme-Arthritis vielleicht deshalb plötzlich epidemische Ausmaße, weil es zu einer unerwarteten, für Menschen tödlichen Mutation bei einer Spirochäte kam, die bis dahin generationenlang von Rotwild und Feldmäusen verbreitet wurde, ohne für den Menschen gefährlich zu sein. Es gab den ersten Fall von Lyme-Arthritis im Herbst 1975, nachdem aus *Millstone* gewaltige Mengen radioaktiver Strahlung entwichen waren.

Die Hypothese, daß radioaktive Strahlung zu Mutationen führte, die ihrerseits AIDS hervorriefen, wurde von Ernest Sternglass und Jens Scheer auf der jährlichen Konferenz der *American Association for the Advancement of Science* am 29. Mai 1986 vertreten. Die Reaktion der Wissenschaftler auf diesen Beitrag bestand in totalem Schweigen, obwohl er doch eine mögliche Erklärung dafür lieferte, warum und wo AIDS erstmals aufgetreten war. Nach den Worten von Professor Scheer von der Universität Bremen war es so, als ob das Papier „spurlos verschwunden“ wäre.

Hier eine Zusammenfassung dieses Beitrags, der wie folgt beginnt: „Zwei der prinzipiell unerklärten Aspekte der AIDS-Epidemie sind der Zeitpunkt für die abrupte Zunahme dieser Krankheit, die in den Jahren von 1980 bis 1982 einsetzte, und die anfängliche geographische Konzentration in Zentralafrika, der Karibik und der West- und Ostküste der Vereinigten Staaten. Diese Sachverhalte können durch die Hypothese erklärt werden, daß Beta-Strahlung in Knochenmarkzellen, verursacht von Strontium-90 und anderen Radioisotopen in der Nahrung, die sich am beziehungsweise im Knochenlagern, während der Periode der oberirdischen Atombombentests zu einer Mutation eines AIDS-verwandten einheimischen menschlichen oder tierischen Retrovirus geführt hat, und daß diese auch eine Gruppe von empfindlichen Menschen hervorgerufen hat, deren Immunsystem während der Schwangerschaft geschädigt wurde.“

Obwohl die Atombombentests schon 1945 begannen, kam es erst nach den schweren H-Bomben-Tests Mitte der 50er Jahre zu einem weltweiten Anstieg des Strontium-90-Gehalts der Nahrung, der zwischen 1962 und 1963 am stärksten zunahm. Die größte Zunahme bei AIDS trat etwa 18 bis 19 Jahre später ein, also zwischen 1980 und 1982, als die große Gruppe der potentiell immungeschwächten Säuglinge die Reife erreicht hätte und durch Geschlechtsverkehr übertragenen Krankheiten ausgesetzt gewesen wäre. Das AIDS-Virus verbreitete sich demnach unter Angehörigen dieser

Gruppe, wo immer die Bedingungen häufige sexuelle Kontakte oder andere Umstände der direkten Übertragung in die Blutbahn begünstigten.

Da 90 Prozent des Fallouts mit Niederschlägen niedergehen, könnte diese Hypothese erklären, warum die Seuche AIDS in Gebieten mit starken Regenfällen ihren Anfang nahm, wie in Zentralafrika und auf den karibischen Inseln fast auf der Höhe des Breitengrads des pazifischen Testgeländes. Sie könnte auch erklären, warum AIDS sich am schnellsten in den regenreichen Gebieten der Ost- und Westküste Nordamerikas ausbreitete, während es in den trockenen Regionen wie Nord- oder Südafrika oder den Bundesstaaten der Central Plains in den USA relativ weniger Todesfälle gab.

R. W. Reid

Biologische Attacken (1972)

Die technische Manipulation biologischer Vorgänge hat bereits ein Stadium erreicht, in dem es möglich ist, die genetische Struktur von Bakterien und Viren so zu verändern, daß sich ihre grundlegenden Merkmale abwandeln lassen. So kann man etwa ihre Ansteckungsfähigkeit erhöhen oder vermindern. Man meint nun, daß es eines Tages praktisch durchführbar sein wird, diese Organismen so zu „maskieren", daß ihre Natur von den sogenannten Antikörpern, die sie normalerweise im menschlichen Körper abwehren, nicht erkannt wird; ist dies einmal gelungen, wird ein lebendes Teilchen existieren, das sich in seinem sogenannten Wirt vermehren kann, ohne daß dieser eine sonst vorhandene Immunität dagegen besitzt. Noch heimtückischer wird das Teilchen dadurch, daß man über keine Methode frühzeitiger Warnung verfügt, die zu irgendeiner Form der Abwehr bei seinem Opfer führen könnte, da seine charakteristischen Merkmale ja vom Angreifer maskiert worden sind.

Ein Durchbruch anderer Art taucht, wie man glaubt, ebenfalls bereits am Horizont auf. Werden die Zellen des menschlichen Körpers irgendwie geschädigt, dann bekämpft der Körper den Schaden, indem er Enzyme erzeugt, die ihn wiedergutmachen können. Er besitzt mit anderen Worten seine eigene eingebaute Station für Erste Hilfe. Wäre es möglich, ein anderes Enzym herzustellen oder sonst eine Substanz, die diese natürliche Reaktion wieder aufhebt, wäre der Körper seiner Fähigkeit beraubt, einen ihm zugefügten Schaden wieder auszugleichen: die „Erste Hilfe" wäre ausgeschaltet. Dabei würde es keine Rolle spielen, ob der Schaden durch Bakterien oder durch die alltägliche Abnützung verursacht wird, da ja der Körper von Geburt an dem entgegenwirken muß. Die durch einen solchen Kampfstoff hervorgerufene Krankheit wäre wie eine dauernde Vervielfältigung aller winzigen natürlichen Angriffe, denen jedes Leben ausgesetzt ist.

Manche Naturwissenschaftler glauben, daß die experimentellen Schwierigkeiten, die überwunden werden müssen, bevor ein solcher Durchbruch gelingt, es unwahrscheinlich machen, daß zu unseren Lebzeiten noch die idealen biologischen Waffen entwickelt werden können. Doch die Art, in der die Technik die physikalischen und chemischen Gesetze auf die Kriegführung angewandt hat, als der Anlaß es erforderte, hat andere zu pessimistischeren Prognosen bewogen; manche meinen, Ausmaß und Tempo biologischer Forschung seien so groß, daß man Kampfstoffen dieses Typs jedes der noch erwünschten, vom biologischen Rüstungsexperten geforderten Merkmale verleihen könnte.

Die Gefahr, daß die mächtigsten biologischen Waffen früher oder später aus gegenwärtig im Gange befindlicher Arbeit hervorgehen, ist durchaus eine Realität. Denn die eigentliche Aufgabe der Laboratorien, denen vielleicht die entscheidenden Entdeckungen einmal zuzuschreiben sind, könnte genau das Gegenteil einer Vernichtung von Leben sein. So befaßt man sich heute etwa mit Forschungsarbeiten, deren Ziel es ist, die Regeneration von Krebszellen zu verhindern. Die dabei gewonnenen Kenntnisse könnten jedoch eben das sein, was zu einer vollendeten Waffe führt.

Der Direktor des Microbiological Research Establishment bezeichnet die Arbeit seines Laboratoriums als Grundlagenforschung einer präventiven Medizin. Aber selbst wenn sich dieses englische Institut damit beschäftigte, offensive biologische Waffen zu entwickeln – was man offiziell leugnet –, würde sich das nach außen hin nicht von dem unterscheiden lassen, was es heute tut. Ja, ein Laboratorium, dessen Zweck so harmlos ist wie der, einen einfachen Impfstoff zu erzeugen, würde im wesentlichen genauso aussehen wie eines, das sich ausschließlich damit befaßt, virulente Spielarten von Mikroorganismen zu züchten.

Ulrich Beck

Was ihr wollt

Wir erleben heute, wie das gesellschaftliche *Wahrheitsmonopol* der Wissenschaft sich aufzulösen beginnt. Der Rückgriff auf wissenschaftliche Ergebnisse zur gesellschaftlich verbindlichen Definition von Wahrheit wird *immer notwendiger,* zugleich allerdings auch *immer weniger hinreichend.* In diesem Auseinanderfallen von notwendiger und hinreichender Bedingung und der sich damit ergebenden Grauzone spiegelt sich der Funktionsverlust von Wissenschaft in ihrem ureigensten Metier, der stellvertretenden Bestimmung von Erkenntnis. Die Adressaten und Verwender wissenschaftlicher Ergebnisse – in Politik und Wirtschaft, Massenmedien und Alltag – werden zwar abhängiger von wissenschaftlichen Argumenten *überhaupt*, aber zugleich unabhängiger von *einzelnen* Befunden und von dem Urteil der Wissenschaft über Wahrheit und Falschheit ihrer Aussagen. Die Auslagerung von Erkenntnisansprüchen an externe Instanzen *beruht* – das ist die scheinbare Paradoxie – auf *Ausdifferenzierung* der Wissenschaften. Sie liegt zum einen in der Überkomplexität und Vielfalt von Befunden, die sich – soweit sie sich nicht offen widersprechen – auch nicht ergänzen, sondern meist Unterschiedliches, oft Unvergleichbares behaupten und damit den Praktiker geradezu zur eigenen Erkenntnisentscheidung *zwingen*. Hinzu kommt ihre selbstbehauptete Halbbeliebigkeit, die zwar im Konkreten (meist) geleugnet wird, aber im Mißklang der vielen Befunde und im methodischen Rückzug auf Entscheidung und Konvention doch hervortritt. Das Ja-Aber, das Einerseits- Andererseits, in dem sich die Hypothesen-Wissenschaft notwendig bewegt, eröffnet im Gegenzug Wahlmöglichkeiten in der Definition von Erkenntnis. Die Flut von Befunden, ihre Widersprüchlichkeit und Überspezialisierung, lassen die Rezeption zur Teilhabe, zu einem eigenständigen Prozeß der Erkenntnisbildung *mit und gegen* Wissenschaft werden. Nun kann man sagen: Das war immer so. Die Autonomie der Politik oder der Wirtschaft gegenüber Wissenschaft ist so alt wie dieses Verhältnis selbst. Dabei fallen allerdings zwei der hier genannten Besonderheiten unter den Tisch: Diese Art der Autonomie ist wissenschafts*produziert*. Sie entsteht im Wissenschafts*überfluß*, der zugleich seine eigenen Ansprüche ins Hypothetische zurückgeschraubt hat und ein Bild des sich selbst relativierenden Deutungspluralismus bietet.

Die Konsequenzen wirken tief auf die Bedingungen der Erkenntnisproduktion zurück: Der Wissenschaft, der die Wahrheit abhanden gekommen ist, droht, daß andere ihr vorgeben, was die Wahrheit sein *soll*. Dieses nicht nur bei der in Hochblüte stehenden „Hofwissenschaft“, auf dem Wege direkter Einflußnahme. Das Ungefähre, die Unentschiedenheit und Entscheidungszugänglichkeit der Ergebnisse machen dies möglich. Selektionskriterien, die sich der strengen wissenschaftlichen Überprüfung entziehen, gewinnen in der Überkomplexität, die sowieso bewältigt werden muß, neue, vielleicht ausschlaggebende Bedeutung: Gleichgestimmtheiten in den politischen Grundanschauungen, Auftraggeberinteressen, Vorwegnahme politischer Implikationen, kurz: *soziale Akzeptanz*. [...] Entsprechend entsteht ein *neuer Partikularismus* im Außenverhältnis: Wissenschaftlergruppen und -grüppchen, die sich gegeneinander abschotten und um implizite Verwendungsprimate scharen. Zentral: Dies nicht erst im nachhinein, im Praxiskontakt, sondern im Forschungslabor, in ihren Denkstuben, im Allerheiligsten der wissenschaftlichen Ergebnisproduktion selbst. Je unabsehbarer die Risiken der wissenschaftlich-technischen Entwicklung werden und je nachdrücklicher sie das öffentliche Bewußtsein bestimmen, desto mehr verstärkt sich der Handlungsdruck auf politische und wirtschaftliche Instanzen, und desto bedeutsamer wird es für gesellschaftliche Akteure, sich des Zugriffs auf die „Definitionsmacht Wissenschaft" zu vergewissern – sei es zur Verharmlosung, Ablenkung, Umdefinition, sei es zur Dramatisierung oder methodenkritischen Abblockung „externer Definitionsübergriffe".

Doch der Prozeß hat auch andere Seiten. Mit ihm kann ein Stück Aufklärung verwirklicht werden. Die Menschen werden freigesetzt aus den „entmündigenden" Erkenntnisvorgaben der Experten. Immer mehr wissen sich der „wissenschaftlichen Beckmesser" zu bedienen. Der in dieser Generalisierung wissenschaftlicher Argumentationsfiguren sich vollziehende Funktionswandel hat für die Wissenschaftler etwas Irritierendes. „Wissenschaftliche Argumentationen, seit der Aufklärung als einzig maßgebliche Legitimationsinstanz anerkannt, scheinen in ihrer Verallgemeinerung den Nimbus als rational unangreifbare Autorität zu verlieren und sozial disponibel zu werden. Unter soziologischen Perspektiven stellt sich dieser Trend selbst als *Ergebnis* von Verwissenschaftlichungsprozessen dar. Die Tatsache, daß wissenschaftliche Aussagen nicht mehr sakrosankt sind, sondern alltagsweltlich bestritten werden können, bedeutet nämlich nichts anderes, als daß der systematische Zweifel als strukturtragendes Prinzip des wissenschaftlichen Diskurses kein Privileg desselben mehr ist. Die Differenz zwischen ‚unaufgeklärtem Pöbel' und ‚aufgeklärtem Bürger' oder, moderner ausgedrückt: zwischen Laien und Experten, schwindet und verwandelt sich in eine Konkurrenz unterschiedlicher Experten. In praktisch allen gesellschaftlichen Teilsystemen tritt an die Stelle der Internalisierung von Normen und Werten die Reflexion im Licht konkurrierender Bestandteile systematischen Wissens."

Um in dieser inner- und interprofessionellen Konkurrenz der Experten bestehen zu können, reicht es nicht mehr hin, „saubere" Signifikanztests vorzulegen. Man muß u. U. selbst kommen *und* überzeugend wirken. *Die Produktion (oder Mobilisierung) von Glauben* wird unter Bedingungen reflexiver Verwissenschaftlichung zu einer zentralen Quelle für die soziale Durchsetzung von Geltungsansprüchen.

Wo früher Wissenschaft qua Wissenschaft überzeugte, wird heute angesichts der widersprüchlichen Vielstimmigkeit wissenschaftlicher Zungen mehr und mehr der *Glaube* an Wissenschaft oder der *Glaube* an Antiwissenschaft (bzw. *diese* Methode, *diesen* Ansatz, *diese* Orientierung) ausschlaggebend. Vielleicht verschafft erst das „Extra" der Präsentation, persönliche Überzeugungskraft, Kontakte, der Zugang zu den Medien usw., dem „Einzelbefund" die sozialen Hoheitsattribute der „Erkenntnis". Wo der Glaube über wissenschaftliche Argumente (mit)entscheidet, kann er bald auch die Herrschaft neu antreten. Allerdings der äußeren Form nach nicht mehr *als* Glaube, sondern *als* Wissenschaft. Entsprechend können sich in dem entstehenden Zwischenreich, wo Wissenschaft notwendiger, aber immer weniger hinreichend für die Produktion von Erkenntnis wird, die verschiedensten Glaubensmächte neu einnisten. Damit wird vieles möglich: Fatalismus, Sternenkunde, Okkultismus, Ich-

Verherrlichung und Ich-Preisgabe, gepaart und vermischt mit wissenschaftlichen Teilbefunden, wissenschaftlicher Radikalkritik und Wissenschaftsgläubigkeit. Diese *neuen Alchimisten* sind seltsam immun gegen Wissenschaftskritik, da sie nicht vorwissenschaftlich, sondern im Umgang mit Wissenschaft ihre „Wahrheit" und Anhängerschaft gefunden haben.

Diese Wissenschaftsimmunität gilt nicht nur für diese Extremfälle. Ganz allgemein vermögen sich Ideologien und Vorurteile, nun wissenschaftlich gewappnet, neu gegen wissenschaftliche Kritik zur Wehr zu setzen. Sie greifen auf Wissenschaft selbst zurück, um deren Ansprüche abzuweisen. Man muß nur *mehr* lesen, die Gegenuntersuchungen noch mit. Die Einwände werden *vor* den Ergebnissen rezipiert, gleichsam auf Voranmeldung hin. Ein paar (methodische) Grundeinwände für alle Fälle und auf Vorrat lassen diese oder jene widerborstigen Wissenschaftsnachrichten in sich selbst zerfallen. Konnte bis in die sechziger Jahre hinein die Wissenschaft noch auf eine unkontroverse, wissenschaftsgläubige Öffentlichkeit zählen, so werden ihre Bemühungen und Fortschritte heute mit Mißtrauen verfolgt. Man vermutet das Ungesagte, addiert die Nebenfolgen hinzu und ist auf das Schlimmste gefaßt.

Die Reaktionen in den Wissenschaften auf dieses ihnen entgleitende Wahrheitsmonopol sind vielfältig und gespalten. Sie reichen von totaler Verständnislosigkeit über das Anziehen der Professionalisierungsschraube bis hin zu Liberalisierungsversuchen.

Im Inneren wird Wissenschaft zu einer Sache ohne Wahrheit, im Außen zu einer Sache ohne Aufklärung. Dennoch fällt die Mehrzahl der Wissenschaftler aus allen Wolken, wenn gewichtige Zweifel an der „Gesichertheit" ihrer Erkenntnisansprüche geltend gemacht werden. Dann sehen sie die moderne Welt in ihren Fundamenten bedroht und ein Zeitalter des Irrationalismus heraufziehen. Dabei sind Reichweite und Schwungkraft der öffentlichen Wissenschafts- und

Technikkritik meist nur ein laienhafter Abklatsch der längst bekannten und gut gesicherten Fundamentalkritik, mit der sich die Wissenschaften in ihrer internen Vielfalt seit langem konfrontiert sehen.

Weitverbreitet ist der beruhigende *Fehlschluß* von der wachsenden Angewiesenheit auf wissenschaftliche Argumente auf die ungebrochene Bedeutung oder sogar zunehmende Definitionsmacht der Wissenschaften. Richtig ist, daß mit der gravierenden Wissenschaftskritik keineswegs Barrieren für deren Weiterentwicklung verbunden sind. Das Gegenteil ist der Fall: Der verbreitete Skeptizismus in Sachen wissenschaftlicher Erkenntnis löst in der wissenschaftlich-technischen Zivilisation das Unternehmen der Wissenschaft aus der Endlichkeit ihrer Erkenntnisansprüche heraus. „Erkenntnis", die sich immer wieder in Irrtum verwandelt, wird zu einem *institutionalisierten Naturbedürfnis der Gesellschaft*, vergleichbar mit dem des Essens, Trinkens, Schlafens, zu einem unabschließbaren Projekt. Durch dies (oft unfreiwillige) Zurückschrauben ihrer Ansprüche in konkurrenzorientierter, interdisziplinärer Selbstkritik beweisen die Wissenschaften nicht nur ihre Bescheidenheit in Sachen Erkenntnis, sondern schaffen zugleich einen *unendlichen Markt* ihrer Dienstleistungen.

Auch wenn sich alle auf Wissenschaft berufen müssen – „Zukunftsindustrien"* ist das neue Zauberwort –, so führt dies jedoch nicht notwendigerweise zu einer linearen Steigerung der Definitionsmacht wissenschaftlicher Interpretatio-

* Diese verdanken ihren Aufstieg bezeichnenderweise einer Reihe von immer schneller aufeinanderfolgenden Durchbrüchen auf Gebieten der Wissenschaft, die noch vor 25 Jahren entweder gar nicht oder nur in Ansätzen vorhanden waren: Mikroelektronik, Informationstheorie, Molekularbiologie, Kernphysik, Weltraumwissenschaft, Ökologie. Diese heute im Aufbau befindlichen, neuen Branchen sind nicht mehr – wie dies noch für die vorangegangenen Technologiewellen galt – wissenschaftlich verlängerte Entwicklungen der Produktion, sondern neuartige Synthesen von Wissenschaft und Industrie, „*Wissensindustrien*", gezielte organisierte Auswertungen und Umsetzungen wissenschaftlicher Ergebnisse und Investitionen.

nen, im Gegenteil: kann (wie gezeigt) mit kollektiver Abwertung wissenschaftlicher Geltungsansprüche einhergehen. M. a. W.: was sich auf den ersten Blick auszuschließen scheint, fügt sich zusammen: Wissenschaft verliert ihren Nimbus *und* wird *un*verzichtbar. Die drei aufgezeigten Entwicklungslinien – Verlust von Wahrheit und Aufklärung und das Notwendigwerden der Wissenschaft – sind Symptome *derselben* Entwicklung des heraufziehenden Zeitalters einer wissenschafts*abhängigen* und wissenschafts*kritischen* Risikogesellschaft.

Der rasante Verlust an Sicherheit muß in den Wissenschaften keineswegs zu einer Öffnung oder Neubesinnung führen, dies schon deswegen nicht, weil er einhergeht mit einer *Verschärfung* der *Konkurrenz* innerhalb und zwischen Professionen. Die systematisch betriebene Verunsicherung bedingt Zwänge, Zweifel im Außenverhältnis abzukappen und im Brustton der Überzeugung „sichere Erkenntnisse" zu verkaufen. Damit treten aber Erkenntnis- und *Remonopolisierungsbemühungen* in mehr oder weniger deutlichen Widerstreit. In vielen Bereichen wissenschaftlicher Arbeit wird versucht, durch technisch-methodologische oder theoretische Perfektionierungen und Differenzierungen einen neuen Wissensvorsprung zu etablieren. „Professionalisierungskerne" bilden dabei bestimmte methodologisch hochentwickelte Verfahren oder theoretische Denkformen, die entsprechend zur fachinternen Differenzierung in kleine Gruppen und „Glaubensgemeinschaften" führen. Diese nun verteidigen das „wahre Wissen" gegen das grassierende „Laienwissen" der Halbexperten und „kollegialen Scharlatane". Die Deprofessionalisierung wird so mit einer *Über*professionalisierung kompensiert – mit der Gefahr, das Fach intellektuell und institutionell *zu Tode zu akademisieren.*

Die Gegenstrategie der Liberalisierung gerät umgekehrt in die Gefahr, die fachliche Identität preiszugeben, um am Ende vielleicht sogar noch von den „Betroffenen" zu erfragen, was die Wissenschaft (gegen Geld) als Erkenntnis auszugeben und darzustellen habe.

Wolfgang J. Duschl

Warum leuchten die Sterne?

Über Jahrtausende konzentrierte sich das Streben des Menschen, Vorgänge am Himmel zu verstehen, vornehmlich auf die Fragestellung, was die Bewegungen der verschiedenen Himmelskörper verursacht. Erst im vorigen Jahrhundert wandte sich die Forschung im großen Maßstab einem neuen Themenkreis zu: Wie kommt es überhaupt zu den Lichterscheinungen am nächtlichen Himmel, was verursacht das Leuchten der rund 3000 hellen Sterne, die wir an einem klaren Abend mit den bloßen Augen erkennen können, und all der vielen Milliarden von Milliarden anderer ähnlicher Objekte, die nur zu lichtschwach sind, als daß wir sie direkt und ohne Instrumente sehen könnten? Im Teleskop unterscheiden sie sich in nichts von ihren helleren Artgenossen. Und – das ist ganz wesentlich in diesem Zusammenhang – wie steht die Sonne im Vergleich zu all diesen Sternen? Hat man hier nun tatsächlich einen normalen Stern vor sich, der sich gegenüber all den anderen nur dadurch auszeichnet, daß er in unserer unmittelbaren Nähe steht? Wie typisch ist die Sonne als Stern?

All diese Fragen stellten zum Ende des letzten Jahrhunderts den eigentlichen Beginn dessen dar, was wir heute als theoretische Astrophysik bezeichnen. Natürlich umfaßt die Astrophysik heute einen viel weiteren Bereich als nur die Physik der einzelnen Sterne – es seien nur die Stichworte „Planetensystem“, „Galaxien“ oder „Entwicklung des Universums als Ganzes“ genannt. Hier soll es aber darum gehen, wie der Mensch gelernt hat zu verstehen, was ein Stern eigentlich ist, wodurch sich verschiedene Sterne unterscheiden und was allen – fast allen – gemeinsam ist.

Die Geschichte vom Verstehen des Aufbaus und der Entwicklung der Sterne ist wesentlich an die Erkenntnisse der modernen theoretischen Physik angeknüpft. Nur im Wechselspiel zum Beispiel mit Relativitäts- und Quantentheorie, die Anfang dieses Jahrhunderts entwickelt wurden, konnte der Mensch die Sterne verstehen lernen. Gleichzeitig zeigt es aber auch, wie sich verschiedene, ursprünglich unabhängige Richtungen der Forschung gegenseitig ergänzen können.

Um das Problem klarzumachen, vor dem die Astrophysiker Ende des 19., Anfang des 20. Jahrhunderts standen, muß man sich nur veranschaulichen, was es eigentlich bedeutet, daß die Sonne scheint. Wir wissen, daß dieser Himmelskörper etwa 150 Millionen Kilometer von uns entfernt ist, und wir wissen, wieviel Energie auf der Erde von der Sonne her ankommt: knapp eineinhalb Kilowatt je Quadratmeter. Und die Sonne strahlt ja nicht nur zur Erde, sondern in alle Raumrichtungen. Wenn man nun noch plausibel machen kann, daß dieser Wert über die gesamte Existenzzeit der Erde – also über einige Milliarden Jahre – nicht wesentlich verschieden war, so steht man, aus der Sicht des Jahres 1900, vor einem gravierenden Problem: Man kennt auch nicht im entferntesten eine Energiequelle, die all dies zu erzeugen in der Lage wäre. Ja, für kurze Zeit könnte man sich vielleicht etwas ausdenken, was hinreichend Energie erzeugt. Und kurze Zeit kann hier gerne einige Millionen Jahre bedeuten, aber einige Milliarden Jahre: Das stellt ein ernstes Problem dar. Zumindest für das, was man damals wußte bzw. sich vorstellen konnte.

Es begann mit Albert Einsteins Erkenntnis, daß Masse und Energie einander gleichwertig sind. Wenn man also einen Prozeß hätte, bei dem Masse in Energie umgewandelt werden kann, so wären die Astrophysiker der Lösung des Problems ein gutes Stück näher; das Energieäquivalent von Masse ist nämlich so hoch, daß vergleichsweise wenig Masse ausreichen würde, um den Energiebedarf der Sonne zu decken. Das würde verständlich werden lassen, daß die Sonne, oder eben jeder andere Stern, über Milliarden von Jahren strahlen kann. [...]

Das Problem sah nach Einsteins Formel für Masse und Energie so aus, daß man zwar im Prinzip einen Prozeß kannte, der all die geforderten Eigenschaften aufwies, nur hatte man immer noch keine Antwort auf die Frage, ob denn dieser Vorgang der Kernverschmelzung wirklich passiert, welche Bedingungen erfüllt sein müssen usw. Kurz: Der Verdächtige war bekannt, nur mit den Beweisen sah es vorerst schlecht aus. [...]

Eddington hatte die in der Astronomie weltweit sehr angesehene Stellung des Plumian-Professors im englischen Cambridge inne, und er war wohl der erste, der die wesentlichen physikalischen Grundlagen umfassend in seine Modelle einarbeitete. Von seinem Ansatz ausgehend, gelang es ihm, schon viele der prinzipiellen Eigenschaften der Sterne abzuschätzen. Im Jahre 1926 veröffentlichte er ein Buch mit dem Titel *The Internal Constitution of the Stars (Der innere Aufbau der Sterne)*, in dem er seine Arbeiten zu diesem Thema aus den vorangegangenen sieben Jahren zusammenfassend darstellte.

Was er gefunden hatte, wird auch heute noch als grundsätzlich richtig angesehen: Ein normaler Stern wie die Sonne ist eine Gaskugel, in deren innersten Regionen durch die Verschmelzung von Elementen Energie freigesetzt wird. Diese Energie wird durch die Sternmaterie nach außen transportiert und an der Oberfläche des Sterns abgestrahlt. Die Struktur eines Sterns wird im wesentlichen durch zwei Kräfte bestimmt. Die eine ist die Gravitationskraft der Materie, die eben diese Materie auf das Zentrum des Sterns hin zusammenziehen will – sie ist verantwortlich dafür, daß Sterne nicht unendlich groß sind. Gäbe es aber nur diese Kraft, so wären Sterne im Gegenteil sogar unendlich klein, weil alles immer weit zum Zentrum hin gezogen würde. Dem wirken aber die thermischen Kräfte, also der Druck entgegen. Man kann Materie nicht beliebig weit zusammenpressen; die Bewegung der einzelnen Teilchen im Gas – Atome, Moleküle und Elementarteilchen – sorgt dafür, daß der Druck immer höher wird, je stärker die Gravitation die Materie zu komprimieren versucht. Dieser Druckanstieg ist mit einer Erhöhung der Temperatur verbunden.

Die Gravitationskraft ist also die Ursache dafür, daß im Sterninneren so hohe Temperaturen herrschen. Bei solchen Temperaturen aber spielt dann nicht nur der Anteil des Drucks, der von der Bewegung der Gasteilchen herrührt, eine Rolle. Auch die Strahlung selbst, die masselosen Lichtteilchen oder Photonen, tragen dazu bei. Man hat zwei Komponenten, die der Gravitationskraft entgegenwirken und den Stern mit ihr zusammen stabilisieren: Gasdruck und Strahlungsdruck. Damit kann dann ein Gleichgewicht erreicht werden, bei dem sich ein Druck einstellt, der gerade die Gravitationskraft zu kompensieren vermag. In der Summe hat dies zur Folge, daß wir einen Stern mit einem bestimmten Radius erhalten. [...]

Und genau das war Eddingtons große Leistung, daß er in seinen Arbeiten diese prinzipiellen Fragen geklärt hatte. So war es ihm zum Beispiel möglich, die Temperatur im Inneren der Sonne, dort, wo die Kernverschmelzung vor sich gehen sollte, zu bestimmen. Er fand Zentraltemperaturen in der Größenordnung von 40 Millionen Grad. Das ist ein Wert, der gar nicht so weit von dem entfernt ist, den wir heute annehmen, nämlich etwa 20 Millionen Grad.

40 Millionen Grad: Das klingt zwar nach sehr viel, aber man war schließlich auf der Suche nach einem Prozeß, der es ermöglichen sollte, daß Atomkerne verschmelzen. Je heißer ein Gas ist, desto größer ist die Energie der Teilchen, aus denen sich das Gas zusammensetzt; im Falle von reinem Wasserstoff sind das bei dieser Temperatur die beiden Elementarteilchensorten, aus denen Wasserstoff besteht: Elektronen und Protonen. Die Elektronen spielen bei diesen Überlegungen zunächst keine Rolle. Um auf direktem Weg Helium zu erzeugen, müßten sich nicht nur vier Protonen treffen – allein das ist schon unwahrscheinlich –, sondern sie müßten auch so viel Energie haben, daß sie die Abstoßung elektrisch gleich

geladener Teilchen überwinden können und eine Kernreaktion möglich wird. Damit das aber hinreichend oft geschieht, damit Kernprozesse also überhaupt eine Rolle spielen können, ist eine bestimmte Temperatur notwendig, sonst sind zu wenige Teilchen mit genügender Energie vorhanden.

Die Temperatur, die Eddington aus seinen Sternmodellen mit Kernreaktionen herausfand, war zu klein, als daß solche Reaktionen in nennenswertem Umfang ablaufen könnten. [...]

An dieser Stelle kommt die zweite große Theorie ins Spiel, die zu Beginn unseres Jahrhunderts entwickelt wurde und die einige der klassischen Vorstellungen als falsch oder zumindest als ungenau erwies, nämlich die Quantentheorie, die die Vorgänge auf der Ebene der Atome, Moleküle und Elementarteilchen beschreibt. Mit ihr wurde ein weiterer Teil der Probleme der Astrophysiker gelöst: Der russische Physiker George Gamov nämlich zeigte, daß der klassische Ansatz zur Beschreibung der Wechselwirkung zwischen Teilchen die Energie überschätzte, die man benötigt, um Protonen zu verschmelzen. Gamov fand, daß auch bei Energien, die nach der damals gängigen Vorstellung eigentlich nicht ausreichen sollten, um zwei Teilchen ihre Abstoßung überwinden zu lassen, doch eine gewisse Wahrscheinlichkeit besteht, daß diese Reaktion stattfindet. Die Teilchen „durchtunneln" die Energie-Barriere gleichsam, und deshalb bezeichnet man diesen Vorgang auch als „Gamovs Tunneleffekt".

Gamov machte die Entdeckung 1928, also zwei Jahre nach dem Erscheinen von Eddingtons Buch. Wendet man den Tunneleffekt auf die Situationen an, die nach Eddingtons fester Überzeugung im Inneren der Sterne vorliegen könnten, dort, wo die Kernreaktionen ablaufen sollten, so paßt plötzlich alles zusammen: Eddingtons Temperaturabschätzung für dieses Gebiet zusammen mit Gamovs Tunneleffekt zeigen, daß die Kernverschmelzung tatsächlich die richtigen Bedingungen liefert, um die Energieversorgung der Sterne zu sichern. Ja, mehr noch: Von diesem Ansatz ausgehend konnte man sogar noch detailliertere und exaktere Sternmodelle errechnen. Die Frage nach der Energiequelle der Sterne war damit gelöst – zumindest im Prinzip. [...]

Zu Beginn der 50er Jahre trafen zwei Momente zusammen: Zum einen existierten jetzt Vorstellungen von den nuklearen Prozessen, die im Sterninneren eine Rolle spielen können, und außerdem wurden die ersten Computer verfügbar. Damit war die Bühne frei für einen Themenbereich, der auch heute noch bei weitem nicht abgeschlossen ist: das detaillierte Nachvollziehen der Entwicklung eines Sterns auf der Rechenanlage. Das ideale Programm müßte imstande sein, ausgehend vom Gas zwischen den Sternen die Bildung der Sterne zu beschreiben, ihren Kollaps und ihre Entwicklung zur Hauptreihe hin. Nach dem längsten Teil des Sternlebens, der auf der Hauptreihe verbracht wird, folgt die Entwicklung zu den Riesensternen und weiter zu den Endstadien, zum Beispiel für massereiche Sterne zu den Supernovaexplosionen.

Trotz all der noch offenen Fragen läßt sich feststellen: Zu Beginn unseres Jahrhunderts war nur ansatzweise klar, was genau – physikalisch gesehen – ein Stern eigentlich ist. Im Laufe des 20. Jahrhunderts hat der Mensch es verstehen gelernt. Wir haben herausgefunden, welche Energiequelle die Sterne versorgt, und wir haben begonnen, die Entwicklung, das Leben der Sterne zu beschreiben. Wir haben auch gelernt, daß die Sonne ein ganz normaler, in vielem durchschnittlicher Stern ist; daß damit aber auch das, was von der Sonne zu lernen ist, in vielem für Sterne allgemein typisch ist. Aber nicht zu vergessen ist auch, welche Fragen damit implizit gestellt und beantwortet wurden: So gut wie alle verfügbare Energie auf unserer Erde erhalten wir von der Sonne – sei es direkt und unmittelbar, sei es in Form von Bodenschätzen, die vor Jahrmillionen und Jahrmilliarden Energie von der Sonne erhalten und auf die verschiedenste Art gespeichert haben. Zu fragen, was einem Stern Energie zur Verfügung stellt, heißt also auch zu fragen, was uns Menschen jede Form von Energie zur Verfügung stellt.

Wie die schwereren Elemente im Stern erzeugt werden, ist nichts anderes als die Frage, wie all die chemischen Elemente auf der Erde entstanden sind, ganz gleich, ob in lebender oder unbelebter Materie. Die Atome um uns herum wurden – lange bevor es eine Sonne oder gar eine Erde gab – in früheren Generationen von Sternen durch Kernreaktionen aufgebaut und in Supernovaexplosionen an die interstellare Materie zurückgegeben. Dies trifft auch für die Materie zu, aus der wir Menschen bestehen.

Bernulf Kanitschneider

Die kosmische Perspektive

Wir sind bis jetzt bezüglich der Weiterentwicklung von Einsteins Ideen in den letzten dreißig Jahren im wesentlichen im Bereich der Physik geblieben. Dies entspricht ganz dem Hauptschwerpunkt von Einsteins Denken. Ein mehr philosophisch orientierter Leser wird bei all diesen begrifflich bizarren und der Alltagswelt so fern liegenden theoretischen Entwürfen fragen, ob sich nicht aus Einsteins Werk ein Zug herausschälen läßt, der weniger auf die Lösung einer ganz speziellen physikalischen Fragestellung zielt, sondern eher in Richtung auf eine globale kognitive Orientierung geht und mehr den Forschungsgang im großen betrifft als die enge faktische Problemsituation. Ich glaube, daß sich auch in dieser Hinsicht eine Perspektive aufzeigen läßt. Einstein hat uns nicht nur eine Hochgeschwindigkeitsmechanik gegeben, nicht nur eine neue Gravitationstheorie, nicht nur zentrale Züge von Quantensystemen offenbart, sondern auch etwas, was in philosophischer Hinsicht bedeutungsvoll ist; er hat uns eine Sichtweise der Dinge geliefert, die ich die *kosmische Perspektive* nennen möchte. Dieses etwas pathetische Wort läßt sich konkretisieren. Philosophen, Naturforscher, Methodologen haben immer wieder zu begründen versucht, daß die Erklärungsrichtung, in der das Verstehen der Natur erfolgen muß, bei den Wahrnehmungen, Vorstellungen und Ideen der Menschen zu beginnen hat, daß wir uns in vielen konstruktiven Schritten, langsam die Welt des Menschen überschreitend, auf die Dinge zubewegen müssen, um sie in ihrer Objektivität zu approximieren. Einsteins Werk und seine eigenen Reflexionen darüber legen eine weitere Erklärungsrichtung nahe, die, ebenso wichtig, die erste ergänzen muß. Sie geht nicht von den anthropischen Gegebenheiten aus, sondern versucht, die Objektivität der Naturdinge antizipierend, vom umfassendsten System und seiner Geschichte auszugehen, und bemüht sich dann, in kleinen Konstruktionsschritten zuletzt die Innenwelt des Menschen und sein Erkenntnisvermögen zu rekonstruieren. Hypothetisch wird dabei das fallible Wissen vorausgesetzt, daß der Kosmos, die großräumige Einbettung unserer lokalen Umgebung, der älteste Teil der Natur ist, der die notwendige Bedingung für die Existenz der späteren, komplexeren Entwicklungsstufen liefert. Einsteins kosmische Perspektive der Dinge scheint mir die unumgängliche Ergänzung zur anthropozentrischen Sehweise zu sein. Der Mensch wird nur dann ganz zu sich selbst finden, wenn er weiß, wo er in der Ordnung der Dinge steht.

Uwe Schultz/Joachim Trumper

Letzte Fragen an einen Astrophysiker

Wenn ich noch einmal zurückgehen darf in die frühe Menschheitsgeschichte: Sie haben erläutert, daß die Gestirne und ihre Ordnung den Menschen angetrieben haben, die Gesetzlichkeit zu erkennen, und das ist ein langsam und unregelmä-

ßig fortschreitender Prozeß gewesen. Dabei ist auffällig, daß die Erkenntnisetappen, die in der Astronomie zurückgelegt wurden, außerordentlich unregelmäßig verlaufen. Arthur Koestler beispielsweise hat diesen Weg folgendermaßen beschrieben: Es sei ein Zickzackweg, der zeitweise sogar verblüffender wirke als die Entwicklung des politischen Denkens. In seiner Schrift Die Nachtwandler *hat er gezeigt, wie beispielsweise die Aufgabe, die Bewegung der Erde und den Mittelpunkt unseres Sonnensystems herauszufinden, fast 2000 Jahre überhaupt nicht ernsthaft in Angriff genommen wurde. Was ist das für ein Erkenntnisprozeß der Astronomie über zwei-, dreitausend Jahre gewesen?*

In der Tat ist der Erkenntnisprozeß nicht kontinuierlich verlaufen. Zwischen der Blütezeit der antiken griechischen Wissenschaft und dem ausgehenden Mittelalter, also in der Stagnationsperiode, auf die Sie anspielen, hatten sich die geistigen Prioritäten geändert: An die Stelle der Naturforschung waren die Theologie und das Problem der Stellung des Menschen und seiner Beziehung zu Gott als zentrales Thema getreten. Das naturwissenschaftliche Weltbild war in religiöser Dogmatik erstarrt. Mit der Überwindung dieser Situation durch die Lehre des Kopernikus wurde der Weg frei für die moderne Entwicklung der Naturwissenschaften und unserer westlichen Zivilisation. Dabei haben Galileis Entdeckungen – die der Jupitermonde und der Phasen der Venus –, die er mit dem gerade erfundenen Fernrohr machte, eine wesentliche Rolle gespielt. Seit jener Zeit hat das Wechselspiel zwischen Theorie und Beobachtungen, letztere angetrieben durch die technologische Entwicklung, für einen rasanten Fortschritt in der Astronomie gesorgt.

Dieser Fortschritt der modernen Naturwissenschaft, wie er mit Beginn der Neuzeit in besonderer Geradlinigkeit verlaufen ist, hat allerdings dann mit der weiteren Erkundung des Kosmos Dimensionen erreicht, das heißt Entfernungen sichtbar gemacht, die es dem Menschen erschweren, sich überhaupt noch eine visuelle Vorstellung davon zu machen. Viel-

leicht ist es auch außerordentlich schwierig für den Menschen, denn er ist durch seine erdhaften Distanzen an Erdmaße gebunden, und die Entfernungen, die sich im Universum auftun, sind für ihn ein Grenzwert. Ist überhaupt das, was sich an Entfernungen, Ausmaßen, Zeitvorstellungen im Kosmos entfaltet, ein anthropologischer Grenzwert des Menschen und damit auch eine Schwierigkeit für die astronomische Forschung?

Um bei der letzten Frage anzufangen: Ich glaube nicht, daß es eine Schwierigkeit für die astronomische Forschung ist. Astronomie treiben heißt, sich mit diesen Größenordnungen vertraut zu machen und damit umzugehen, und dies ist ganz wesentlich eine Frage der Gewöhnung. Natürlich haben wir es in der Astronomie mit ganz anderen Dimensionen zu tun, die weitab liegen von unseren menschlichen Skalen. Aber eine ähnliche Situation haben wir auch, wenn wir in die Elementarteilchenphysik gehen, in der die Forschung etwa bei Distanzen von 10-hoch-minus-18 Zentimetern angekommen ist, also bei einem Trillionstel eines Zentimeters. Das sind Bereiche, die ähnlich weit weg sind von unserer unmittelbaren menschlichen Erfahrung wie die, mit denen wir es im Kosmos zu tun haben. Als Wissenschaftler gewöhnt man sich an diese Dimensionen, und ich glaube, es ist alles relativ. Für jemanden, der noch nie aus seinem Dorf herausgekommen ist, ist schon das Maß der Bundesrepublik Deutschland schwer zu fassen. Auf der anderen Seite können wir als moderne Menschen den Globus umfliegen und sind dann geneigt, seine wahren Ausmaße zu unterschätzen.

Ähnlich geht es uns, wenn wir die kosmischen Dimensionen betrachten. Unser Sonnensystem ist riesig groß, aber es ist sehr klein im Vergleich mit der Milchstraße. Die Milchstraße besteht ja aus über 100 Milliarden Sonnen, und ihr Durchmesser ist milliardenmal größer als der unseres Sonnensystems. Der ganze Kosmos schließlich enthält mindestens 100 Milliarden Galaxien, also Gebilde wie unsere Milchstraße, und der Rand des Kosmos ist millionenmal weiter entfernt als die Außenbezirke der Milchstraße. Alles das kann der Forscher quantitativ erfassen. Er kann diese Distanzen mit seinen Methoden messen, er kann den Kosmos ausloten, der damit der rationalen Erforschung zugänglich wird. Welche anschaulichen Vorstellungen man sich dabei machen kann, das ist natürlich eine andere Frage. Aber wie gesagt, wir haben diese Schwierigkeit eigentlich auch, wenn wir hinabsteigen in den Mikrokosmos.

Herwart Nöldeke

Das Unendlichkeitskino

Über die alles umgreifende „Wissenschaft", innerhalb derer sich *jede* Erfahrung als eindeutiger Fall eines (womöglich mathematischen) Gesetzesmusters erweist, über die „theory for everything" ist kosmisches Dunkel gebreitet. Die „starke" physikalische Reduktion auf eine homogene ontologische Ordnung scheint sie nicht zutage fördern zu können. „Draußen vor der Tür" bleibt, wonach der Mensch über sich selbst hinausfragt, etwa nach dem „Sinn". Die moderne Wissenschaft „verharrt nach wie vor im Spezialismus und hält sich vor der Weltordnung, vor der reinen Philosophie schamhaft die Augen zu. [...] Einen Sinn im Weltgeschehen zu erblikken, hält sie für ein illusionistisches Vorurteil, für ‚unwissenschaftlich'. Dieses Wort ist ihr großes Anathema, der Bannstrahl, den sie unerbittlicher handhabt als die mittelalterlichen Theologen."

Der anthropologische Reduktionismus pflegt sich oft mit falscher Sinngebung zu umnebeln. Dem Bild vom Zufallsprodukt Mensch wird unsere als beziehungsvoll hochstilisierte Herkunft aus dem Wasserstoff, unser Status als „Kinder des Weltalls" entgegengehalten. Das soll versöhnlich sein. Aber die Kausalkette, der wir angeblich entstammen, ist „kein Fiaker, den man an beliebiger Stelle anhalten kann" (Schopenhauer), sondern eine Sackgasse, die spätestens in 5×10^{44} Sekunden Abstand vom Urknall endet, oder sollte ich sagen *ver*endet, und zur Rettung des letzten „Warum" gerade noch stammeln kann: Warum ist nicht NICHTS? Auch so ist die Sinn-Desorientierung perfekt.

Die Geschichte des Menschengeschlechts ist eben nicht nur die seiner Entstehung aus Elementarteilchen – ebensowenig wie sich die Biographie Warburgs in der Darstellung seines Stoffwechsels erschöpft. Sie ist auch, als neue Stufe der Gestaltwerdung, die Geschichte der Wert- und Idealbildungen, des Künstlerischen, das alle „Materie" von innen her verwandelt.

Wo sich der Reduktionismus aus *methodischer* Selbstbeschränkung zur Weltanschauung erhebt, verbirgt sich in den analytischen Methoden „eine aggressive Wollust, der Welt ihre Sinnlosigkeit zu beweisen". Dort wird er, wie Frankl sagt, zum Sub-Humanismus, der die menschlichen Phänomene dehumanisiert: Während sich der Nihilismus von gestern durch das Gerede vom „Nichts" verriet, tut es der Nihilismus von heute durch die Redewendung „nichts als", eine häufig mit Bekenntniseifer gebrauchte Parade-Floskel der reduktionistischen *Gesinnung*, deren Haßobjekt die Innerlichkeit des Menschen ist.

Im Rückblick auf mittlerweile etwa viertausend Vorträge (im Hamburger Planetarium), die so etwas darstellen wie Meßfühler im Meer der allgemeinen Befindlichkeit, hat sich eine „Standardkonstellation" herausgebildet, die sich anekdotisch so darstellt:

In der Endphase des Einführungsvortrages zeige ich auf den dezentralen Ort der Erde am Rande des Milchstraßensystems, erwähne die Existenz von 100 Milliarden anderer Galaxien und sage, das expandierende Universum besitze keinen Mittelpunkt. Schlußmusik, oft etwas bombastisch geraten: der künstliche Sonnenaufgang kann das nicht einlösen.

Tageshelligkeit erfüllt wieder die Kuppel. Kurzes Abklingen einer Art von Betäubung, des Zusichkommens aus einem Rausch. Je nach (völlig irrationaler) Gesamtlage artig bis heftiger Applaus, und man geht. Bis auf einige, die noch fragen, oder besser: das Bedürfnis haben, sich mitzuteilen.

Aus dieser Situation tritt eine alte Frau an mein Pult, blickt aus lebensverhangenen Augen gegen die Schwerkraft zu mir auf und bedankt sich für die Einsicht, wie klein und unbedeutend sie doch sei angesichts kosmischer Dimensionen. Aber in ihrem Gesicht steht, daß sie sich zu diesem Dank aufrafft, um der von ihr empfundenen Relativierung des Ich heldenhaft positiv ins Auge zu blicken. Sie fühlt sich nicht nur klein, sondern *erniedrigt.* Das kosmische Dunkel ist ihr zur Finsternis der Absurdität geworden, der *empirischen Grundsituation* des Menschen. Deren Nacht mit dem letzten Herzschlag auch noch seine trotzige Absage an dieses Schicksal verschlingt. [...]

Ich mache für die alte Frau eine Art geometrischen Trostversuch: Wir sind doch von den Galaxien und Elementarteilchen gleich weit entfernt, die Unabsehbarkeit offenbart sich sowohl im Fernrohr als auch durchs Mikroskop. Der Mensch befindet sich zwischen „zwei Unendlichkeiten", die sich ihrer Bemächtigung widersetzen.

Und den Mittelpunkt hat die Kosmologie verloren, richtig, aber ich bekenne ihr: Wenn jemand, der mir nahesteht, schwer erkrankt, ist *dieses* Geschehen für mich Mittelpunkt der Welt, und dann können mir alle Galaxien, schwarze Löcher und Dinosaurier den Buckel herunterrutschen.

Dennoch. Jene alte Dame verläßt die Planetariumskuppel „zernichtet und erfüllt von dem Erstickungsgefühl einer dunklen Vergeblichkeit" (Franz Werfel). Fehleinschätzung der Wissenschaft als sinnraubende Instanz. Dieser blinde Alarm wiederholt sich unzählige Male, so meine Erfahrung in den Nachgesprächen.

Die Grundposition ist *nicht* rational – nach Alter und Charakter nur je verschieden artikuliert. Und „Sachfragen" dienen oft nur als Schild, der den Hunger nach lebensbezogener, ja lebenserhaltender Deutung verbergen soll. Dieses zu *bekennen* ist offenbar eine andere Sache und scheint besonders dann nicht möglich zu sein, wenn der Reduktionismus sich schon als Virus betätigt hat in der überwissenschaftlichen Sphäre, die uns trotzdem wirksamer beherrscht als jede wissenschaftliche Wahrheit. Denn diese kennt in ihrem System keine transzendentale Verbundenheit, ist im Diesseits gefangen, in der sogenannten Realität, die von allen Träumen vielleicht der tiefste ist, in dem der Träumer am wenigsten auf den Gedanken kommt, daß er träume.

Und glaubt etwa jemand, er könnte daraus entfliehen mit der rationalen Durchdringung des Nachthimmels, mit kosmologischen *Modellen,* auch wenn sie das große Wort UNENDLICH in sich aufgenommen haben.

„Jede Anstrengung, sich mit (den) Unendlichkeiten zu messen, schlägt in einen Akt der Selbstdemütigung um. (...) Begriffe vom Typus der „Unendlichkeit" haben nicht nur regulative, sondern auch resignative Funktion: der Fortschritt als unendlicher impliziert, daß jede seiner je erreichten Phasen durch das Moment der Überholbarkeit Enttäuschung produziert."

Mit den Formeln Galileis, Newtons und Einsteins ausstaffiert, stehen wir unter dem Firmament wie eine Hydrokultur: durch viel analytisch zusammengebraute Nahrung angereichert, aber ohne den Halt in der echten Verwurzelung.

Ein Diskurs über Sternenentwicklung, der zu dem uns vereinnahmenden Ergebnis kommt, daß wir aus „Sternenstaub" bestehen, hat nichts mit der Lebenstiefe des einzelnen zu tun: der innere Mensch ist der Liebe und dem Haß, der Schuld und dem Tod tragisch unterworfen und findet sich in diesem Bereich vor Fragen, angesichts derer sich Verstand und Logik nicht mehr in gesicherter Selbstverständlichkeit räkeln können.

Nur wenn kosmologische Erkenntnis ohne Etikettenschwindel in richtiger Dosierung verabreicht wird, d. h. unter

Mitteilung ihres reduktionistischen Charakters, der den ganzen Menschen auszublenden, aber nicht zu entwerten imstande ist – dann erst gilt auch für sie der Satz des Paracelsus: Es ist Arznei, nicht Gift, was ich dir reiche. Oft genügt schon die Entfernung jenes zu Gift geratenen Mißverständnisses aus der gemarterten Zuhörerseele, um sie von trister Umwölkung zu befreien. Das Licht der Planetariumssterne ist damit überfordert.

„Auf die Dauer fesselt die Landschaft allein nicht. Es bedarf eines geistigen oder geschichtlichen Reizes", sagt Stendhal.

Wessen es außerdem notwendig bedarf, abseits der Erklärung moderner Reduktionismen, verdeutlicht Aby Warburg in einem Brief vom 3. Oktober 1928 an den Herausgeber des Hamburger Fremdenblattes, Felix von Eckardt:

„Nach den Erfahrungen, die jeder Gebildete mit den bisherigen Planetarien machen muß, kann ja gar nicht davon die Rede sein, daß die noch so geschickte Nachahmung des Sternenlaufs *allein* auch nur in die Vorhöfe des kosmischen Denkens führt. Wenn diese nicht gleichzeitig durch einen wirklich gebildeten Führer, dessen Erklärungsversuche gestützt werden durch eine historisch-psychologische, im Bild dokumentierte Rückschau, erläutert wird, bleibt nicht viel mehr, als ein schnell vorüberhuschendes bizarres Spiel leuchtender Kugeln. Erst wenn der Zuschauer sich Zeit genug nimmt, um die Wandlungen des menschlichen Orientierungsvermögens vom Bildhaften zum Zeichenmäßigen zu begreifen, lohnt sich die Mühe..."

Der Planetariumsbesucher genießt das Himmelsgeschehen vom (fast) bequemen Sessel aus. Jedenfalls kann er nicht, die Sterne betrachtend, in einen Brunnen fallen, wie es dem ersten griechischen Philosophen Thales ergangen sein soll, der daraufhin von einer Magd schallend ausgelacht wurde, weil er übersah, was dem sogenannten gesunden Menschenverstand als das Nächstliegende erscheinen muß. Gleichwohl befindet sich der solcherart im „Unendlichkeitskino"

(Rühmkorf) statisch Abgesicherte womöglich im viel dunkleren Verlies seiner Gleichgültigkeit gegen die Geschichte der Natur-Rezeption und damit sich selbst.

Das in der heutigen Kosmologie übliche Vorgehen in raumzeitlicher Kausalität entspricht einer historisch späten und keinesfalls selbstverständlichen Phase des Denkens. Es begann durch analytische Distanzierung aus totaler Verwobenheit ins Magisch-Mythische erst seit und mit Kepler, also vor einer Zeitspanne, welche die Menschheit als Zukunft vielleicht nicht mehr haben wird. Das Mißverständnis, Warburg ginge es um die Aufwertung der *Astrologie*, könnte kaum größer sein. Sondern durch Anschluß seiner Bildersammlung an das Planetarium wollte er *historisch-psychologische Einordnung* des so augenfällig zeitgerafften Planetenspiels, damit es sich nicht wie ein Feuerwerk im Effekt selbst verbrennt. Die Schaulust fördert das Übersehen der Hintergründe. „Der Gefahr der Banalisierung, die durch ein solches Verfahren heraufbeschworen wird, vorzubeugen und darüber hinaus zur Selbstbesinnung zu führen, ist die Aufgabe..."

Diese Aufgabe bestand für Warburg nicht nur darin, dem „platten astrologischen Schwindel", der „pseudomystischen Willkür" unserer Tage ein „Bollwerk" (Anspielung auf Franz Boll) entgegenzusetzen, sondern auch jeder Überbetonung mathematisch-mechanistischer, maschinell verengter Darstellungsformen des kosmischen Geschehens. Eine richtig zu verstehende Antwort also auf das vom Reduktionismus erzeugte mythologische Vakuum in den Naturwissenschaften, von dem noch die Rede sein soll. Gegengewicht zu einer „Kultur", die, als Kennzeichen der Moderne, vom Gedanken an den Fortschritt durch Instrumentalisierung der Vernunft lebte, von dem, was die Heilserwartungen enttäuschen sollte und sich eher als ambivalente Spielart der *Zivilisation* erwiesen hat.

Wenn als Ausdruck dieser Ambivalenz ein gerader Weg von Galilei bis zur Atombombe führt (C. F. v. Weizsäcker), zu Verderbens-Mächten, die nicht mehr zu bannen sind durch physikalisches Wissen und Technik, sondern durch diese erst gerufen werden – dann kommt vielleicht „ein Augenblick, wo wir uns (meist in falscher Romantik, zuweilen in echter Verzweiflung) in alle Unheimlichkeiten vergangener Zeiten stürzen möchten, um dem Grauen der Fremdheit zu entgehen, das aus der unterworfenen Dingwelt aufsteigt".

Und in dieser überhasteten Flucht stören dann auch die Widersprüche zum modernen Weltbild nicht mehr, die wir ja ohnehin um den Preis des Reduktionismus ad acta gelegt hatten – weil sie uns nun als Boten einer Art zurückgewonnenen freien Ur-Menschlichkeit mit allem nicht ausgeloteten Reichtum erscheinen. Begrifflicher Einengung entronnen, blicken wir auf den Gegenpol, das mit farbigem Leben gesättigte Panorama, um das wir uns von der Wissenschaft betrogen fühlten.

Ernst Jandl

ernst jandls weihnachtslied

machet auf den türel
machet auf den türel
dann kann herein das herrel
dann kann herein das herrel
froe weihnacht
froe weihnacht
und ich bin nur ein hund
froe weihnacht
froe weihnacht
und ich bin nur ein hund

Autoren- und Quellenverzeichnis

Alle genannten Werke sind – soweit nicht ausdrücklich anders vermerkt – im Verlag C.H. Beck erschienen.

Theodor W. Adorno (1903–1969) emigrierte 1934 nach England und lehrte bis 1938 in Oxford. Von 1938 bis 1949 lebte A. in New York, später in Los Angeles. Arbeiten zur empirischen Sozialforschung, Mitarbeit an den Untersuchungen über die „autoritäre Persönlichkeit". Nach 1949 lehrte A. in Frankfurt Philosophie und Soziologie. Zusammen mit Max Horkheimer leitete er das Institut für Sozialforschung. Schriften zur Philosophie der Aufklärung, zu Hegel, zum Positivismus und zu Methoden in der Soziologie. Neben seinen musiktheoretischen Arbeiten schrieb Adorno als Komponist u.a. Lieder, Klavier- und Kammermusikwerke sowie Orchesterstücke.

Aus: Aberglaube aus zweiter Hand, Frankfurt 1972, S. 151–157, S. 173–174; mit freundlicher Genehmigung des Suhrkamp Verlages, Frankfurt.

Hannah Arendt (1906–1975) studierte Philosophie bei Heidegger, Jaspers und Husserl. 1933 emigrierte sie nach Frankreich, später in die USA, wo sie zunächst als Verlagslektorin und freie Schriftstellerin tätig war. Ab 1959 lehrte Hannah Arendt an der Universität Princeton Politik und Geisteswissenschaften.

Aus: Elemente totaler Herrschaft, München 1993, S. 229ff.; S. 11–15; mit freundlicher Genehmigung des Piper Verlags, München.

Anita Albus, geb. 1942 in München, studierte an der Folkwang-Schule Essen freie Graphik; mehrere Ausstellungen. Sie veröffentlichte mehrere Bücher mit Bildern und Texten, zuletzt Eiapopeia et cetera. Eine Sammlung alter Lieder aus dem Volk (1987) gemalt und beschrieben (1987). Farfallone war ihr erstes Prosabuch.

Aus: Farfallone, München 1989, S. 102–103; mit freundlicher Genehmigung des Hanser Verlags, München.

ALLGEMEINER DEUTSCHER FRAUENVEREIN
Frühe Forderungen (1905) 129
Aus: G. A. Ritter und J. Kocka, Deutsche Sozialgeschichte Band 2, 1870–1914, ^{3}1982, S. 422.

GÜNTHER ANDERS (1902–1992) lebte von 1936–1950 als Emigrant in den USA. Autor von Gedichten, Novellen, vor allem aber zeit- und kulturkritischen Essays. 1983 erhielt er den Theodor-W.-Adorno-Preis der Stadt Frankfurt.
Werke: Die Antiquiertheit des Menschen, 2 Bände (^{7}1985, ^{4}1986), Die atomare Drohung (^{5}1986), Hiroshima ist überall (1982), Besuch im Hades (^{2}1985), Ketzereien (1991), Lieben gestern (^{2}1989), Tagebücher und Gedichte (1985), Mensch ohne Welt (1984).
Die Welt als Phantom 187
Aus: Die Antiquiertheit des Menschen, S. 107–113.

ANONYMUS
Café Größenwahn 82
Aus: Walter Killy (Hrsg.), Die deutsche Literatur Bd. VII, ^{2}1988, S. 803–807..

RUDOLF AUB (1901–1989) wanderte 1939 nach Sierra Leone aus und war in Jamaika lange Jahre als Arzt tätig.
Ein Jamaikaner aus Augsburg (1939) 45
Aus: Wolfgang Benz (Hrsg.), Das Exil der kleinen Leute, 1991, S. 91–99.

BRUNO BALZ
Puppenparade 133
Aus: Monika Sperr (Hrsg.), Das große Schlagerbuch, München 1978, S. 193.

GEOFFREY BARRACLOUGH
Der Untergang des Abendlandes 14
Aus: Tendenzen der Geschichte im 20. Jahrhundert, 1971, S. 70–85.

ROLAND BARTHES (1915–1980), französischer Philosoph.

Aus: Mythen des Alltags, Frankfurt 1964, S. 73–75; mit freundlicher Genehmigung des Suhrkamp Verlages, Frankfurt.

HERMANN BAUSINGER ist Professor für Empirische Kulturwissenschaft an der Universität Tübingen.
Werke: (zus. mit K. Beyrer und G. Korff, Hrsg.) Reisekultur, 1991.

Aus: Reisekultur, S. 344f.

ULRICH BECK ist Professor für Soziologie in München.

Aus: Risikogesellschaft, Frankfurt 1986, S. 274–280; mit freundlicher Genehmigung des Suhrkamp Verlages, Frankfurt.

ELISABETH BECK-GERNSHEIM ist Professorin für Soziologie an der Universität Hamburg.
Werke: Die Kinderfrage. ²1989.

Aus: Die Kinderfrage, S. 161–165.

MAX BECKMANN (1884–1950), nach dem Studium in Weimar ab 1906 erste Ausstellungen und Studienaufenthalte in Paris und Italien. Nach seiner Zeit als Sanitätssoldat im Ersten Weltkrieg begann Beckmann sich mit den künstlerischen Mitteln des Expressionismus auseinanderzusetzen. 1925–1933 war er Professor an der Städelschule in Frankfurt, 1937 emigrierte er nach Amsterdam. 1947 siedelte Beckmann in die USA über, wo er seine Lehrtätigkeit fortsetzte.

Aus: Jürgen Moeller (Hrsg.), Historische Augenblicke, 1988, S. 35–38.

WALTER BENJAMIN (1892–1940) emigrierte 1933 nach Paris. In seinen Schriften geht es ihm vor allem um Fragen der Ästhetik und der Theorie der Kunst sowie um eine Analyse der modernen Gesellschaft aus marxistischer Sicht. Aus Angst vor der Auslieferung an die Gestapo nahm sich Benjamin auf der Flucht an der spanischen Küste das Leben.

1980; Kulturgeschichte der Neuzeit. 1984; Kulturgeschichte Griechenlands. 1984.

Aus: Kulturgeschichte der Neuzeit, S. 1504–1505.

Horst von Gizycki, geb. 1930, Dr. phil., Professor für Psychologie der Kunst an der Universität Kassel.

Aus: Hans-Jürgen Goertz (Hrsg.), Alles gehört allen, 1984, S. 218–220.

Gabriele Goettle, geboren 1946 in Aschaffenburg, lebt in Berlin und arbeitet als freie Journalistin, u. a. für die „Tageszeitung", in der ein Teil ihrer Texte erstmals veröffentlicht wurde.

Aus: Deutsche Sitten, Frankfurt 1991, S. 237–243; mit freundlicher Genehmigung des Eichborn Verlages, Frankfurt.

Jay M. Gould war Mitglied des wissenschaftlichen Beirats des US-Umweltbundesamtes. Mitbegründer des Projekts „Strahlung und öffentliche Gesundheit".

Werke: Tödliche Täuschung Radioaktivität, 1992.

Aus: Tödliche Täuschung Radioaktivität, S. 167–170.

Benjamin A. Goldmann, Sachbuchautor; war Mitglied des wissenschaftlichen Beirats des US-Umweltbundesamtes. Mitbegründer des Projekts „Strahlung und öffentliche Gesundheit".

Werke: Tödliche Täuschung Radioaktivität, 1992.

Aus: Tödliche Täuschung Radioaktivität, S. 167–170.

Walter Grasskamp, geb. 1950, ist Kunsthistoriker und Professor für Kunstwissenschaft an der FH Aachen.

Werke: Die unbewältigte Moderne. 1989; Die unästhetische Demokratie. 1992.

Aus: Die unbewältigte Moderne, S. 67–70, 72–74.

Christiane Grefe, geb. 1957, ist freie Journalistin in München und Reporterin der Berliner „Morgenpost".
Werke: Rühr mich nicht an – Wenn Kinder mit chronischen Hautkrankheiten leben müssen, 1991; Das blöde Ozonloch, 1992.

Aus: Das blöde Ozonloch, S. 16–18.

Irina Griwina, geb. 1945 in Moskau. Seit 1977 redaktionell an der Moskauer Untergrundzeitschrift Samisdat beteiligt, 1980 vom KGB verhaftet und zu drei Jahren Gefängnis verurteilt, 1985 in die Niederlande emigriert, wo sie seitdem in Amsterdam als freie Autorin lebt.

Aus: Erinnerung an Jan Palach; in: Neue Rundschau (104. Jahrgang, Heft 2), Frankfurt 1993, S. 101–110; mit freundlicher Genehmigung des S. Fischer Verlags, Frankfurt.

Benny Härlin

Aus: Härlin/Sontheimer, Potsdamer Straße, Berlin 1983, S. 24–28; mit freundlicher Genehmigung des Rotbuch Verlages, Berlin.

Alfred Heller. Unter dem Pseudonym Dr. Seligmann beschrieb er die Geschichte seiner Flucht aus Deutschland 1939.
Werke: Dr. Seligmanns Auswanderung. 1990.

Aus: Dr. Seligmanns Auswanderung, S. 28–29.

Robert Hepp, Soziologe.
Werke: Selbstherrlichkeit und Selbstbedienung, 1971.

Aus: Selbstherrlichkeit und Selbstbedienung, S. 50–64.

Klaus Herding lehrt als Professor für Kunstgeschichte an der Universität Frankfurt.

Aus: Humanismus und Primitivismus. Probleme früher Nachkriegskunst in Deutschland, aus: Jahrbuch des Zentralinstituts für Kunstgeschichte, Band IV, 1988, München 1989, S. 281–306.

Knut Hickethier

Aus: Wolfgang Ruppert (Hrsg.), Die Arbeiter, 1986, S. 351–352.

Friedrich von Holstein

Aus: Jürgen Moeller (Hrsg.), Historische Augenblicke, 1988, S. 19f.

Thomas P. Hughes ist Mellon Professor für Geschichte und Wissenschaftssoziologie an der Universität von Pennsylvania. Er hat außerdem den Thorsten-Althin-Lehrstuhl in Stockholm inne und ist Mitglied der Amerikanischen Akademie für Wissenschaft und Kunst.

Aus: Die Erfindung Amerikas, S. 12–18, S. 254–280, S. 322–332.

Ernst Jandl (geb. 1925), einer der bedeutendsten Vertreter der deutschsprachigen experimentellen Literatur. Seit den sechziger Jahren beschäftigt sich Jandl besonders mit den akustischen Spielmöglichkeiten der modernen Lyrik („Sprechgedichte"). Zusammen mit Friederike Mayröcker experimentierte er mit neuen Formen des Hörspiels.

Aus: Laut und Luise (1966), Walter Verlag, Olten 1966; mit freundlicher Genehmigung des Walter Verlags, Olten.

Ilona Jerger-Bachmann, geb. 1956, war langjährige Geschäftsführerin des Ökomedia-Instituts für ökologische Medienarbeit in Freiburg i.Br. und ist heute freie Journalistin in München.
Werke: Das blöde Ozonloch, 1992.

Aus: Das blöde Ozonloch, München 1992, S. 16–18.

Attila József, Sohn eines Budapester Arbeiters und einer Waschfrau, hat seine Eltern früh verloren. In seiner Jugend war er Schweinehirt, Zeitungsverkäufer, Schiffsjunge auf der Donau. Später besuchte er ein Lehrerseminar. Nach einem vergeblichen Versuch, in

Paris Fuß zu fassen, kehrte er nach Ungarn zurück. Er wurde Kommunist. Von der Horthy-Polizei verfolgt, enttäuscht von seinen Gesinnungsgenossen, zermürbt von Hunger und Krankheit, warf er sich, zweiunddreißigjährig, vor einen Güterzug.

Aus: H. M. Enzensberger (Hrsg.), Museum der modernen Poesie, Frankfurt 1960, S. 755.

Friedrich Georg Jünger (1898–1977) war Rechtsanwalt, ab 1926 freier Schriftsteller. Als Lyriker fühlte sich Jünger den Dichtern der klassischen Antike, ferner Klopstock, Hölderlin und George verpflichtet. Seine Essays, geprägt durch eine humanistische Geisteshaltung, beschäftigten sich mit kulturphilosophischen und zeitkritischen Fragen. Sein Erzählwerk ist teilweise autobiographisch bestimmt.

Aus: Die Perfektion der Technik, Frankfurt 1938, S. 150–152; 94–97; 136–139; mit freundlicher Genehmigung des Vittorio Klostermann Verlages.

Franz Kafka (1883–1924). Zu seinen Lebzeiten wurde Kafkas Werk kaum beachtet. Seit Ende des Zweiten Weltkriegs gehört es aber, vor allem durch seine erzähltechnischen Besonderheiten und die Form, mit Verschlüsselungen durch Symbole und Bilder zu arbeiten, zur meistinterpretierten der modernen Literatur überhaupt.

Aus: Sämtliche Erzählungen, Frankfurt 1975, S. 124; mit freundlicher Genehmigung des Fischer Verlages, Frankfurt.

Bernulf Kanitscheider, Prof. Dr., geb. 1939 in Hamburg. Seit 1974 Professor der Philosophie der Naturwissenschaften am Zentrum für Philosophie und Grundlagen der Wissenschaft an der Justus-Liebig-Universität Gießen.

Werke: Das Weltbild Albert Einsteins, 1988.

Aus: Das Weltbild Albert Einsteins, S. 179–180.

Alexander Kluge (geb. 1932), nach dem Jurastudium erste Kurzfilme und literarische Veröffentlichungen. 1962 Mitinitiator des „Oberhausener Manifestes", mit dem sich der Neue deutsche Film gegen das Kino der Adenauer-Ära absetzte. 1963 gründete Kluge die Abteilung Film an der Hochschule für Gestaltung in Ulm. Seit den siebziger Jahren ist Kluge einer der einflußreichsten Regisseure des deutschen Films. Daneben literarische Veröffentlichungen, Essays, Arbeiten fürs Fernsehen sowie mehrere Bücher zusammen mit dem Soziologen Oskar Negt.

Aus: Neue Geschichten, Frankfurt 1977, S. 214–216; mit freundlicher Genehmigung des Suhrkamp Verlages, Frankfurt.

Kommune 2

Aus: Kommune 2, Berlin 1969, S. 86–89.

Manfred Kriener, geb. 1953, ist nach elfjähriger Tätigkeit im Ressort Wissenschaft und Ökologie der Berliner „Tageszeitung" freiberuflicher Wissenschaftsjournalist in Berlin.
Werke: Die neue Offensive der Atomwirtschaft (zus. mit I. Meichsner und G. Rosenkranz), 1992.

Aus: Die neue Offensive der Atomwirtschaft, S. 253–257.

Berta Lask

Aus: Die rote Fahne, 24. 12. 1924.

Helmuth Lethen, Dr. phil., lehrt als Literaturwissenschaftler an der Rijksuniversietet Utrecht.

Aus: Unter Null, herausgegeben vom Centrum Industriekultur Nürnberg und dem Münchner Stadtmuseum 1991, S. 287f.

Jean Liedloff ist in New York aufgewachsen. Nach dem Studium unternahm sie mehrere Expeditionen in den venezolanischen Urwald. Von 1968 bis 1970 gab sie die Zeitschrift „The Ecologist" heraus.

Werke: Auf der Suche nach dem verlorenen Glück, 305. Tsd. 1992.
Kinderglück 149
Aus: Auf der Suche nach dem verlorenen Glück, S. 73–75.

Roman Lopez
Der Soldat des Jahres 2000 274
Aus: Die Kontroverse um Air-Land-Battle 2000 – Wer hat recht? Internationale Wehrrevue, 11/1983, S. 155 ff.

Frank Lucht, geb. 1961, studierte Philosophie; seit 1981 literaturkritische und essayistische Arbeiten.
Alleinsein 93
Aus: Heinz Bonorden (Hrsg.), Was ist los mit den Männern?, 1985, S. 17–21.

Georg Lukács (1885–1971), Studium in Berlin und Budapest. 1918 trat Lukács in die Kommunistische Partei Ungarns ein. Zeitweise war er aktiv in der Politik tätig und hatte verschiedene Ämter inne. 1923 begann mit seinem Buch „Geschichte und Klassenbewußtsein" die lebenslange, wechselvolle Auseinandersetzung mit der offiziellen Linie der KPU. Nach dem Aufstand von 1956 wurde er aller Ämter und Lehraufträge enthoben, seine Werke wurden nur noch in den westeuropäischen Ländern gedruckt, wo sie vor allem die Neue Linke beeinflußten.
Alles ist möglich! 175
Aus: Walter Killy (Hrsg.), Die deutsche Literatur Bd. VII, ^{2}1988, S. 1009–1013.

Rosa Luxemburg (1870–1919), Tochter einer vermögenden jüdischen Kaufmannsfamilie, schloß sich als Gymnasiastin der Arbeiterbewegung an und mußte 1889 nach Zürich emigrieren. Nach dem Studium der Nationalökonomie zog sie 1898 nach Berlin. Sie wurde eine Führerin des linken SPD-Flügels und wandte sich gegen die zentralistische Parteitheorie Lenins. Nach der Teilnahme an der russischen Revolution 1905/06 war sie in Warschau zeitweise inhaftiert. Ab 1914 lehrte sie an der Parteischule der SPD in Berlin. Mit Karl Liebknecht gründete sie den Spartakusbund, später die KPD. Von 1915–1918 saß sie im Gefängnis und wurde schließlich von Freikorpsoffizieren ermordet.

Wechselstrom 21
Aus: Politische Schriften I, Frankfurt 1966, S. 177–180.

Antonio Machado (1875–1939). Um die Jahrhundertwende gab es in ganz Spanien nur eine einzige Schule, von der man sagen konnte, daß ihre Schüler eine Erziehung „genossen". Das war die Institución Libre de Ensenanza, die Machado besucht hat. Nach dem Abschluß seiner Studien verdiente sich der Dichter sein Brot als Französisch-Lehrer in der Provinz, in Soria, Baeza und Segovia, nach 1932 auch in Madrid. Während des Bürgerkriegs setzte er sich für den Sieg der Republikaner ein. 1938 mußte er über die französische Grenze fliehen. In einem Dorf in den Pyrenäen ist er kurz darauf, erschöpft und krank, gestorben.
Über der bittren Erde 79
Aus: Gedichte, Ausgewählt und übertragen von Fritz Vogelgsang, Frankfurt/Main 1964, S. 7; mit freundlicher Genehmigung des Insel Verlags, Frankfurt.

Ulrich Magin, geb. 1962, untersucht seit vielen Jahren fortianische Phänomene.
Werke: Von Ufos entführt, 1991; Trolle, Yetis, Tatzelwürmer, 1993.
Zeichen am Himmel 205
Aus: Von Ufos entführt, S. 138–145.

Mao Tse-tung (1893–1976), 1921 Gründungsmitglied der Kommunistischen Partei Chinas. Nach wechselvollen Machtkämpfen innerhalb der Partei, während deren Mao zeitweise führende Ämter bekleidete, zeitweise unter Arrest stand, nach dem Krieg mit Japan und dem Bürgerkrieg im eigenen Land proklamierte Mao Tse-tung am 1. Oktober 1949 in Peking die Volksrepublik China. 1959 zog er sich aus allen Staatsämtern zurück. Mitte der 60er Jahre war er einer der Führer der „Kulturrevolution".
Der gerechte Krieg 40

Franz Marc (1880–1916) wurde durch verschiedene zeitgenössische avantgardistische Tendenzen in der französischen Kunst beeinflußt. 1911 Mitbegründer der Künstlergruppe Blauer Reiter. Marc beschäftigte sich intensiv mit dem Studium des Tieres, dessen mystische Darstellung Hauptthema seiner Bilder ist.

Aus: Jürgen Moeller (Hrsg.), Historische Augenblicke, 1988, S. 30, 31.

ODO MARQUARD, Philosoph.

Aus: Uwe Schultz (Hrsg.) Das Fest, 1988, S. 415–418.

SIBYLLE MEYER, Dr. phil., und Eva Schulze, Dr. phil., leiten das Berliner Institut für Sozialforschung und Sozialwissenschaftliche Praxis e.V. (BIS).
Gemeinsame Werke: Wie wir das alles geschafft haben. 1985. Von Liebe sprach damals keiner. Familienalltag in der Nachkriegszeit. 1985; Balancen des Glücks. 1989.

Aus: Balancen des Glücks, S. 99–101; Von Liebe sprach damals keiner, S. 134–137.

CEES NOOTEBOOM, Schriftsteller und Essayist.

Aus: Berliner Notizen, Frankfurt 1991, S. 95–103, S. 110–113; mit freundlicher Genehmigung des Suhrkamp Verlages, Frankfurt.

HERWART NÖLDEKE, geb. 1942, Dipl. Ing., Dipl. Phys., wiss. Mitarbeiter am Planetarium Hamburg.

Aus: Fleckner/Galitz/Naber/Nöldeke/Warburg, Bildersammlung zur Geschichte und Sternkunde im Hamburger Planetarium, Hamburg 1993, S. 348–351; mit freundlicher Genehmigung des Dölling und Galitz Verlages, Hamburg.

JULIA ONKEN, geb. 1942, Dipl. Psych., ist Gründerin und Leiterin des „Frauenseminars Bodensee“ und leitet psychologische Aus- und Weiterbildungskurse und Paar-Seminare.
Werke: Feuerzeichenfrau. Ein Bericht über die Wechseljahre. 136.–155. Tsd. 1993; Geliehenes Glück. Ein Bericht aus dem Liebesalltag. 75.–104. Tsd. 1992; Vatermänner. Ein Bericht über die Vater-Tochter-Beziehung und ihren Einfluß auf die Partnerschaft. 1993.

Paare 161
Aus: Geliehenes Glück, S. 34–44.

Kurt Pinthus (1886–1975) emigrierte 1933 in die USA. Kritiker und Essayist.
Das Kinostück 177
Aus: Walter Killy (Hrsg.), Die deutsche Literatur Bd. VII, München ^{2}1988, S. 998–999.

R. W. Reid, Wissenschaftsjournalist.
Werke: Wissenschaft und Gewissen, Biederstein Verlag 1972.
Biologische Attacken 297
Ein einsamer Mann 235
Die Potsdamer Konferenz 259
Aus: Wissenschaft und Gewissen, S. 328–329; S. 214 f.

Adolf Remane
Die Biologie schreitet fort 291
Aus: Erich Burck (Hrsg.), Die Idee des Fortschritts, 1963, S. 189–193.

Richard Rhodes
Trauriges Denken 253
Der Abwurf 263
Aus: Die Atombombe, Nördlingen 1988, S. 717–719. S. 142–146.

Joseph Roth (1894–1939) studierte Philosophie und deutsche Literatur. Nach dem Ersten Weltkrieg arbeitete Roth als Journalist. 1933 emigrierte er und lebte zuletzt in Paris, wo er in einem Armenhospital starb. Seine Romane und Erzählungen sind wesentlich durch das Schicksal der Juden in Europa und das Zeitalter der untergehenden k.u.k. Donaumonarchie bestimmt.
Die Krone 28
Aus: Walther Killy (Hrsg.), Die deutsche Literatur Bd. VII, ^{2}1988, S. 834–837.

Rainer Schmidt, geb. 1952, Pädagoge.
Traumland der Anarchie 85
Aus: Hans-Jürgen Goertz (Hrsg.), Alles gehört allen, 1984, S. 189–202.

ROBERT WALSER (1878–1956) war nach dem erfolglosen Versuch, Schauspieler zu werden, im Bank- und Versicherungswesen tätig. 1898 erste Gedichtpublikationen. 1905–1913 lebte Walser als freier Schriftsteller in Berlin bei seinem Bruder, dem Maler Karl Walser. Wegen nervlicher Zerrüttung und Selbstmordversuchen 1929 Einlieferung in eine Nervenheilanstalt. Von 1933 bis zu seinem Tod lebte Walser in der Nervenklinik Herisau. Sein Werk wurde erst nach dem Zweiten Weltkrieg richtig zur Kenntnis genommen. Heute gilt Walser als einer der eigenständigsten Meister der deutschen Sprache.
Radio 186
Aus: Walther Killy (Hrsg.), Die deutsche Literatur Bd. VII, ^{2}1988, S. 1018–1019.

WEIBERRAT DES SDS
Emanzen und Eminenzen 137

EDMUND WILSON
Bombentourismus 73
Aus: H. M. Enzensberger (Hrsg.), Europa in Trümmern, Frankfurt, S. 169–170; mit freundlicher Genehmigung des Eichborn Verlages, Frankfurt.

STEFAN ZWEIG (1881–1942), studierte Philosophie, Romanistik und Germanistik. 1938 emigrierte er nach Großbritannien, dann nach Brasilien. In den letzten Jahren seines Lebens zunehmend unter Depressionen leidend, nahm sich Zweig gemeinsam mit seiner zweiten Frau das Leben. Neben Essays und großangelegten Biographien veröffentlichte Zweig auch Übersetzungen, u.a. von Werken Rollands und Verlaines.
Friedensverträge 38
Aus: Jürgen Moeller (Hrsg.), Historische Augenblicke, 1988, S. 56–58.

Buchanzeigen